中国货币经济史丛书

长芦盐税研究

（一九一二——一九二八）

申玉山 著

中国社会科学出版社

图书在版编目（CIP）数据

长芦盐税研究：1912—1928 / 申玉山著 . —北京：中国
社会科学出版社，2016. 11
ISBN 978 - 7 - 5161 - 9483 - 6

Ⅰ. ①长…　Ⅱ. ①申…　Ⅲ. ①盐税 - 研究 - 河北 -
1912 - 1928　Ⅳ. ①F812.96

中国版本图书馆 CIP 数据核字（2017）第 020707 号

出 版 人	赵剑英
责任编辑	宋燕鹏
责任校对	王佳玉
责任印制	李寡寡

出　　版	中国社会科学出版社
社　　址	北京鼓楼西大街甲 158 号
邮　　编	100720
网　　址	http://www.csspw.cn
发 行 部	010-84083685
门 市 部	010-84029450
经　　销	新华书店及其他书店

印刷装订	北京鑫正大印刷有限公司
版　　次	2016 年 11 月第 1 版
印　　次	2016 年 11 月第 1 次印刷

开　　本	710×1000　1/16
印　　张	14.5
插　　页	2
字　　数	245 千字
定　　价	58.00 元

凡购买中国社会科学出版社图书，如有质量问题请与本社营销中心联系调换
电话：010-84083683

目　　录

绪　论

一　选题缘由

　　盐之为物，自然天成，生产工艺简单，成本极低。然而，盐作为生民一日不可或缺的日用生活必需品，无可替代，消耗量极大而弹性极小。就盐实行专卖征税，实际上无异于征收人头税，税基广，税源充沛，收入可靠。因此，中国对盐的管理从一开始就是为了收税。主张就盐实行专卖征税，最早创自春秋时的管仲。《管子·海王篇》有云："吾将藉于诸君子，则必嚣号，今夫给之盐价，百倍而归于上，无以避此者数也。"这是利用盐为人人所必需，消费弹性极小的特点，对盐征收高税的开端。而且与田赋等税负相比，盐税是一种主要征诸消费者的间接税，寓税于价，"见予之形，不见夺之理"，税负的加增具有隐蔽性，因而具备较好的增收机制。诚如清代嘉庆皇帝在谈及盐斤加价时所言："朕思盐斤一项，虽亦出之于民，而与加赋稍异，盖所加无多，计每口食盐之费，岁只仅二分，于闾阎生计不致大碍。"[①] 因而就盐实行专卖征税，肆无忌惮地加征各种名目的盐课，就成为春秋以后历代统治者聚敛民财，保障和增加国家财政收入，弥补财政亏空的主要办法之一。盐税在国家财政中的地位随之日益上升。早自唐代开始，即有所谓"天下之赋，盐利居半"[②] 之说。中国近代社会经济落后，工商业欠发达，国家税收资源并没有发生根本性的转变。虽然随着对外贸易的扩大，关税收入增长迅速，但中国的关税自主权丧失殆尽，税则制定权、海关行政管理权、关税收入支配权与保管权先后被列强攫取，中国政府财政收入的主要来源仍然是田赋、盐税等传统税收资源。清末至民国时期，盐税在财政中的地位更显重要，成为中央和地方财政的重要支柱。"内政也，外交也，国计也，民生也，殆

---

① 转引自郭正忠主编《中国盐业史》（古代编），人民出版社 1999 年版，第 805 页。
② 同上书，第 4 页。

无不与盐有密切关系，受直接影响。"[1] "财政为我国生死问题，而盐税为财政生死问题。"[2] 事实上，不仅民初如此，整个民国北京政府时期，由于战乱频仍，军阀割据，无论中央和地方，财政窘迫至极，盐税几乎成为财政收入中唯一较为可靠而稳定的来源，是政府筹措内外债务、解决财政上燃眉之急的重要保障。因此，控制、保障和增加盐税收入，就成为北京政府制定财政经济政策的一个重要环节。从民初的"整理财政，当以盐务为先"，到不惜出卖国家主权，借助外力将盐税权收归中央，并在洋员"襄助"下展开盐税改革，再到几次提高盐税率，千方百计从盐务中聚敛民财，饮鸩止渴，莫不导因于此。它集中反映了这一时期国家财政经济基础的落后和薄弱。

长芦盐历史悠久，盐产区环居今津、冀两地渤海沿岸，气候、地理条件于盐的生产极为适宜，盐品量丰质优，粒坚味醇。中国古代封建统治者为从长芦盐的产销中敛取民财，自西汉始即对长芦盐专设盐官管理，实行专卖榷课。其后，长芦盐区历经变迁沿革，至清代时已经发展成为中国的重要盐区之一，与淮盐（两淮）、奉盐（东三省）、川盐（四川）、东盐（山东）、粤盐（广东）、潞盐（山西）、浙盐（两浙）、闽盐（福建）、滇盐（云南）并称"十大盐区"，所征盐税亦复迅速增长，在中央和地方财政中的地位日显重要。清末时，长芦盐区每年额解中央政府的盐款达121余万两[3]。对于直隶省地方财政而言，则自1911年起，来自长芦盐区的盐税收入开始超过田赋，占全省财政收入的32%，列居首位[4]。民国北京政府初期，长芦盐税是财源几乎断绝的中央财政的重要收入来源。其后长芦盐税在北京政府中央财政中的地位虽然有所下降，但一般都占全国盐税收入的14%左右。即使到了北洋军阀统治后期，地方军阀割据，截留中央盐税愈演愈烈，长芦盐区依然能够上解部分盐税款（1926年、1927年只有山东、直隶上解部分盐税，1928年，则仅直隶一省尚上解部分盐税[5]）。而在所有盐区中，长芦盐税每年的收入在大多数年份仅次于两淮，长芦、两淮两处盐税收入合计占每年全国盐税收入的近半数。因为长芦盐区拥有巨额的盐税收入，加之又地处直隶境内，靠近京畿，历届北京政府无不亟欲控制。北京政府在盐务改革、盐税征管等方

① 梁启超：《盐政杂志序》，《盐政杂志》1912年第1期。
② 贾士毅：《民国财政经济今昔观》，台北正中书局1970年版，第127页。
③ 参见长芦盐务档案680—7—151，680—7—161。
④ 河北省地方志编纂委员会编：《河北省志·财政志》，河北人民出版社1992年版，第43页。
⑤ 参见"各省截留盐税情况表"，南开大学经济研究所经济史研究室编《中国近代盐务史资料选辑》第1卷，南开大学出版社1985年版，第375页。

面的政策、举措也大多首先在长芦盐区试行，然后推广到其他盐区。

因此，研究民国北京政府时期长芦盐税征收与管理的变化，考察不同时期它与中央财政和地方财政的关系，进而探讨近代中国财政税收的特点及其对于中国近代社会经济发展的影响，无疑具有重要的学术研究价值。然而，长期以来，学界对于这一课题并没有给予足够的重视，河北省档案馆藏"长芦盐务档案"也没有得到充分的开发和利用。这不能不说是一个巨大的缺憾。职是之故，通过对这一课题的系统研究，不仅有利于推动对于长芦盐业史研究的全面开展，推动整个中国盐业史研究向纵深发展，拓展和深化中国财政经济史研究领域，而且对于深化当前我国财政体制改革，理顺中央财政和地方财政的关系，也有一定的借鉴意义。

二　学术史回顾

迄今为止，笔者目力所及有关民国北京政府时期的长芦盐税的学术专著或专题论文少之又少，几乎没有①。既有研究成果中或有涉及，也大多是只言片语，浮光掠影。因此，下面只有从这一时期盐税研究的全貌上做一回顾，从中或可见其一斑。

盐上关国计，下系民生，因而盐业史研究向来备受关注。盐税问题则是盐业史研究中的一项重要内容。对于民国北京政府时期的盐税问题的研究实际上早在20世纪20年代前后即已开始。整个北京政府时期以至南京政府建立初期，国家财政的困窘及其对于盐税的严重依赖，不能不引起时人对于盐税问题的关注。特别是那些参与政府盐务部门及与国家盐政关系比较密切的人，触目时艰，对于盐税之于国家财政的重要性更有深切体会。正是在他们的努力下，与盐税问题有关的一系列盐史论著相继问世。其重要者，如左树珍的《盐法纲要》（1913），盐政杂志社编的《中国盐政沿革史》（1914），景学钤的《盐政丛刊》（1921），欧宗祐的《中国盐政小史》（1927），景学钤的《盐务革命史》，田斌的《中国盐税与盐政》（1929），蒋静一的《中国盐政问题》（1936），曾仰丰的《中国盐政史》（1937）等。这些论著大都在追述历代盐政管理、盐税制度沿革变迁的基础上，对现时的盐政管理、盐税制度品评得失，指摘利弊。这些论著主要还是着眼

---

① 长芦盐志编修委员会编写的《长芦盐志》（百花文艺出版社1992年版）严格意义上不能算是学术专著，而只是一部参考资料书；丁长清主编的"近代中国工商经济丛书"之一的《近代长芦盐务》（中国文史出版社2001年版）收录的是一些根据当事人回忆整理而成的文章。

于盐政盐法的整理汇编，综论中国盐政的发展演变，对于当时的盐税问题缺乏深入细致的考察和研究。

20世纪40年代直至新中国成立以后、改革开放之前，中国的盐业史研究在相当长的时期内陷入沉寂，只是在六七十年代出版了少数几部论著。大陆方面，主要有李建昌的《官僚资本与盐业》（生活·读书·新知三联书店1963年版）。该书主要是研究分析民国南京国民政府时期中国盐业的官僚资本化过程，没有充分论述北京政府时期的盐业和盐税问题。港台方面，主要有何维凝的《中国盐政史》（台湾商务印书馆1966年版）和田秋野、周维亮的《中华盐业史》（台湾商务印书馆1979年版），两书都属于盐政、盐业的通史性著作，对于北京政府时期的盐税问题同样缺乏深入的考察和研究。

20世纪80年代以后，随着中国改革开放的开展和逐步深入，经济史研究越来越受到重视并获得蓬勃的发展。盐业史是其中最活跃、最有成绩的领域之一，研究水平也显著提高，出版和发表了一大批颇有分量的学术论著。其中，对于北京政府时期盐税问题的研究，虽然没有专门的学术著作问世，但已出版的有关民国盐史著作都将之作为重要内容，给予了较为充分的论述。如丁长清主编的《民国盐务史稿》（人民出版社1990年版），丁长清、唐仁粤主编的《中国盐业史——近代当代编》（人民出版社1997年版）等。同时，也发表了一些专门论述该问题或与之紧密相关的文章。其研究内容大致集中在以下几个方面。

第一，民初盐税改革与盐务管理的近代化。

这是迄今既有研究中最为关注的一个课题。王仲认为，袁世凯统治时期进行的"盐务改革"，并不是要对盐务做根本性的变革，而只是把改革盐务当成加重盐税、增加财政收入的一条重要门路。其"改革"结果，盐务中固有的积弊未能祛除，新的弊窦又丛生不穷。虽然"改革"在增加税收方面取得了预期效果，但它的绝大部分被用作偿付以盐税担保的贷赔各款本息，袁世凯政府只是从中分沾一些余沥。从这次所谓的"改革"中获利最大的是帝国主义国家。它们不仅获得了巨额利润，而且通过监督盐务进一步控制了中国财政经济命脉[1]。丁长清等认为，北京政府初期的盐税改革是在当时特殊历史条件下产生的具有复杂的多重特征的历史事物。改革一方面使帝国主义列强进一步控制了中国盐政，另一方面又打击了封建垄断盐商势力；外国银行团和北京政府进行盐税改革的主观动机

---

[1] 王仲：《袁世凯时期的盐务和"盐务改革"》，《近代史研究》1987年第4期。

是为自身利益，但改革腐败的积弊旧习，建立较开明的盐税征榷管理制度，在客观上也适应了当时中国社会经济发展的需要。在中国盐政史上，这次盐税改革的规模之大、范围之广、影响之深也是少有的，它与盐远销制度的改革一起，成为我国盐务近代化的开端，具有一定的进步意义①。刘佛丁则在《论中国盐务管理近代化》一文中指出，中国盐务管理的近代化，在 1913 年稽核所成立后，一度取得较为显著的进展。但这些变革是在有损于中国主权的被动形式下进行的。它还受到整个国家政治和社会近代化进程的制约。盐业系统内部保守势力异常顽固也使改革面临着比其他行业更大的阻力。在内部和外部条件没有根本变化以前，中国盐业的近代化是不可能彻底实现的②。这种观点也为学术界所认同，此后发表的一些相关论著基本上都与上述观点大同小异③。

第二，盐务稽核所的性质和历史作用。

根据 1913 年中外善后大借款合同的规定，中国自上而下建立了由外国人把持的盐务稽核所系统，并从此主导了中国的盐务改革，完全接管了盐税的征收与管理。对于它的性质和历史作用，学界历来论述颇多。鲁西奇在《民国时期盐务机构的演变》一文中认为，盐务稽核所本身是帝国主义侵夺中国盐政主权的产物。并指出北京政府时期的盐务机构的主要特点是二元制，即由稽核所主管盐务税收稽核，盐务署主管盐务行政事务。盐务稽核所由洋员主持，采用西方资本主义国家的人事制度，较之于弊习相沿的旧盐务行政权是一种进步，对于扫除盐务积弊，推行改革，颇见成效。但这种分立制度造成事权不一、责任不专的弊端，民国初年由稽核所领导推行的盐务改革，终未能完全贯彻④。丁长清的《盐务稽核所始末》一文也认为，盐务稽核所是"善后大借款"的产物，是列强控制中国盐政、干涉中国财政、掠夺中国人民的盐务机关。并系统考察盐务稽核所的沿革变迁、组织系统、人事制度、主要职能，特别是策动参与了民初盐务改革的活动⑤。另外，如刘佛丁的《论中国盐务管理的近代化》（《南开经济研究》1991

---

① 丁长清主编：《民国盐务史稿》，人民出版社 1990 年版，第 114 页。
② 刘佛丁：《论中国盐务管理的近代化》，《南开经济研究》1991 年第 4 期。
③ 参见陈争平《民国初年的盐务改革》，《中国经济史研究》1994 年增刊；刘洪升《民国初期的盐政改革对盐务近代化的影响》，《河北学刊》1996 年第 5 期；刘经华《民初盐改革与近代化问题论析》，《江汉论坛》1997 年第 5 期；刘经华《论洋会办丁恩在民国初期的盐务改革》，《厦门大学学报》1997 年第 1 期；刘洪升《北洋初期的盐务改革与中国盐务近代化的开端》，《历史教学》2005 年第 9 期。
④ 鲁西奇：《民国时期盐务机构的演变》，《盐业史研究》1991 年第 1 期。
⑤ 丁长清：《盐务稽核所始末》，《近代史研究》1994 年第 2 期。

年第 4 期）、张莹的《民国时期盐务机构述略》（《民国档案》2000 年第 2 期）、李德成的《北洋政府时期的盐务管理》（《江西师范大学学报》2001 年第 2 期）等文章都论及这一问题。但既有研究都停留在中央"稽核总所"的层面上，对各地稽核分所机关的组织、职权和活动等缺乏系统、深入的考察和研究。

第三，盐税在国家财政中的地位。

关于盐税在民国财政中的重要地位，既有研究大都给予了肯定，获得了较为一致的看法。陈争平通过对清末民初国家财政收入中各大税收的比较，指出民国初年盐税在国家财政中已上升为第一大税种，几乎成为各大税收中唯一较可靠的财源①。张殿清则在《北京国民政府中央财政收入中的盐税》和《盐税与北京国民政府中央财政支出》两文中，通过对民国北京政府中央财政中盐税收入和支出活动的系统考察，指出在收入方面，盐税对于中央财政的重要性远远大于历代王朝。盐税作为中央财政收入的两大支柱之一，是中央政府能够真正控制的唯一大宗收入来源，是用来筹措债务收入的重要担保；在支出方面，盐税不但是中央军、政等开支的最重要来源，还是偿还债务的重要保障②。丁长清主编的《民国盐务史稿》，丁长清、唐仁粤主编的《中国盐业史——近代当代编》等论著中也得出了相同结论。上述研究虽然对盐税在中央财政中的重要性给予了充分肯定，但对不同盐区不同时期盐税在中央财政和地方财政中的地位及其变化缺乏深入系统的考察。特别是关于盐税在地方财政中的地位问题，既有研究中则较少加以系统论述。值得一提的是，贾士毅的《民国财政史》（上海商务印书馆 1917 年版）和《民国续财政史》（上海商务印书馆 1934 年版），综论清末至 20 世纪 30 年代初的财政沿革、财政方针变迁，分列、详述民国中央和地方收支状况，虽然没有就盐税在地方财政中的地位展开系统的论述，但对于我们了解和考察该问题不无裨益。

第四，关于中央和地方对盐税的争夺。

华中师范大学刘妍慧在其硕士学位论文《民初盐政改革与政局》一文中，对"二次革命"前后中央与地方各省围绕盐税归属问题展开的博弈进行了分析考察，认为在对抗中，北方各省反对盐税收归中央主要是为了争得更多财政权益，南方各省更多是从南北对立中反对袁世凯统治的政治目的出发。由于"二次

---

① 陈争平：《民国初年的盐务改革》，《中国经济史研究》1994 年增刊。
② 张殿清：《北京国民政府中央财政收入中的盐税》，《历史教学》2006 年第 2 期；张殿清、郑朝红：《盐税与北京国民政府中央财政支出》，《河北大学学报》2007 年第 3 期。

革命"的失败，对抗的结果以中央的最终获胜而告终①。丁长清、唐仁粤等认为，列强各国、北京政府和地方军阀之间，在盐税的分割问题上一开始即存在着严重的矛盾和斗争，特别是到了北洋军阀统治后期，各省截留盐税几乎成了普遍的现象。帝国主义都欲在中国培植自己的军阀割据势力，作为他们侵略扩张的工具。因此在各省截留盐税不直接损害其债款利益时，一般都采取默许的态度，双方甚至达成协议，允许一部分盐款拨作地方政府经费②。张殿清在《北京国民政府时期地方截留中央盐税浅析》一文中，系统分析了地方截留中央盐税的原因、分期和影响，认为盐税能否上缴中央，与中央控制全国的能力紧密相连，当中央控制全国能力强时，地方政府不敢截留中央税款，反之，盐税就成为地方实力派抢夺的目标③。

以上是国内学术界对于民国北京政府时期盐税问题的研究概貌。

国外对中国盐史的研究以日本学者的研究为最著，但他们的研究大多关注的是明清时期最晚至清末的中国盐业④。其中，对民国时期的中国盐业、盐税较为关注的有渡边惇、长野朗等。长野朗在其论著《民国财政》中系统考察了北京政府的财政收支状况，分析各项税收在国家财政收入中所占比重和地位，指出盐税和关税是北京政府中央财政的两大支柱，并进而对盐税的行政管理、征稽，各地方政府对盐税的截留，中央和地方财政的混乱状况及两者关系等进行了考察、探讨⑤。文中大量引用翔实可靠的档案材料和统计数据，相互印证比较，使人尽可能地对这一时期的财政情况有一个明晰、全面的认识。另外，美国学者 S. A. M. Adshead 的《中国盐务管理的近代化：1900—1920》（哈佛大学出版社 1970 年版）是一部研究中国近代盐务史的力作。该书对 1900—1920 年中国盐政的现代化，特别是 1913 年丁恩担任盐务稽核总所会办后，实行的盐务改革及其成果，进行了较为系统的考察和研究，有许多精辟的分析⑥。不过，该书在掌握、运用史料方面存在着诸多不足，许多不可或缺的重要资料，如《中国盐政实

① 刘研慧：《民初盐政改革与政局》，硕士学位论文，华中师范大学，2007 年。

② 丁长清、唐仁粤主编：《中国盐业史——近现代编》，人民出版社 1997 年版，第 86 页。

③ 张殿清：《北京国民政府时期地方截留中央盐税浅析》，《河北大学学报》2005 年第 1 期。

④ 参见［日］吉田寅《中国盐业在日本的研究状况》，载彭泽益、王仁远主编《中国盐业史国际学术讨论会论文集》，四川人民出版社 1991 年版。

⑤ ［日］长野朗：《民国财政》，李占才、王晓华译，《民国档案》1993 年第 3 期至 1994 年第 4 期。

⑥ S. A. M. Adshead, *The Modernization of the Chinese Salt Dminstration*, *1900-1920*, Cambridge: Harvard University Press, 1970.

录》等均未引用，使该书在论述上难免有欠深入。

通过以上学术史的回顾，我们可以发现，在对民国北京政府时期盐税问题的研究上，既有研究还存在着某些局限，就个人所见，主要集中于以下几个方面。

第一，税收是国家财政收入的基本来源。对于民国北京政府时期盐税在国家财政收入中的重要地位，既有研究大多从整体的角度给予了论述和肯定，综合的通论性研究较多，对不同盐区的特殊性及其盐税在国家财政收入中的不同地位，以及不同历史时期的发展变化则缺乏系统的比较和考察研究。同时，对于盐税的支出和流向，既有研究也大多是从全局的角度进行了考察，对不同盐区的具体情况很少涉及。

第二，对于民初的盐税改革，既有研究大都集中于"善后借款合同"签订后盐务稽核总所主导下的改革，往往忽略了此前北京政府对于盐税的整顿与改革。民初盐税改革的过程也是各利益集团围绕盐税分配的利益冲突和博弈过程，既有研究大都关注因为改革导致的中国盐政主权之丧失、盐税征管制度之变迁、税率之调整及税收之增减，对于改革中各方的利益关系及博弈较少进行深入的探讨。

第三，在军阀争夺盐税的问题上，既有研究大都是从总体上论述军阀截留中央盐税的原因、分期、手段和影响，没有将地理、政治环境等因素考虑在内，具体盐区具体分析，缺乏深入细致的考察和分析。

第四，研究方法主要还是重于历史学范式内的分析与论述，在结合运用经济学、财政学、税收学等学科的基本理论和原则进行综合研究上还有所不足，从而难免使研究在深度上有所欠缺。

本书以民国北京政府时期的长芦盐税为研究对象，主要关注的是这一特定盐区盐税收支管理的变化，及其与当时国家财政的关系。研究所需资料，主要依靠河北省档案馆藏"长芦盐务档案"。该档案资料共有 35000 余卷（档案 33697卷）。档案起止时间，上限是清乾隆四十二年（1777），下限是 1949 年 1 月，历清代、民国两个时期。其中，关于民国北京政府时期的档案约有中、英文档案8800 余卷，全面反映了这一时期长芦盐区的盐产、运输、销售、税收、缉私等情况。特别是在盐税的征收与管理方面，内容尤其丰富而翔实。举凡有关盐税征收、盐款管理、税率调整的呈文令稿，有关盐税抵还外债、拨充军政费用的文电，反映长芦盐税历年收支的各种表册、报告，体现外国势力、北京政府和长芦盐商之间利益博弈和地方军阀争夺长芦盐税的往来函电、文稿等，无一不备。这就为本书研究的开展提供了得天独厚的条件。

三　研究思路

由于相对于其他盐区、盐税的研究，目前关于民国北京政府时期长芦盐区、盐税的研究还非常薄弱，整体上尚处于发掘、整理资料阶段，可供直接参考、借鉴的研究成果甚属寥寥。囿于本人的学识水平，故在本书的撰写过程中还不敢奢谈理论上的创新和突破，而只能在力所能及的基础上，努力做好以下几个方面的工作，冀对以后该专题研究的深入开展有所裨益。

第一，深入发掘河北省档案馆藏"长芦盐务档案"，同时尽可能搜集其他有关档案文献，在占有第一手资料的基础上，首先立足于弄清基本史实，力求对民国北京政府时期长芦盐税征收和管理的发展演变做一整体上的审视和观照，以期给以后学术界深入开展盐税史研究，特别是长芦盐税研究提供参考和线索。

第二，从长芦盐区所处特殊地理、政治环境入手，紧紧围绕长芦盐税不同于其他盐区盐税的特殊性，论述和分析长芦盐税在当时财政中举足轻重的地位，特别是对于北京政府财政的重要意义；具体考察长芦盐税改革在民初盐税改革中的重要性及其先导性；具体考察和分析长芦盐税在不同时期的收支变化，通过具体的流向分析，进一步论证其对于北京政府财政的不可或缺性，即北京政府的权威和控制力越衰弱，长芦盐税的重要性越得以彰显。

第三，针对目前学术界在对这一时期的盐税研究中，大多专注于国家盐政主权之得失，盐税征管制度之变迁，税率之调整及税收之盈绌，对于改革中盐商与其他各利益集团之间的互动和博弈较少深入探讨的现状，本书着力对民初盐税改革中北京政府、盐务稽核总所、长芦盐商三大利益集团之间利益关系进行分析和探讨。虽然可能有欠深入、全面，立论甚或有不当之处，但仍期以引起更多学人对该问题的重视。

第四，民国北京政府时期，中国社会进入了社会变革加速期。处在转型中的社会、政治、经济和文化等诸领域都在发生着剧烈的震荡，新生的与现存的、先后的与落后的、传统的与现代的等各种因素和来自国内外的各种势力交织在一起，盘根错节，错综复杂。盐业的生产与管理作为中国传统经济社会一个重要部门，不可避免地卷入其中，并集中体现在盐税的征收与管理上。本书尝试从局部长芦盐税的研究，小中见大，管窥中国近代经济社会变迁中的某些特质。

四 结构、框架

基于以上的研究思路，本书第一章主要谈清末民初长芦盐税的概况。介绍在专商引岸制度下的长芦盐税的构成、大致收支情形，叙述长芦盐税收支管理体系下的运库制度及其紊乱的种种表现；结合当时中央和地方的财政状况，分析和论述长芦盐税在中央政府和直隶省地方政府财政中举足轻重的特殊地位。

第二章对民初的长芦盐税改革进行考察和比较。以1913年善后借款合同的签订为界，民初长芦盐税改革可以分为前后两个阶段。前一阶段，北京政府主导下的初步整顿与改革，主要是加强对长芦盐税的收支管理，清理库款，明定职责和权限；划一盐税，折收银元。其目的是将盐税收支管理权收归中央，对长芦旧有盐税体制只是补苴罅漏。后一阶段，伴随着中国盐政主权的丧失，外国人逐渐攫取了改革的主导权。改革在深度和广度上均有所突破，对旧有盐税体制造成了一定程度的冲击和破坏。主要是引入西方的税收稽核制度，自上而下健全并完善了盐务稽核系统；改革盐税征收制度，明确划定征收范围，在全国率先实行就场征税、划一税率、废除耗斤等改革措施；严密盐款管理，规范收解程序，严格盐务经费支出。对长芦盐务管理乃至中国盐务管理的近代化客观上起到了一定的促进作用。

第三章主要论析长芦盐税改革过程中官与商的博弈。分别从盐价的增与减，引制的存与废、报效的认与拒，收现与售现等几个方面，考察盐务稽核总所、北京政府、长芦盐商三大利益主体之间围绕盐税分配的利益冲突和博弈。长芦盐税改革的过程实际上就是上述各方为了实现各自利益目标，相互牵制、相互斗争的博弈过程，博弈的核心就是找到各方都能接受的利益均衡点。北京政府出于增加财政收入的需求，盐商出于维护既得利益的需要，双方解决利益冲突的主要途径往往是彼此勾结，互相利用，通过某些形式的利益交换暂时找到利益的平衡。盐务稽核总所为了换取北京政府的"合作"，使改革能够继续进行下去，在外国债权人利益和列强在华既有权益得到保障的前提下，也会适当做出妥协和让步，从而达到各方均能接受的利益均衡。

第四章具体考察长芦盐税率变化及历年收支状况。首先是对《盐税条例》实施前后的长芦盐税率的变化进行比较，考察此后芦盐税率的几次调整。进而从纵向对长芦历年盐税收入变化进行考察比较和原因分析，从横向上对长芦历年盐税收入在全国盐税总收入中所占比重变化进行比较和分析。最后具体考察和分析长芦盐税的支出和流向，探讨不同时期长芦盐税在北京政府财政中的重要地位。

第五章论述军阀对长芦盐税的争夺。军阀对长芦盐税的干涉与争夺大致以第二次直奉战争为界，分为前后两个时期。第二次直奉战争前，特别是 1920 年前，制度化管理下的长芦盐税基本上只有正税，没有附加税。1920 年以后，军阀开始擅自征收附加税捐，但直到 1924 年第二次直奉战争爆发，长芦的盐税的征管仍能维持正常的运转。军阀主要是通过向芦商筹借款项、摊派公债、索取报效等变相税捐形式，私下里对长芦盐税进行争抢和掠夺。第二次直奉战争后，军阀对于长芦盐税的干涉和争夺愈演愈烈，由原来谨慎的试探性动作升级为公然对抗，截留盐款，滥征附加税捐，勒派饷捐，强取豪夺，这使得民国初年盐税改革以来形成的盐税征管体制遭到极大破坏。

结语部分对全书进行总结，并结合经济学、财政学、税收学等的一些基本理论和原则进一步对民国北京政府时期长芦盐税的征收与管理进行分析和探讨。认为，民国北京政府时期长芦盐税征收与管理的变化，从一个侧面反映了近代中国财政税收的一个重要特点，即国家的财政税收被强行绑缚在军阀政治和军阀战争的机器上，政治、军事功用极度强化，调节和发展经济功能极度弱化乃至缺失。政府运用国家权力横征暴敛的财富资本，不是被用来发展经济，而是几乎全部被用于浩繁的军政费消耗。这种本末倒置的财政经济政策严重阻碍了区域经济乃至国家经济的发展。

就盐税本身而言，它属于一个经济学范畴，与财政学、税收学有着密不可分的联系，兼与政治学、社会学、统计学等诸多学科有着或多或少的联系。盐税史研究，同样离不开上述相关学科理论和方法的支持，要求研究者具备较高理论素养和水平。笔者自愧在这些方面只是略知皮毛，相去甚远，极欲加意提升，却又非短时短日之功所能奏效。故唯有尽其力而为之，尽可能地运用所掌握相关学科最基本的理论和方法，将整体观照与具体考察相结合，静态结构分析与动态过程分析相结合，横向比较与纵向比较相结合，实证分析与理论分析相结合，冀或有以弥补之。

第一章 清末民初长芦盐税
概况及其地位

清末至民国初年，中国的政治、经济急剧变化，脱胎于明清封建专制统治的长芦盐税体制机理失调，运转失灵，其内部更是积弊丛生，积重难返。然而，对于极其困难而又无源可开，节流无望的中央和地方财政而言，收入相对稳定、可靠的长芦盐税仍然占据着举足轻重的地位。

第一节 长芦盐税的构成

有清一代，盐税科则本来就极其繁杂。及至清末，外患频仍，内忧迭起，清政府为了应付内外危机，需用空前浩繁，使得财政入不敷出，困窘异常。举借内外债，加征国内税捐成为其解决财政危机的不二法门。附加于盐税的各种税捐因此纷至沓来，"于是盐税所入与田赋国税相埒"①。长芦盐税自然也不例外。

清末民初的长芦盐税按照其所征由自，可以分为商课、灶课、官运余利和借运报效。

一 商课

所谓"商课"，也就是征自盐商的销税，是为盐课之大宗。盐商是为专商，其始于明代。"万历末以纲法行盐"，"凡纲册有名者，据为窝根，纲册无名者，不得加入，是为专商之始。自是专卖之权，由官授于专商而征其税焉"。清沿明制，各省行盐循用纲法，行用引制，变为"委托专卖制"，"招商认窝，领引办

---

① 《清史稿》卷一二三《食货四·盐法》，中华书局 1977 年版，第 3605 页。

课"①。"引"按行盐区域的人口食盐需用量"计口授引","所以期供求相剂之一关键也"②。"引"由运司向户部请领转发专商，盐商按引完纳税课后，到指定盐场直接与灶户交易、收购盐斤，运赴指定州县销售。"商领引于官，官收税于商，官省征收之费，民忘课税之迹，而商亦得转嫁焉，绝无所担负，实深合计学之原理。"③"引"为行盐之凭据，盐与引不许相离。所以专商又称"纲商""引商"。"窝"即专商认销盐斤之州县，称为销地、引岸，专商垄断该地盐销，据为己有，不容他商涉足。"引商有专卖域，谓之引地。当始认时费不赀，故承为世业，谓之引窝。"④于是形成了"此界彼疆若敌国，甲行乙地即号侵销，同一纳课之盐乃有公私之别"⑤的专商引岸制。因为专商运销盐斤是按引缴课，所以商课又称"引课"。

清代长芦盐区一直实行这种专商引岸制。"光绪以前芦盐多系商运商销，光绪以后始有官运官销之处。"⑥清朝末年，长芦专商共有近150家，分别承办、合办或租办直、豫两省180余州县引岸。⑦"有一商专销一县者，有一商兼销数县者，亦有因县份较大，如大兴、宛平等处，由多数商人行销一县者。"⑧分别向长芦运署领引纳课运销。各商领引须"先向运署该管房科起出科则，随到公所在科则内盖用公所戳记，而后赴署领引"⑨。盐引按照运销区域不同，分为京引、直引、豫引、津引，所缴课额也各不相同。

1903年（光绪二十九年），清政府将无商承运的长芦通纲要地永平七属改为设局官办，开长芦盐务官运官销之先例。⑩翌年，又将商倒引悬的新河、平乡两县改为官运。及至宣统三年（1911）长芦盐务风潮发生，李宝恒、王贤宾等十大

① 财政部盐务署、盐务稽核总所编：《中国盐政实录》，1933年，载沈云龙主编《近代中国史料丛刊》（三编），第88辑，台湾文海出版社1999年影印本，第38页。
② 贾士毅：《民国财政史》（上、下），商务印书馆1917年版，第526—527页。
③ 同上书，第527页。
④ 《清史稿》卷一二三，《食货四·盐法》，中华书局1977年版，第3605页。
⑤ 贾士毅：《民国财政史》（上、下），商务印书馆1917年版，第527页。
⑥ 盐政杂志社编：《中国盐政沿革史》（长芦），盐务署1914年印行，第57页。
⑦ 中华民国盐务署纂：《清盐法志》（长芦），第4册，盐务署1920年印行，第77—111、159—165页。
⑧ 财政部盐务署、盐务稽核总所编：《中国盐政实录》，1933年，载沈云龙主编《近代中国史料丛刊》（三编），第88辑，台湾文海出版社1999年影印本，第1138页。
⑨ 纲总邹廷廉等呈长芦运司核议妥拟纳税请照报单，1914年3月，长芦盐务档案680—7—630。
⑩ 因为永平七属收归官办之前本系废岸，民间向食私盐，收归官运后，为保证官销，抵制私盐，并不征收全额盐税，而仅征收抵补土药税加价和津浦铁路加价。参见长芦盐运使函复长芦稽核分所热河销盐情形及官运引税成本余利各节，1913年8月，长芦盐务档案680—13—337。

盐商因亏欠巨额外债无力偿还，经长芦运司息借大清银行银 700 万两、直隶银行银 60 万两代为偿还，而将属于该商等引岸的 63 厅州县及高线铁路收归官办。并于长芦运署附设官运总局，分设分局 20 处，派员办理运销。同时，将此前已经收归官办的新河、平乡二县及永平七属盐务统归官运总局办理①。至民国元年（1912），青、静、沧、盐、庆五州、县因为无人承运亦收归官办，"由是商运十居其七，官运十居其三"②。长芦官运局"一切办法以国有营业性质为根本"。但由于"收回商岸改行官引"目的是"保全课源，代还商欠"，因此所有官运引盐"均照法定式样办理"③，须与专商一样按引缴纳引课，"所异者为以権运局代商人耳"④。

长芦商课名目繁多，可分为正课、杂课和附加税捐三大类。虽历经裁并改定，至清末时仍然异常繁杂。道光、咸丰、同治三朝有鉴于课重弊积，商困日深，引滞课悬，又相继进行裁革、归并和改定。然而，浩巨的内外债务、军政饷需，迫使清廷又不得不巧立名目，开征各种附加税捐，商捐、加价、新增杂款等接踵而至。由于课额过重，商人不堪重负，以致"纲压引悬，逋负山积，公私交受其困"⑤。民国初年，长芦商课依然照旧征收。表 1－1 和表 1－2 是清末民初长芦盐商认岸领运时须缴纳的课税款目。

表 1－1　　　　　　　　　长芦盐商领引时随引呈缴课税各款目

引别 项别		京引	直引	豫引	津引	年收额（银两）	创始或归并、改定年份
正课	正课	6 钱 3 分 4 厘	6 钱 3 分 4 厘	6 钱 3 分 4 厘	6 钱 3 分 4 厘	419897.82	1848 年归并
	正杂课	5 分 2 厘	5 分 2 厘	5 分 2 厘	5 分 2 厘	34553.26	1848 年归并
	加价正课	2 分 4 厘	2 分 4 厘	2 分 4 厘	5 分 2 厘	1.2 万—1.3 万	1906 年

---

① 盐政杂志社编：《中国盐政沿革史》（长芦），盐务署 1914 年印行，第 55—56 页。
② 长芦盐运司函复盐务筹备处产运销各项事实，1912 年 11 月 13 日，长芦盐务档案 680—7—393。
③ 长芦盐运使司札发官运局办事章程，1912 年 10 月，长芦盐务档案 680—12—530。
④ 丁会办对于长芦盐务意见书，长芦盐务档案 680—22—5。
⑤ 贾士毅：《民国财政史》（上、下），商务印书馆 1917 年版，第 527 页。

续表

项别 引别	京引	直引	豫引	津引	年收额（银两）	创始或归并、改定年份
杂课 缉费	4分1厘	4分1厘	4分1厘	9分	3万	1846年
杂课 归补缉费		2分、4分、5分6厘不等	2分	2分		1855年
杂课 领告杂费	4钱	4钱	4钱2分		24万	1848年归并
杂课 平饭	2分5厘	2分5厘	2分5厘		1.4万—1.5万	1871年改定
杂课 各项解费	4分1厘	4分1厘	4分1厘		2.3万—2.4万	1871年改定
帑利 钦天监生息	4厘	4厘	4厘		1800—1950	1854年
帑利 帑利	4钱4分2厘	4钱4分2厘	4钱4分2厘		293215.9	1870年改定
帑利 加盐帑利	1分6厘	1分6厘	1分5厘		8800	1906年
加价 军需复价	2钱	4钱	4钱		22万—23万	1858年
加价 荥工加价			2钱8分		5万—6万	1872年
加价 直引加价	1钱5分	3钱			11万	1896年
加价 豫引加价			6钱			1897年
加价 北引加价	3钱	6钱			22万	1899年
加价 新增加价	7钱	1两4钱	1两4钱		包缴70万	1903年
加价 豫省规复一文加价			3钱五分		包缴6万	1905年
加价 通行加价	1两3钱5分	1两3钱5分	1两3钱5分	1两零2分5厘	82万—83万	1908年
加价 洛潼铁路加价			约1.3两		20余万	1908年
加价 津浦铁路加价	约1.3两	约1.3两		8钱5分	约50万	1909年

续表

引别 项别		京引	直引	豫引	津引	年收额 （银两）	创始或归并、 改定年份
商捐	口岸汛工		9 厘	9 厘		4700—4800	1854 年
	大河口汛工		1 分			600 余	1862 年
	岁修官道	3 厘	3 厘	3 厘		1600	1885 年
	豫省归公			1 分 8 厘		2820	1888 年
	滩盐公所 经费	3 分	3 分	3 分		2800—2900	1905 年
	平价缉私 经费	2 钱	2 钱	2 钱	2 钱	12.6 万— 12.7 万	1905 年

说明：1. 长芦盐课征收单位精确至两、钱、分、厘、毫、丝、忽，表中数字均采四舍五入原则，精确至厘。
2. 新增加价一项，1903 年开征之初，定为京引缴银 6 钱，外引 1 两 2 钱，每年包缴银 70 万两。但因为额引滞销，征不足额，经商人禀请外引加银 2 钱，京引加银 1 钱，仍照 70 万两之数包缴，不敷之数由商人补足，有余则发商领回。3. 表中"津引"空白各项，系因天津口岸为芦纲公共口岸，与其他引岸不同，各种税目或增或减或免，由于档案所限，多有不明之处。

资料来源：中华民国盐务署纂《清盐法志》（长芦），第 6 册，盐务署 1920 年印行，第 1—26 页；长芦盐运司函复顺直省议会征收盐课情形，1912 年 9 月 13 日，长芦盐务档案 680—7—432；长芦盐运司函复盐务筹备处运销各项事实，1912 年 11 月 13 日，长芦盐务档案680—7—393；长芦盐运呈财政部拟划一盐税折收银元，长芦盐务档案 680—7—633。

表 1 – 2　　　　　　　　**长芦盐商按年或分季呈缴课税各款目**

项目	交款人	每年征收款额	创始年份
轮驳余利	通纲商人	11 万两	1904
硝卤税	包办商人	约银 28400 两	1904
鱼盐课	包办商人	银 5000 余两	1904
初次平价	通纲商人	银 60 余万两	1905
二次平价	通纲商人	银 26 万—27 万两	1907
京引公柜余利	京引商人	银 6000—7000 两	1907
津武口岸报效	津武口岸商人	银 4 万两	1909

资料来源：中华民国盐务署纂《清盐法志》（长芦），第 6 册，盐务署 1920 年印行，第 1—26 页；长芦盐运司函复顺直省议会征收盐课情形，1912 年 9 月 13 日，长芦盐务档案 680—7—432；长芦盐运司函复盐务筹备处产运销各项事实，1912 年 11 月 13 日，长芦盐务档案 680—7—393；长芦盐运司呈财政部拟划一盐税折收银元，长芦盐务档案 680—7—633。

以上两表所列税目综计达 36 种之多。其中正课 3 项,杂课 5 项。正、杂课以下之帑利、加价、商捐、新增杂款等均为附加税捐,合计 26 项。清末长芦商课之繁杂由此可见一斑。而且其结构性也极为不合理。其一,税课构成本末倒置。京、直、豫各引正课均为 6 钱 8 分 6 厘,而各种杂课、帑利、加价等附加税捐之和,远远超过正课数倍,最高可达十数倍。其二,各岸引重不一,税课畸重畸轻,相差很大,且同一行盐区域内各州县之税课亦因征收税目或多或少,或减或免而有所不同。其三,各种税课开征的时间高度集中。所有 36 种科目中只有 5 项是原来即已存在,清末加以归并或改定而成,其余 31 项则都是清末新开征科目,而且大都发生在清末尤其是最后的十多年里。其中的"加价"更是次数频繁,"屡议续增。遇有大工要政,大都缘事以立名"①。并且所加课额少则几钱,多则 1 两数钱,有的甚至一次所加之税负即正课的 2 倍还多。

除承担上述税课而外,长芦盐商还要承受来自各级盐官和地方州县的额外揩勒盘削。盐商领引筑盐运赴各岸时,要向各级盐官呈缴名目繁多的各种规费,诸如挂号费、筑运津贴、个钱、掣费、票照费、月规、季规、年节寿银等,不一而足,层出不穷。以天津分司为例,所收规费名目有:

南告各商引目挂号每千引缴厘银 15 两 4 钱;

南告商人引目挂号每千引缴个钱 14 千文;

沧州旗盐车票挂号每年缴津钱 60 千文;

北告盐关掣盐每年由芦纲公所津贴银 900 两(原数 1500 两,因 63 引岸收归官办,减为 900 两);

北告盐关车运各商联票挂号每千引缴洋 5 元;

北告盐关车运各商水程挂号每张缴洋 8 角。②

而天津分司所属天津道、天津县批验所、经知库以及丰台巡检各缺,所收规费名目计达 40 余种,总计每年收银 1 万余两③。利薮所在,自然趋之若鹜。"故盘查盐包人有不支薪水之差委而犹汲汲以图者,其私取于盐商即此可以想见。"

① 中华民国盐务署纂:《清盐法志》(长芦),第 5 册,盐务署 1920 年印行,第 110 页。
② 天津分司呈长芦盐运司本署领款规费清折,1912 年 9 月,长芦盐务档案 680—7—226。
③ 天津分司呈长芦盐运司天津道、天津县批验所、经知库以及丰台巡检各缺规费数目清折,1912 年 9 月,长芦盐务档案 680—7—226。

"一充盐差即捏报己与其妻生日，俾盐商各进寿礼，习为故常，恬不知耻。"且上行下效，变本加厉，"上取其一，下取其十"①。

盐商将盐斤运到指定引地销岸出售时，地方州县的勒索又接踵而至。以济源县（1912年5月收归官办）为例，盐商供应该县各衙署、并列入该县预算的规费计有：（1）县盐规银912两6钱4分；（2）训导节规银1两1钱9分；（3）巡检盐规银24两9钱7分8厘；（4）巡检节规银1两1钱9分；（5）典史盐规银77两3钱7分6厘；（6）盐店捐银99两2钱，共计1116两5钱7分4厘。② 前系商办、后被收归官办的直、豫专商引岸，除口北十三属不计外，其余48州县每年应给各衙门陋规共计须银35000余两之多③，即使收归官办以后依旧呈缴。其余商岸可想而知。这些额外向盐商索取的各种规费，成为事实上的变相税课。

因为商课是按引缴课，为了保证税收的稳定，长芦盐商认地行盐各有定额，长芦全区则定有年额，长芦盐运司负有督销之责。清末长芦全区年额自1848年（道光二十八年）规定为662497道，直至清朝灭亡民国初年都没有变化。其中津引550道，京引50686道，直引418122道，豫引193139道④。但由于税课的不断加增，长芦盐税的岁入也随之逐年增加。1891年（光绪十七年）奏销册正杂课银为1025800余两⑤，至1911年（宣统三年）预算正杂课收入则已达银元7855227元，折合银5236800余两⑥。不过，后者是按销数足额的预算收入，实际上，因为课重商困，官盐价贵，私硝泛滥，畅岸少而滞岸多，清末长芦盐引往往销不及额。以清末最后两年为例，1910年（宣统二年）实销602130引，1911年（宣统三年）实销645287引，1912年（民国元年）实销636368道⑦，均未达到额定销数。同时，由于清末长芦实行的是先引后课，其正杂课款"系子年领

---

① 领帑回川运库大使胡翼函呈长芦盐运使条陈盐务积弊暨整顿办法，1912年6月19日，长芦盐务档案680—7—63。

② 济源官运局呈请长芦盐运司济源县移奉豫督令所有列入预算之规费均应一律改为公益捐应否仍依向章按季照缴，1913年5月，长芦盐务档案680—13—286。

③ 直隶布政使、长芦盐运使会详直隶都督盐店规费免扣养廉，1912年9月2日，长芦盐务档案680—7—65。

④ 长芦盐运司函复盐务筹备处产运销各项事实，1912年11月13日，长芦盐务档案680—7—393。

⑤ 盐政杂志社编：《中国盐政沿革史》（长芦），盐务署1914年印行，第60页。

⑥ 姜启周：《我国盐税之概观》，《银行月刊》1926年第6卷第6号。

⑦ 长芦盐运司函复盐务筹备处产运销各项事实，1912年11月13日，长芦盐务档案680—7—393。

引，寅年缴纳"，帑利"亦系次年分缴，以纾商力"①。盐商常常以银价腾贵、商
本亏累等借口不按期呈缴，递年积累，以致商欠越积越巨。1848 年（道光二十
八年），商人积欠课款竟达到了 2340 余万两之多②。其后虽历经整顿，均无效
果。至 1903 年（光绪二十九年）规定自翌年起改为先课后盐，责令各商按照认
定额引包交课帑，于春秋两季分限完纳，不准再有丝毫蒂欠③。但实际上直到民
国初年并没有完全实行。长芦盐商于领引时只需缴纳正课一小部分现银，其他其
余帑利、加价等项一切杂款则允许搭用期帖。"通纲赊领引目，除交正课外，其
余帑利、加价等项一切杂款原限三个月交清。""惟正课必须呈缴现银，不准搭
用期帖，余仍照赊三个月还清。"④ 因此，清末至民国初年长芦每年盐税收入款
额，与盐商领引应纳课额往往相去甚远。

二　灶课

灶课，又称场课，是向盐场灶户征收的产税。清末至民国初年长芦灶课科目
芜杂，多达 12 种之多，轻重不一，或按丁口征收，或按地亩征收⑤。灶课有正、
杂之分，正课包括灶地课、滩地课两种。灶地课，即盐场滩副中汪子、水圈、卤
台以及未开滩地所纳课银；滩地课，即滩副中生产盐斤滩池地所纳课银。杂课包
括丁粮、锅价、白盐折色、部饭、平饭等名目⑥。其收数无多，课额细微琐碎。
以丰财场为例，详见表 1 - 3。

清末长芦八处盐场，丰财场以外，其余七场灶课名目及额征税银如表 1 - 4
所示。

---

① 芦纲公所函送长芦稽核分所售盐钱码请改为洋码禀，1914 年 1 月 14 日，长芦盐务档案 680—22—
470。
② 中华民国盐务署纂：《清盐法志》（长芦），第 5 册，盐务署 1920 年印行，第 158 页。
③ 同上书，第 168—170 页。
④ 长芦盐运司批商人益照临禀还清赊引并赊新引，1912 年 7 月 12 日，长芦盐务档案 680—7—150。
⑤ 中华民国盐务署纂：《清盐法志》（长芦），第 6 册，盐务署 1920 年印行，第 27 页。
⑥ 芦台场详送长芦盐运司整理场产意见书，1914 年年 10 月 25 日，长芦盐务档案 680—7—1132。

表 1 - 3   长芦丰财场灶课名目及额征税银数目

地亩、灶丁、锅口各数		额征银数 （每亩每丁或每锅）	岁额
滩地课	55 顷 12 亩	6.017909 分	351.926 两
	1 顷 16 亩 8 分	6.84283 分	
	80 亩 6 分	7.31377 分	
灶地课	256 顷 89 亩 7 分 8 厘	2.748 厘	255.392 两
	317 顷 37 亩 1 分 3 厘零 4 丝	4.1125 厘	
	159 顷 22 亩 6 分 4 厘 1 毫	3.40876 厘	
草荡地课	52 顷 27 亩	2.5636 厘	19.608 两
	17 顷 90 亩 4 分 4 厘 3 毫	1.7649 厘	
	11 顷 37 亩	2.68099 厘	
新增边布灶地课			3 钱 1 分
锅课	9 面	3.122 钱	2.8 两
民解黑土课	9 户		55.308 两
官解黑土课			8.299 两
白盐折色	947 丁	2.6191 分	58.149 两
	629 丁	3.6302 分	
	316 丁	2.3265 分	
灶丁课	947 丁	4.21883 钱	838.398 两
	629 丁	4.06696 钱	
	316 丁	5.79313 钱	
合计			1590 两 1 钱 9 分

资料来源：长芦稽核分所呈送总所各场灶课一览表，1915 年 6 月 15 日，长芦盐务档案 680—22—981。

表 1—4　　　　　　　长芦芦台等七场灶课名目及额征税银数目

场别	名　目	岁　额
芦台	灶丁课、白盐折色、灶地课、新首灶地课、新增边布灶地课、锅课、滩地课	758 两 5 钱零 3 厘
石碑	灶丁课、白盐折色、灶地课、草荡地课、锅课	874 两零 3 分 9 厘
越支	灶丁课、白盐折色、锅课、滩地课	1178 两 7 钱 8 分 4 厘 3 毫
济民	灶丁课、白盐折色、灶地课、草荡地课、锅课、新首灶地课、锅价、新认垦荡	585 两 4 钱 8 分 5 厘 6 毫 2 丝
归化	灶丁课、灶地课、白盐折色、草荡地课、新首灶地课、锅课	484 两 9 钱 8 分 4 厘
严镇	滩地课、灶地课、灶丁课、新增边布灶地课、白盐折色	1585 两 6 钱 3 分 8 厘
海丰	滩地课、灶地课、新首灶地课、新增边布灶地课、民解黑土课、白盐折色	906 两 5 钱 7 分 4 厘

资料来源：中华民国盐务署纂《清盐法志》（长芦），第 6 册，盐务署 1920 年印行，第 42—69 页；长芦稽核分所呈送总所各场灶课一览表，1915 年 6 月 15 日，长芦盐务档案 680—22—981；长芦盐运司函送稽核分所石碑场及所属应征灶课名目清折，1915 年 3 月 2 日，长芦盐务档案 680—22—981。

以上长芦八场每年共应额征 7964 两 1 钱 9 分 7 厘 9 毫 2 丝，遇闰加征，均由各该场官负责征收，甲年征收，乙年报解①。以前年份因故未征之款，附于以后各年份催缴带征②。此外，清末长芦灶课尚有各州县代征者。清代长芦对业盐丁户实行特别管理，"设场之始，金民为灶"。凡编入灶丁者，豁免差徭，"令其永务此业，科以丁粮，厥后更限定非有丁之户不准煎盐"③。长芦各场域虽有界限，但只不过就其"滩池草荡而言"，"丁户则分隶于附近各州县"。"有事则聚于场，无事则散于籍。"后来，屡次裁并盐场，原被裁各场灶户被迫另谋生业，但"户口田产仍系灶籍"。其"应纳钱粮由各州县征收解交运库，归入灶课奏报"④。至

---

① 长芦稽核分所呈送总所各场灶课一览表，1915 年 6 月 15 日，长芦盐务档案 680—22—981。

② 长芦盐运使函复稽核造报分所来函催复未答事项，1913 年 10 月 17 日，长芦盐务档案 680—11—1140。

③ 芦台场详送长芦盐运司整理场产意见书，1914 年 10 月 25 日，长芦盐务档案 680—7—1132。

④ 王守基：《长芦盐法议略》，载沈云龙主编《近代中国史料丛刊》（续编），第 88 辑《皇朝政典类纂》，文海出版社 1983 年版，第 29—30 页。

民国初年，长芦灶课仍依旧案由各场县征收报解。

与商课一样，长芦灶课因年代久远，积弊丛生，相沿成习。以滩地课而论，"滩地课赋虽暂仍厥旧，其中相沿成习，种种积弊"。各滩课粮科额多与实际不符，"或以多报少，或避重就轻，有民地而征灶粮者，亦有两地一粮者，离奇错乱，不胜枚举，推原厥故，皆出自旧时胥吏营贿朦蔽"①。就丁课而言，"灶户缴纳丁课原仗晒盐之利，因其负担甚重，复轻其田地之粮。乃现在相沿日久，名实骏殊，有一户纳数丁而无片地者，有数户纳一丁而晒多滩者，苦乐不均，殊与初旨相背，以致灶民积困，国课难征"②。因为灶户大多贫苦，遇有灾荒之年即无力缴纳，所以有灾缓、灾免、停征或拨补别项之例。每年实征灶课因而多寡不一，很难及额。表1-5是清末至民初14年（1901—1914）长芦每年灶课收入数。

表1-5		1901—1914年长芦灶课收入数目	单位：两
年份	当年灶课银两	历年并各场、州县展缓带征银两	合　计
1901			8500.149
1902	10056.545	2023.563	12080.108
1903	10159.858	711.373	10871.211
1904	10581.792	617.723	11199.515
1905	10482.651	1048.99	11531.641
1906	10536.538	552.904	11089.442
1907	9944.276	475.294	10419.57
1908	9397.124	466.103	9863.227
1909	10319.833	603.227	10923.06
1910	10783.903	619.454	11403.357

---

① 芦台场详送长芦盐运司整理场产意见书，1914年10月25日，长芦盐务档案680—7—1132。
② 武清县知事呈长芦盐运使遵饬查明灶户完纳银两情形，1912年11月28日，长芦盐务档案680—7—377。

续表

年份	当年灶课银两	历年并各场、州县展缓带征银两	合　计
1911	6663.630	488.615	7152.245
1912	4723.9	298.483	5022.383
1913			6326.415
1914			10450.352

资料来源：长芦盐运使函复稽核造报分所来函催复未答事项，1913 年 10 月 17 日，长芦盐务档案 680—11—1140；长芦盐运司函送稽核分所民国二年至四年实在收入灶课银两表，1915 年 7 月 28 日，长芦盐务档案 680—7—1582。

可见，清末民初长芦灶课的平均年收入在银 1 万两左右，相对商课而言，收数甚为寥寥。也正因为如此，论者在统计清末民初以及后来的长芦盐税收入时往往将灶课一项忽略不计。

三　官运余利

如前所述，官运官销是清末最后几年以及民国初年长芦盐务的重要组成部分。所谓"官运余利"，是指官运收入除盐价成本、运费、引课、经费以外的盈余。而官运局为完全国有营业，"一切收入均为国课"[1]，因此官运余利也属于清末民初长芦盐税的一项收入来源。并经指定特别用途，专门用来拨抵直隶公债[2]和代还长芦盐商债务。

1903 年（光绪二十九年）永平七属改为设局官办之始，即规定"所有盐课余利由长芦运司按年于商课奏销册内造报"。1903 年、1904 年共报收银 11 万两。

---

[1] 长芦盐运使司札发官运局办事章程，1912 年 10 月，长芦盐务档案 680—12—530。

[2] 1904 年，直隶总督袁世凯为筹措饷项，以长芦盐税和直隶岁入为担保，试办直隶公债，募集银 480 万两，自 1905 年起，分六年归还本息，指定每年"筹还公债本息的款"120 万两，其中直隶岁入 30 万两，直隶铜元局余利 40 万两，长芦盐课年 50 万两（其中包括永平七属余利 15 万两），共 120 万两。至 1911 年还清本息时，时任直隶总督又以办理新政需款浩繁，奏请查照前案续办直隶公债，募集银 320 万两，自 1912 年起，亦按六年分还本息，每年归还 80 万两，其中直隶藩库每年银 30 万两，长芦运库新增盐利每年银 35 两，永平七属盐利每年银 15 万两。"规定仍照原案备备还债之需，此外无论何项紧急用款不准挪移动用"。参见"直省举办要政筹款为难拟请援案接办公债票以次接济折"，1911 年，长芦盐务档案 680—22—979。

其后则自 1905 年起每年以余利 15 万两拨抵直隶公债①。至 1911 年将十类商原办 63 厅州县营引岸及高线铁路收归官办，设立官运总局办理所有官运引岸一切事宜，并由运库垫借银 100 万两作为官运成本以资营运②。同时，长芦运署与大清银行及直隶省银行订立合同，规定偿还芦商债款办法：大清银行借款银 700 万两，每年由 63 官办引岸盈余项下拨还本息银 40 万两，由高线铁路盈余项下每年拨还银 15 万两，加上每年由运库通行加价、初次平价、归补缉费、津武口岸报效、新增加价、豫省一文加价等六项内酌拨银 40 万两，每年共指定归还的款银 95 万两，分 14 年 28 期还清本息。自第 15 年起，再将引岸、铁路盈余归还由运库借拨款项③。直隶省银行借款银 60 万两，分 7 年摊还本息，每年还本银 85014.28 两，利息另计，所需款银由筹还大清银行余款项下提拨④。民国成立后，官运各局由新任长芦运司分别派员接收，继续办理营业，预计所有 63 官办引岸每年可得银 50 余万两⑤。并颁发官运总、分各局办事章程，分为总纲、设局、用人、局员责成、购盐、购用席麻及议订运费方法、筑盐、运盐、储盐、销盐、收支款目、科核成本、各局交代、奖励、余议等 15 章 91 节，逐一作出详细、明确的规定。力求"一事有一事之绳墨，一人有一人之责成，急起直追以策进行"⑥。

然而，官运各局营业实际上滞岸多而畅岸少，盈亏相抵，所获余利与预期收入相差甚远。"自辛亥年六月接办，当时销盐之额数，开支之预算均有规定，各局尚能恪遵办理，保守盈余。"但自武昌起义以后，官运营业每况愈下，"盐务盈余几将无着"⑦。而所需成本均由运库拨借，日积月累，至 1914 年 3 月，"负债至数百万之多，而综核各局余利不及十分之一"⑧。其间，虽经屡次严令实力

---

① 盐政杂志社编：《中国盐政沿革史》（长芦），盐务署 1914 年印行，第 55 页。

② 长芦盐运司呈请财政部官运余利不敷抵还债款拟请停付免亏成本，1914 年 2 月 13 日，长芦盐务档案 680—13—400。

③ 长芦盐运司呈财政部、直隶都督长芦官运总局办法暨将转运局裁撤归并，1912 年 6 月 26 日，长芦盐务档案 680—13—170。

④ 长芦官运总局函复运署总务科大清等银行债款还期办法，1913 年 11 月 10 日，长芦盐务档案 680—13—337。

⑤ 长芦盐运司函呈直隶都督官办引岸销盐及收益大概情形，1912 年 6 月 28 日，长芦盐务档案 680—13—68。

⑥ 长芦盐运使司札发官运局办事章程，1912 年 10 月，长芦盐务档案 680—12—530。

⑦ 长芦盐运使札饬各盐局整顿收支节省经费，1912 年 6 月 8 日，长芦盐务档案 680—12—491。

⑧ 长芦盐运司训令，第 242 号，1913 年 3 月 8 日，长芦盐务档案 680—13—217。

整顿，并于 1913 年 7 月将豫岸各局改设河南榷运局，11 月将永七各局改设永七榷运局，直接隶属财政部管辖，但均收效甚微。1912 年 1—6 月，官运直岸、豫岸、永七及高线铁路预算收入共 1979623 元，而各项预算支出 1989447 元①，收支相抵，入不敷出。1912 年全年官运各局营业盈亏相抵，共计获余利银 31 万余两，其中直岸十四局余利 35679 两，豫岸七局余利 50824 两，永七属余利 225525 两，扣除永七应付直隶公债担保银 15 万两，用于偿还大清银行及直隶省银行债款实际只有 16 万余两②。1913 年，官运直岸全年、豫岸半年、暨永七属 1 月至 11 月 15 日余利共计 256900 余两。其中，长芦直、豫两岸官运局余利 46300 余两，永七属官运余利 210600 余两，扣除永七应付直隶公债担保银 15 万两，用于偿还大清银行及直隶省银行债款实际只有 106900 余两③。1914 年上半年，官运各局收支相抵，共亏银元 54200 余元④，盈余全无。至此，按原定合同共六期应还银 2838750 两，实际仅还 511155 两⑤。面对如此情形，无计可施的长芦盐运使唯有慨叹："何以向来商运引岸畅销者，一经收回官办立见短绌，殊难索解，似此情形，清偿债累恐无日矣。"⑥"是官运尚不及商运之为良。"⑦

清末民初的长芦官运之所以出现如此局面，武昌起义后社会动荡，商务停滞，兵匪骚扰，金融恐慌，银价腾涨，私盐充斥，盐销短绌等固然都是其重要原因。而官运各局管理紊乱，不能循章办事，任人唯亲，植党营私，侵蚀公款，任意挥霍⑧；办事员司上行下效，汲汲于假公济私，中饱私囊，于营业盈亏与否"均视同秦越，漠不相关"⑨，则更是其主因。"各局委员循分供职者，寥寥数人，放弃职务者指不胜屈，细核册报又复紊乱无章，糜费孔多。"⑩ 各项开支如运费、

---

① 长芦官运总局致稽核分所函，1913 年 7 月 25 日，长芦盐务档案 680—13—337。
② 长芦盐运司呈财政部上年官运营业盈余请照章奖励，1913 年 4 月 21 日，长芦盐务档案 680—13—166。
③ 民国二年度官运余利，长芦盐务档案 680—22—979。
④ 长芦官运总局致运署总务科函，1915 年 1 月 24 日，长芦盐务档案 680—13—337。
⑤ 丁恩改革中国盐务报告书，载林振翰编《中国盐政纪要》（下册），商务印书馆 1930 年版，第 133 页。
⑥ 长芦盐运司训令，第 248 号，1913 年 3 月 8 日，长芦盐务档案 680—13—217。
⑦ 长芦盐运司训令，第 243 号，1913 年 3 月 8 日，长芦盐务档案 680—13—217。
⑧ 盐员黄龙、乔滋樾等呈长芦盐运使各局所员司舞弊蚀款，1912 年 6 月，长芦盐务档案 680—13—39。
⑨ 长芦盐运司训令，第 242 号，1913 年 3 月 8 日，长芦盐务档案 680—13—217。
⑩ 长芦盐运使司札发官运局办事章程，1912 年 10 月，长芦盐务档案 680—12—530。

川资、纸张笔墨、修理、添置、解费等，任意浮冒，为数甚巨①。筑运盐包则往往加斤夹私，任意捆载，坨员不敢掣验，盐关不敢稽查，"侵公家之正引，饱贪吏之私囊，贿役朋分"②。以赵州、冀州二州各局为例，"现据其盐引逾额与售盐短斤之量求之，如每引逾额四十斤，千引则逾额四万斤，售盐每斤短二三两，每引短一千一百九十余两，千引短一百一十七万五千四百两，合七万三千四百六十二斤五两，是于千引之中又暗增中饱隐匿之二百引矣。统二州六属共销盐引全数计之，则隐盈余之数与隐匿之数已不赀矣"③。至于各局售盐，则以官压市，任意短斤，人民偶有争执，辄招来其折秤殴骂之辱。以致食户避而远之，争食、偷食私盐，官盐短销。

所获余利既然与原来预期之数悬殊，则当然无力按照原合同规定办法偿还债款。其中，应还中国银行（民国成立后，由原大清银行改组）债款，除第一、第二期本息，以长芦代垫两淮借运盐款及大清银行欠长芦运库存款两项作抵外，其第三期应还本息之款，1912 年仅解还银 27 万两④，远不敷每年应还 95 万两之数。1913 年 5 月，长芦盐运司不得不与大清银行清理处协商办法，减少每年还款额度，改为每年还银 24 万两，分季交付，自当年夏季起每季解银 6 万两⑤。至1914 年 2 月，长芦盐运司又以官运事实屡经变更，负担太重，余利不敷抵还债款，资本行将被蚀为由，呈请财政部自当年 1 月起将中国银行及直隶省银行债款暂行一律停付，每年所获余利尽先拨还司库垫借成本，俟还清成本后再行接续偿付债款⑥。在此之前，鉴于银行欠款归还无期，盐运使张弧还提出了将官运引岸重新改招商办的建议，并拟定了官运引岸招商办法及章程，呈明财政部核准。其办法是将官岸中的丰岸、滞岸搭配编号，"凡商人愿领官岸者不得指领一处，必须将丰岸、滞岸搭配承领，先缴保证金并每年认缴偿款，方准认领"。预计每年

① 长芦盐运司札饬乔滋樾密查各官运分局各项开支是否核实，1912 年 6 月 25 日，长芦盐务档案680—13—171。

② 长芦盐运司通告官运盐斤不得私自加斤，1912 年 7 月 1 日，长芦盐务档案 680—13—178。

③ 盐员黄龙呈得长芦盐运司奉饬查明赵州、冀州各属情弊，1912 年 7 月，长芦盐务档案 680—13—38。

④ 长芦官运总局函复运署总务科大清等银行债款还期办法，1913 年 11 月 10 日，长芦盐务档案 680—13—337。

⑤ 长芦盐运司呈报财政部拨解大清银行欠款银两，1913 年 5 月 16 日，长芦盐务档案 680—13—332。

⑥ 长芦盐运司呈请财政部官运余利不敷抵还债款拟请停付免亏成本，1914 年 2 月 13 日，长芦盐务档案 680—13—400。

可收银 47 万两①。但因为"章程所定范围稍广，租价较昂"，以致"十阅月悬格以待，无人承办"②。虽经继任盐运使杨寿枬改定招商章程，但为时已晚。因为其时已是善后借款合同成立以后，中国盐税权旁落，外人主持下的盐务改革正逐次展开，而稽核总所洋会办对于官运又深不以为然，提议裁撤。官运引岸改招商办之议遂不了了之。至 1914 年 7 月，长芦官运直、豫 74 县引岸实行开放，自由贸易。同年 11 月，永平七属榷运局亦被裁撤③。至此，长芦官运走到了尽头。

四　借运报效

清代，为了保障盐课收入的稳定，维护专商引岸制，不仅同一销盐区域内各专商引岸之间引界分明，壁垒森严，而且各产盐区分别划定固定销盐区域，严禁越区运销。"借运"之名由是而生。"借运者，借买他区之盐而运济本岸民食之谓也。"④ 也就是说，当某一产盐区遇灾歉产，其销盐区域出现盐荒或供不应求时，可暂行向其他产盐区借运盐斤。"缺盐之区求过于供，至以借运为名，则引界之弊也，故借运者，实为破除引界之张本。"⑤

"借运芦盐之例始于山东。"1755 年（乾隆十九年）山东盐区因为永阜场被灾歉收，向长芦借运盐斤，开借运芦盐之先例。此后山东凡遇歉产之年皆援案借运。河东盐区几年后亦因灾借运芦盐。及至清末光、宣之际，淮南各盐场因海势东迁，产盐日绌，以致每年均须向长芦、山东借运盐斤，"几成常例"⑥。仅 1908 年（光绪三十四年），淮南就借运芦盐 10 万引⑦。此后直至民国成立之后数年内，淮、鄂、晋、湘、皖等省官商纷纷来芦借运。以 1911 年和 1912 年为例，1911 年，两淮官商借运 15 万引，湖南 5 万引，山西借运 1 万引⑧；1912 年，总计实际借运之数，两淮 10 万引，湖南 10 万引，河南 10 万引，山西 5000 余引

---

① 长芦盐运司呈复财政部奉饬酌拟商人承领官岸办法并章程，1912 年 9 月，长芦盐务档案 680—13—70。
② 长芦盐运司呈财政部酌拟长芦官岸盐务招商承运章程，1913 年 7 月 30 日，长芦盐务档案 680—13—70。
③ 丁恩改革中国盐务报告书，载林振翰编《中国盐政纪要》（下册），商务印书馆 1930 年版，第 57 页。
④ 林振翰：《盐政辞典》，辰集，中州古籍出版社 1988 年影印本，第 53 页。
⑤ 盐政杂志社编：《中国盐政沿革史》（长芦），盐务署 1914 年印行，第 60 页。
⑥ 林振翰：《盐政辞典》，辰集，中州古籍出版社 1988 年影印本，第 53 页。
⑦ 盐政杂志社编：《中国盐政沿革史》（长芦），盐务署 1914 年印行，第 60 页。
⑧ 长芦盐运司呈明财政部从前两淮借运欠款数目差异情形，1912 年 7 月 20 日，长芦盐务档案 680—7—498；长芦盐运司呈财政部皖北等处借运芦盐请俟下届借运再议更张，1913 年 11 月 30 日，长芦盐务档案 680—7—9。

（上年借运，本年起运之数），"芦纲各场历年所积余盐几至扫数一空"[1]。而各省借运意图各异，"或实系缺产者有之，或藉此筹饷者有之"[2]。究其原因，在于长芦、山东两区盐斤成本较轻，一转移间即可收获厚利。

至于借运盐斤应交盐课，向例由借运各省自行征收，长芦并不另外征收，所征收者仅借运报效一项。而征收标准亦轻重有别，不尽一致。两淮借运，规定每引重800斤，共收报效银1两零4分，其中报效3钱，盐价余利银5钱，运费余利银2钱4分[3]；湖南、安徽两省借运依照两淮成案；山西借运虽依两淮成案，每引重800斤，但仅缴报效银3钱[4]；河南汝光借运则向按每引600斤，缴报效银7钱8分[5]。此外尚有口北借运，但该处行销芦盐向有包缴长芦税课银两，不再缴纳报效银两[6]。

借运余利因为系属临时入款，并无指定用途，由长芦运司随时汇总解京。至于其每年收数，则由于每年各省借运盐斤多寡不定，且借运各省官商常有借故拖欠甚至强行截留之事，因此并无定数。

以上清末民初长芦盐课构成中，以商课一项为大宗，但因课重商困，时局动荡，往往销不及额，收不足数；灶课一项，则繁杂细碎，收数寥寥；官运余利则因负担沉重，经营不善，盈利无几，甚至盈不抵亏；至于借运报效，则系临时入款，收数更属无定。因而长芦盐税每年收入亦时有起伏，多寡不一。仍以1911年、1912年为例，1911年长芦盐税收入总数为银3779195两；1912年1月至11月21日盐税收入已达银5260896两[7]，相差悬殊。至1913年，长芦运库预算收入除商捐商用各款不计外，共470余万两[8]。由是观之，则清末民初长芦盐税每

---

① 长芦盐运司训令丰财场务所抄发本司呈财政部整顿盐务办法，1913年3月12日，长芦盐务档案680—16—10。

② 直隶都督冯国璋札，1912年11月8日，长芦盐务档案680—7—496。

③ 长芦盐运司复山东盐运司函，1912年10月9日，长芦盐务档案680—7—505。

④ 长芦盐运司呈财政部、直隶都督山西借运芦盐拟酌加盐暨规定引额，1912年8月2日，长芦盐务档案680—7—503。

⑤ 长芦盐运司函请河南都督兼民政长转催速将汝光借运芦盐应交报效银两如数补解来司，1913年5月27日，长芦盐务档案680—7—500。

⑥ 长芦盐运司呈财政部皖北等处借运芦盐请俟下届借运再议更张，1913年11月30日，长芦盐务档案680—7—9。

⑦ 长芦盐运司电呈财政部上年盐务收入总数暨本年截止本月收入总数，1912年11月28日，长芦盐务档案680—7—143。

⑧ 长芦盐运司电复财政部增筹洋赔各款悉听核示遵办，1913年3月4日，长芦盐务档案680—7—672。

年收入当为银 400 万两至 500 万两。

第二节 长芦盐税的收支管理体系

清末以来，长芦盐税的收支管理，实行的是一套专款专收、专款专储和专款专用的收支管理体系。从表面上看，这种制度安排秩序分明，简单明了，易于收支管理，而事实上，由于科则细密，账目凌杂，款项琐碎，收支银色不一，缺乏统筹安排和有效稽核，造成了系统的先天缺陷，缺乏足够的应变能力。即系统于平时尚易应付，但当内外环境日趋恶化，面对突如其来的事变冲击时，系统便会顿时机理失调、运转失灵，陷入紊乱无序的状态。清末民初的巨大社会变动就使得长芦盐税收支系统的这种致命弱点显露无遗。

一 长芦运库制度

清末财政体制的一个最大缺陷是"财务之统系不明"。"表面上虽为中央集权，实际则为地方分权也。中央无固有之财源，其用费均出于各省之贡献。既无预算以稽全国之盈虚，又无决算以示实际之出纳。事前虽有估册，事后亦有报销，要皆一部分收支之大要，不足以窥全体财政之情形也。""中央拥考核之虚名，各省操征权之实柄。"①体现于盐务方面，各省督抚皆兼任盐政大臣，省自为政，所有关于盐务之重要事宜均由运使呈请督抚核议施行。至清末宣统年间，清廷曾实行盐务改革，于中央设立盐政处（后改盐政院），试图建立中央集权的盐务管理体制。并在试办预算时将盐税特别单列，但旋因革命事起未果而终或未及付诸实施②。

在直隶长芦盐区，长芦盐运司秉承直隶总督之命，负责管理一切盐务产运销及盐课征榷事宜，所有盐务设置、改革事件均须呈明核准后方能办理。至于盐课税款，则向有"报部、报院之别"。"报部"即每年向中央户部或度支部例行奏销，"仅引课奏销一门"；"报院"即呈报直隶总督（或都督），也只是"正杂款收支总数"。民国初年，直隶成立清理财政局以后，实行按期决算，"册式稍详，

---

① 贾士毅：《民国财政史》（上、下），商务印书馆 1917 年版，第 170 页。
② 丁长清主编：《民国盐务史稿》，人民出版社 1990 年版，第 11—15 页。

然所列者，皆管收除在四柱款目"①。至于盐课的经收、解拨，则完全由运署附设的运库经理。

运库又称司库、广积库，是长芦所征盐课正杂各款的总汇处，设库大使一人，库书数人。如前所述，长芦征收各种课税，名目众多，种类繁杂，但除商课中之铁路加价由商自行迳交铁路公司②、借运余利随时汇总解京外，每一名目均于征收前即既经指定用途，专款征缴。其款或由运库直接征收，或由各场、州县征收汇总解交运库，均分立账目，专款存储，以备指拨。其支出各款，除留支运署及所属各场局各员司工役俸薪及办公经费外，大致分为"解款""拨款"两宗。解京、解沪、解豫各项，是为"解款"，拨付直隶省军、警、学堂及行政衙门经费各项，是为"拨款"。各有所指，专款专支，有一款指抵数种用途者，亦有数款指抵一种用途者。即所谓"收支均有定额，某款在某宗指拨，条理并然"③。其各款指定用途详见表1-6。

表1-6　　　　　长芦运库所征盐课正杂各款指定解拨用途一览

项　目	指定用途
正课	拨解京、奉各饷之用
正杂课	凑解京、奉各饷及河工之用
加价正课	拨解海军经费
领告杂费	供办贡及内外衙门养廉、公费、年例并委员薪水、书役工食以及京省津各学堂并善举之用
平饭	解京各款加平及部饭之用
各项解费	支发京外各款解费
缉费及归补缉费	向充缉私经费，后改拨还大清银行借款本利之用
军需复价	拨解防练各饷并凑发海军经费之用
荥工加价	先为助饷，后为弥补部拨荥工款项
直引加价	摊还英德俄法洋款

---

① 长芦盐运司呈报财政部清理库款情形，1912 年 9 月 17 日，长芦盐务档案 680—7—163。

② 洛潼铁路加价，是商民为挽权自办铁路捐摊之款，芦商捐摊之款由芦纲公所自行按引收取迳交河南洛潼铁路公司，作为公司股票；津浦铁路加价，是商民为从外人手中收回路权捐摊之款，芦纲公所自行按引收取迳交津浦铁路公司，备还洋款。

③ 长芦盐运司呈财政部筹拟清厘库款及改革办法，1912 年 7 月 29 日，长芦盐务档案 680—7—128。

续表

项　　目	指定用途
豫引加价	以六万两代豫省解英德俄法息款，以六万两代解部库
北引加价	拨还美、德、俄、法四国洋款及解充海防经费
豫省规复一文加价	代豫省解沪关作为旧偿款之用
通行加价	一半解部抵补练兵经费，另一半划归直、豫两省政务之需
各项帑利	备解内外各衙门办公之用
口岸汛工	由津武商人具领，补贴天津公共口岸保护通纲坨盐及海河护运之费
大河口汛工	由青、静、沧、盐引岸商人具领，用以在海口添设巡卡、巡船缉私
岁修官道	修理官道工程
豫省归公	移解河南盐法道办公之用，裁缺后改解河南布政司
滩盐公所经费	由滩盐公所纲商具领，作为公所经费及盐价生息之用
平价缉私经费	拨备缉私要需
初次平价	八成充陆防兵饷，两成抵课解部，余款连同摊交之款支发缉私营弁兵薪饷
二次平价	支发省城工艺厂、直隶自治局、长芦善后兴利局、工业农业等学堂、冀州耕荒
	局、任县硝户习艺所等项经费
轮驳余利	拨充学堂经费及支发轮驳船薪工之用
硝卤税	专充学堂经费
鱼盐课	筹办新政之用
京引公柜余利	解送运司备候拨用
津武口岸报效	拨充育婴堂经费及各学堂公益之用
灶课	拨补俸工及贡盐价之用
官运余利	拨还大清银行债款本息

　　资料来源：中华民国盐务署纂《清盐法志》（长芦），第6册，盐务署1920年印行，第1—26页；长芦盐运司函复顺直省议会征收盐课情形，1912年9月13日，长芦盐务档案680—7—432；长芦盐运司函复盐务筹备处产运销各项事实，1912年11月13日，长芦盐务档案680—7—393。

　　按照清代旧制，凡征收课帑，均应现银存库，严禁官员擅自动用库款。晚清以还，因中外通商贸易，商业日益繁兴，官商银号随之纷立如麻，"每藉公款往来以济金融之活动，银库之禁，始稍开弛"。但遇有动支拨用均须先报部核准，方可入册列销①。每遇有出库之款，先由盐运司付知库大使，库大使再委诸库书办理并呈报盐运使。但因为"库大使之人本非熟谙法簿记学之人，于一切事权，悉归库书掌握"。而"库书向系房缺，以世袭而不以材选，驯至登记拐舛，款项混淆，积习相沿，遂为成例"②。加之因长芦运库按期应拨各行政机关及地方公益款项，种类繁多，有的于拨出之际即行呈报者，有的当时并不立即呈报者，"推求其故，皆由各房书吏承办稿件，任意自为，既无一定标准，彼此复不相商，以致办法参差不一"。"且例拨款项，既不一律具报，行之既久，习焉不察，浸假而例外拨款，亦且无须呈明。"③ 但因为例禁甚严，各房书吏尚且投鼠忌器，加以收支尚能平衡，"司库正款收支尚遵定制"④。

二　运库收支体系的紊乱

　　清末的最后几年，国家政治、经济剧烈震荡。"新政迭兴，凡百度支，大率取资盐务"，打破了长芦运库原有的收支平衡。突如其来的长芦盐务风潮使长芦运库背负上了沉重的债务负担，更是雪上加霜。武昌起义后战事又起，额外增支之警费、军需大大超过了从前额定之数，使得收支本已支绌的长芦运库愈加穷于应付。仅 1911 年 11 月，直隶总督即先后从运库动支各款项共计库平白宝银 418940 余两⑤。而受战事影响，"津埠银根奇紧，官行商号倒闭一空，于是司库现金大都搁浅"⑥。加上直、豫各岸盐销停滞，运库收入锐减，诚如长芦运使所言："去年民军起义以来，各处人心惶惶，直、豫各引地居民迁徙甚多，以致全纲销盐顿形疲滞，官运各岸本利既属难收，则是商运各岸课款尤多欠缴，综计库

---

① 长芦盐运司呈报财政部清理库款情形，1912 年 9 月 17 日，长芦盐务档案 680—7—163。

② 长芦盐运司呈财政部筹拟清厘库款及改革办法，1912 年 7 月 29 日，长芦盐务档案 680—7—128。

③ 长芦盐运司呈明财政部、直隶都督运库自九月起凡拨行政机关及地方公益款项一律呈请立案，1912 年 9 月 5 日，长芦盐务档案 680—7—128。

④ 长芦盐运司呈报财政部清理库款情形，1912 年 9 月 17 日，长芦盐务档案 680—7—163。

⑤ 长芦盐运司呈明财政部、直隶都督运库应解洋款赔款除划抵外照案筹解，1912 年 8 月 16 日，长芦盐务档案 680—7—161。

⑥ 长芦盐运司呈报财政部清理库款情形，1912 年 9 月 17 日，长芦盐务档案 680—7—163。

储支绌情形为数十年之所未有。"① 民国成立之初，北京政府、直隶当局索款之电、函又纷至沓来，急如星火。所有这一切都使得长芦运库收支系统的固有缺陷尽显无遗，运转失灵，陷入了空前紊乱的状态。

挪移借垫，纠缠不清。长芦运库收支系统之紊乱，大致肇始于1911年五六月间官运总局之开办。"官运局系营业性质，与司库完全征课者不同。"② 两者性质本属完全不同，理应划清界限。但"司署兼理官运，于是局款、司款彼此混淆"。"长芦官运局自上年开办以来，一切运销成本经费，均由运库垫借，而收回盐价或解官运局，或解转运局，或拨付粮台购备军粮马匹，或拨付两淮借运，而官运所支运本，则赔款、京饷各项无不挪移，借出纷歧，千头万绪。"③ 运库本来专款专收、专款专储和专款专用的收支统系尽遭破坏。而之后不久武昌事起，政局更加动荡。一方面运库入款既因盐销停滞而锐减，另一方面额外增支之军、政各费款且繁且巨，长芦运库为临时应急，不得不移甲就乙，拆东补西，饥不择食，使得运库的收支款目益加纠缠不清，纷乱如丝。"有官运之款而为司库挪动者，有司库之款而误收官运项下者，有指明在此款动拨而动支他款者，有同一支款，甲月在此项开支，乙月复改支彼款者。"④ 因此，"自表面观之，库存款目为数尚巨，而究其实际，则扣收累商川资，开创官运成本，以及承办借贷，收回高线，转运粮台各事，无一不藉公需，即无一不挪库款"⑤。其结果"必致预算决算无着手之端，官运盈亏无钩稽之准"⑥。

会计欠当，账目难清。会计，有广义和狭义之分，就狭义而言，专指财务的收支核算，中国古代所称"会计"多属此义；就广义而言，系指国家财政的收支管理程序⑦。公款收支核算之法有两种。一种是实收实支法，即以实际收到和实际支付之数为准，收支某款无论其间是否曾有扣抵留支各项，但将实存实支之数登记账簿之上；另一种是满收满支法，即收支某款项无论其间是否曾有扣抵留支各项，一律按原数于账簿登记，稽核时则将报册与账簿彼此查实核对。长芦运

---

① 长芦盐运司呈财政部、直隶都督遵饬开具欠解各洋款清单暨暂难解拨情形，1912年7月9日，长芦盐务档案680—7—161。

② 长芦盐运使司札发官运局办事章程，1912年10月，长芦盐务档案680—12—530。

③ 长芦盐运司呈财政部筹拟清厘库款及改革办法，1912年7月29日，长芦盐务档案680—7—128。

④ 同上。

⑤ 长芦盐运司呈报财政部清理库款情形，1912年9月17日，长芦盐务档案680—7—163。

⑥ 长芦盐运司呈财政部筹拟清厘库款及改革办法，1912年7月29日，长芦盐务档案680—7—128。

⑦ 贾士毅：《民国财政史》（上、下），商务印书馆1917年版，第1217页。

库"账簿有时满收满支，有时实收实支，大抵皆以各房书吏所呈饬库付知为凭"。但因为从前运库收支相对简单，"收入项下不外正杂课帑、公费、经费及裁减各款，支出项下不外本署经费，盐官经费及拨解京外各衙门款目而已，按籍一稽，尚易明晰"。及至清末民初，运库收支复杂，"有官运局之款，有司署之款，局款之中，有为司署挪用者，司款之中有代运局垫支者，此犹在本署范围之内也。至若借运之垫款，时而挪动司款，时而挪动局款；倒欠各款，其中有应欠司库者，有应欠运局者，头绪纷繁"。必须用满收满支法才能分清眉目。然而，清末至民初之际，历任运使交接，"则系按照旧例，仅有实收实支之数"。其中扣抵留支以及司局互相挪借垫支各项，大都没有留存报册，以凭核对，"陈陈相因，河清难矣"①。加之长芦运库按期拨解各款项，向来"皆由各房书吏承办稿件，任意自为，既无一定标准，彼此复不相商，以致办法参差不一"，"且例拨款项，既不一律具报，行之既久，习焉不察，浸假而例外拨款，亦且无须呈明"。② 使得运库收支账目更加混乱不堪。

银色混杂，折合为难。长芦运库收支各款，虽然均以银两为本位，但银色混杂，除正课自始至终是以通行库平白宝银收支外，其余各项收支则是按照历来沿革旧例，凡库白、库足、行化、公化、钱化、京公足，各种平色，无一不备。"从前某款收入指抵某项用途，均有一定程式，且出入相较均无不足之虞"，尚易兑换折合。但自1911年武昌起义后，社会动荡，引发金融恐慌，银行钱号纷纷倒闭，运库存储各银行款项因此损失颇巨。"于是甲项存款，不能支动，不得不以乙款借支，平色不符，不能不出于折合。"而折合时又往往不交由银行核算，"但凭银房一条，或库房以意合计，其中讹错亏损于公款不无参差"③。

管理失范，亏损公款。清代本有严禁官员擅自动用库款之律例，但及至清末民初，政局既属动荡不安，长芦盐务机构上至运司，下至各场局员司，莫不借机浑水摸鱼，趁火打劫。擅动库款、亏款潜逃、蓄意羁留公款及假公济私之案，数不胜数。1909年12月，清河道洪道恩以购办湖北赈粮为名向运库领借银1万两，仅于1911年归还5000两；该道员署理运司后，又于1911年11月以拨天津道购

---

① 长芦盐运司呈报财政部清理库款情形，1912年9月17日，长芦盐务档案680—7—163。

② 长芦盐运司呈明财政部、直隶都督运库自九月起凡拨行政机关及地方公益款项一律呈请立案，1912年9月5日，长芦盐务档案680—7—128。

③ 长芦盐运司呈报财政部清理库款情形，1912年9月17日，长芦盐务档案680—7—163。

粮备荒费和拨天津商会赈款在运库分别提走银 24140 余两、洋 1 万元，后携款潜逃①。洪道恩署理长芦运司期间，还擅动库款代累商何福咸偿还洋债，致使运库为此亏款达 11.5 万两②。"既无归完之日，又难列册开除。"③ 官运各局"舞弊蚀款蠹国病民，以至财政日益困竭"。"各局所之干没巨赀，盈千累万，花天酒地，恣意挥霍。"顺德官运局武昌起义后将工人解散，所有员司无所事事，每月仍报销如故。各局往往备有正副两册，正册照章呈报，副册存局，"官卖私盐尽归中饱"④。不仅如此，各分局还任意羁留收入盐款，不按章将所收盐款尽收尽解，"漫不经心，浮存巨款"。顺德七属、高博蠡、新行、郑新洧中、禹长、陈杞太、顺天五属七官运局委员，擅自挪存志成银行、裕源银号银近 8 万两，生息渔利，以公济私⑤。至于官运各局附属之各处盐店，亏盐亏款之事更是司空见惯，屡见不鲜。

税收是国家存在的经济基础，在不同的社会形态中均是国家获取财政收入的重要形式。税收管理则是确保国家财政收入，实现税收分配目标，保证税收财政职能实现的一种管理活动，并通过制度化安排得以实现。"税收管理体制是划分中央与地方政府以及地方政府之间税收收入和税收管理权限的一项制度"，是国家财政管理体制重要组成部分⑥。长芦盐税收支管理体制是封建专制制度的财政管理体制的一个缩影。通过征收盐课，按照一定的比例分配于中央与地方，为封建专制的国家机器运转提供重要的财政支持。但由于它在收支的各个环节上缺乏必要的制度保证，缺乏必要的监督和稽核，因而运转中不可避免地产生了种种弊窦。尤其是其固有的较差的应变能力，使它在应对巨大事变时显得力不从心，而这又会使它的种种弊病彰显无遗。"有清一朝，政纲疏阔，于经管财政各员，任

---

① 长芦盐运司呈请直隶都督拨发洪道私藏股票备抵提欠帑项，1912 年 7 月 15 日，长芦盐务档案 680—7—133。

② 1909 年 6 月，盐商何咸私借德人银 10 万两。翌年长芦盐务风潮中何商破产，德璀琳径赴长芦运署追讨本息，署理长芦盐运司洪道恩擅允代还，并从运库拨付银 4 万两。德璀琳遂以此为由官认还之证据，并由德国领事出面，借词催索，酿成交涉事件。其后历经直省交涉司与德国驻津领事交涉磋商。长芦运库为此先后支出 11.5 万两，事件才得平息。参见"洪前署司代还累商何福咸欠洋员德璀琳债项全案卷宗"，1912 年，长芦盐务档案 680—7—21。

③ 长芦盐运司呈报财政部清理库款情形，1912 年 9 月 17 日，长芦盐务档案 680—7—163。

④ 盐员黄龙、乔滋樾等呈长芦盐运司各局所员司舞弊蚀款，1912 年 6 月，长芦盐务档案 680—13—39。

⑤ 长芦盐运使令饬各官运局委员清理亏倒盐款限期解库，1912 年 6 月 30 日，长芦盐务档案 680—12—724。

⑥ 吴旭阳主编：《税收管理》，中国人民大学出版社 2001 年版，第 31—32 页。

用之始漫无防维，其时政体未改，常人类多撄情官爵，以名位与赃私相较，要不无顾忌于其间，故参革等法，尚足稍资禁遏。然及其末季，挟赃远飏之辈，固已屈指难书。"① 税收也因此必然大受影响。民国初年，五国银行团在与北洋政府签订"善后借款合同"，明确规定"以中国盐务收入之全数作为担保"的同时，为保证盐款收入、保障债权人利益，硬性要求加入"此项借款之中国盐税征收办法整顿改良，并用洋员以资襄助"②。论者持论往往执着于盐政主权之得失，而不议及其他。平心而论，姑且抛开其政治、经济之企图不谈，单单就保证盐税收入，保障债权人利益的角度出发，或可就有其理解之处了。

第三节　民国初年长芦盐税的特殊地位

清末的最后几年，特别是民国初年，北京政府和地方各省几乎无一例外地面临财政窘迫濒于破产的危局。对于北京政府而言，清末几年虽然财政困窘已极，但尚有地方各省协解各款聊以支撑。民国成立，百废待举，然而大局未定，各省向解各款大都骤然停顿，而各方债务催索急如星火，政费及军警饷项茫然无着，所赖以支撑、聊以度日者唯筹借外债而已。饮鸩止渴，辗转腾挪，罗掘俱穷。直隶地处京畿，是北京政府能够直接控制的少数省份之一，收入相对稳定、可靠的长芦盐税自然成为它极为重视和依赖的一项税源补充。而对于直隶地方政府而言，面对繁巨的政费军费以及地方各费开支，入不敷出的财政早已穷于应付，长芦盐税成为其财政上解危救困的一个重要依靠。所有这些都使得长芦盐税在民国初年的财政中占据举足轻重的地位。

一　长芦盐税与民初北京政府财政

1912 年 11 月初，财政部在给直隶总督的咨文中称："现在中央财政困难达于极点，各省盐课大都截留供饷，惟芦、东两库尚能接济中央。"③ 1913 年 10

---

① 长芦盐运司呈财政部、直隶都督拟定经管款项人员保证办法，1912 年 7 月 9 日，长芦盐务档案 680—7—167。

② 丁恩改革中国盐务报告书，载林振翰编《中国盐政纪要》（下册），盐务专著下，商务印书馆 1930 年版，第 6 页。

③ 直隶都督冯国璋札，1912 年 11 月 8 日，长芦盐务档案 680—7—496。

月，财政部致武昌黎元洪、各省都督、民政长通电则谓："吾国入款田赋而外，以盐税为大宗，当善后借款未成之前，奉、直、齐、晋等省盐税收入尚可为挹注之用。"① 而按照 1911 年即宣统三年预算各省盐税收入之数，奉、齐、晋三省盐税收入之和尚不及直省即长芦盐税收入之数②。民初长芦盐税之于民初北京政府财政的重要性，由此可窥见一斑。也正是因为如此，北京政府成立后，立脚未稳，即一面选派熟谙盐务的张弧出任长芦盐运使，对长芦盐务的场产、运销、征榷、缉私等各个环节无不加意整顿，以期增加收入；一面再三训令长芦盐运使依照前清旧案拨解款项，源源解京。"长芦运司按年应解京畿各款项……自民国成立以后，名目业已变更，自应一律提归本部以资应用……按月呈报归公，毋稍遗漏。"③

按照"前清旧案"，长芦运库每年呈解中央款项主要有两大宗。一是"长芦运库应解京畿各款"，总数银 46 万余两；二是"长芦运库额解洋赔各款"，总数 75.5 万余两，二者合计银 121 万余两。详见表 1-7 和表 1-8。

表 1-7　　　　　　　　　　　　　长芦运库应解京畿各款④

名　目	细　目	款额（银两）
皇室经费	1. 墓陵帑利；2. 崇陵工款；3. 年贡折价；4 端阳折贡；5. 黄花鱼折贡；6. 兰花折贡；7. 桂花折贡；8. 鲜果贡费；9. 冬笋贡费；10. 银鱼贡费；11. 解度支部御用各冠折价；12. 内务府万寿折贡；13. 内务府銮仪卫等帑利；14. 内务府；15. 初次二季饭银；16. 内务府参价；17. 内务府笔帖式、护军校各衙门署修理费	140455.268 两

---

① 《政府公报》，第 538 号，1913 年 11 月 2 日。

② 姜启周：《我国盐税之概观》，载《银行月刊》，1926 年第 6 卷，第 6 号。

③ 财政部令饬长芦盐运司迅将应解京畿各款陆续报解本部兑收，1912 年 10 月 2 日，长芦盐务档案 680—7—151。

④ 直隶都督札饬长芦盐运司迅将应解京畿各款陆续报解财政部兑收，1912 年 10 月 12 日，长芦盐务档案 680—7—151。

续表

名　目	细　目	款额（银两）
内阁经费	1. 内阁饭银；2. 内阁收本饭银；3. 吏部饭银	1233.333 两
内务部经费	1. 民政部巡警经费；2. 提督帑利；3. 都察院饭银	29348.668 两
陆军经费	1. 陆军部帑利；2. 军谘处经费	10213.332 两
海军经费	1. 海军常年经费；2. 海军开办经费	180000 两
教育部经费	1. 翰林院饭银；2. 翰林院兴办实业经费；3. 钦天监生息银	2522.076 两
实业经费	农工商部蒙养院经费	3000 两
盐政经费	督办盐政处经费	94000 两
合计　共 7 款	32 项	460772.677 两

表 1 - 8　　　　　　　　长芦运库额解洋赔各款①

名　称	款额（银两）	拨款案据
运库英德洋款	4 万两	北引加价、直引加价两项下动支
运库俄法洋款	4 万两	北引加价、直引加价两项下动支
解沪关运库应还英、德、俄、法息款及汇费等项	2880 两	北引加价、直引加价两项下动支
代藩库解英德洋款	5 万两	北引加价、直引加价两项下动支
代藩库解俄法洋款	4 万两	北引加价、直引加价两项下动支
解沪关运库代藩库应还英、德、俄、法息款及汇费等	3240 两	北引加价、直引加价两项下动支
代豫省解英德洋款	3 万两	豫引加价项下动支
代豫省解俄法洋款	3 万两	豫引加价项下动支

---

① 盐务筹备处函送长芦盐运司长芦运库额解洋赔款清单，1912 年 11 月，长芦盐务档案 680—7—161。

名　称	款额（银两）	拨款案据
解沪关运库代豫省应还英、德、俄法息款及汇费等项	2160 两	豫引加价项下动支
代豫省解旧偿款	6 万两	豫省一文加价项下动支
解沪关运库应解克萨息款	3000 两	直引加价下动支
解沪关克萨息款应需汇费等	208 两	直引加价下动支
新案赔款	20 万两	新增加价项下动支
解赔款江海关闰平补水	3286 两	新增加价项下动支
解沪关新案赔款汇费等项	7300 余两	新增加价项下动支
代豫省解新案赔款	24 万两	新增加价项下动支
解沪关代豫省解新案赔款汇费等	3900 余两	各项解费下动支
合计　共 17 款	银 755974 余两	

北京政府财政部除训令长芦盐运司按照前清旧案，将欠解、应解额定款项从速筹拨外，还不时额外令饬长芦筹解巨款，以应付各种临时急需。事实上，民国初年北京政府财政部向长芦盐运司催提款项之令、函、电，在有关档案文件中俯拾皆是，"库储如洗""待款孔亟""急如星火"之语更是屡见不鲜。特别是遇到年关节日紧急需款时，北京政府往往函电交驰，一日三催，甚至直接派员赴津守提。而长芦盐运司也每每竭力筹拨。例如，民初应还各种外债积欠如山，1912 年 10 月至 1913 年 6 月，亟待筹还之款即达 113549400 余元。而"军兴以后，洋款赔款以及旧时京协各饷，凡各省应解之款屡催罔应"①。北京政府唯有寄希望于直隶等近畿几省之倾力接济扶持。"斯时入款之大宗，仅恃奉、直、齐、晋等省之盐税。"② 而尤对长芦盐税期望甚殷。"长芦为完善之区，与各省情形不同，自应于原认数目外勉力增筹，以便酌盈剂虚，免致贻误债款。"③ 对于此项要求，长芦慨然应允："长芦运库收入除商捐商用各款不计外，计本年列入预算者约共四百七十余万两，除本署暨各局所营经费及营业支出约七十余万两外，其余四百

---

① 直隶都督札，1912 年 11 月 1 日，长芦盐务档案 680—7—161。
② 贾士毅：《民国财政史》（上、下），商务印书馆 1917 年版，第 46 页。
③ 财政部致长芦运司电，1913 年 3 月 1 日，长芦盐务档案 680—7—672。

余万两均遵令存备抵外债，至长芦应解直、豫年额、洋赔各款共银七十万余两，向无蒂欠，现应如何酌剂增筹悉听大部核示遵办。"①

实际上，民国初年长芦运库筹解北京政府的款项也远远超过了前清旧案的额定之数。仅就笔者"长芦盐务档案"所见，自 1912 年 5 月至翌年 4 月底善后借款合同成立，长芦盐运司解送北京财政部之税款银 202 万余两，银元 46 万元，按当时银两与银元 1:1.5 换算，折合银元 349 万余元。而且在善后借款合同成立以后，在"盐务收入全数作为担保，专款另行存储，名为归诸中央，实已不能活动"②的情况下，长芦盐运司仍然遵奉财政部令饬筹拨款项。下面谨将长芦盐运司呈报财政部的历次解款日期及数目，分别 1912 年 5 月至翌年 4 月底、善后借款成立后至 1913 年 11 月 8 日两个时段详列如下。

1912 年 5 月至翌年 4 月上旬，长芦盐运司呈报财政部历次解款日期及数目。

1. 1912 年 5 月—1912 年 10 月 29 日，总共呈解财政部银 938002.961 两③。

2. 1912 年 11 月 22 日，呈解财政部 1912 年 9—12 月长芦运库应解洋赔各款银 237985.8 两④。

3. 1912 年 11 月 23 日，呈解财政部长芦运库年例应解财政部及民政部等衙门改解财政部崇陵工款及各项经费、平余等项银 48073.65 两⑤。

4. 1912 年 11 月 23 日，呈解财政部长芦运库豫引加价项下每年应解财政部银 6 万两，又加平银 900 两，共银 60900 两⑥。

5. 1912 年 11 月 29 日，呈解财政部民国元年各款帑利银两共银 46454 两⑦。

---

① 长芦盐运司电复财政部增筹洋赔各款悉听核示遵办，1913 年 3 月 4 日，长芦盐务档案 680—7—672。

②《政府公报》，第 538 号，1913 年 11 月 2 日。

③ 长芦盐运司函送顺直临时省议会解部各款款目银数清单，1912 年 11 月 9 日，长芦盐务档案 680—7—139。

④ 长芦盐运使呈报财政部、直隶都督运库应解壬子年九月至十二月洋偿各款交直隶省银行汇解，1912 年 11 月 22 日，长芦盐务档案 680—7—161。

⑤ 长芦盐运司呈明财政部、直隶都督遵筹银两解交工款等项银两，1912 年 11 月 23 日，长芦盐务档案 680—7—118。

⑥ 长芦盐运使呈报财政部、直隶都督等拨豫引加价银两，1912 年 11 月 23 日，长芦盐务档案 680—7—376。

⑦ 长芦盐运司呈直隶都督交解民国元年各款帑利银两，1912 年 11 月 29 日，长芦盐务档案 680—7—158。

6. 1912 年 12 月 18 日，奉令提解财政部银 40 万两①。

7. 1913 年 1 月 21 日，奉令筹拨汇解财政部银 20 万两②

8. 确切时间不详，呈解财政部民国二年正月、二月赔款银 9 万两③。

9. 1913 年 4 月 7 日，奉令筹拨汇解财政部银洋 30 万元④。

10. 1913 年 4 月，呈解三月赔款息款洋 160556.59 元⑤。

11. 1913 年 1—5 月，财政部盐务筹备处常年经费长芦运库每月认筹银元 3750 元，共银元 18750 元⑥。

以上长芦盐运司历次向财政部解款合计银 2021416.411 两，银元 460556.59 万元。其中银两折合银元计 3032124.616 元，加上前项之 460556.59 万元，共计银元 3492681.206 元。

善后借款成立后至 1913 年 11 月 8 日，长芦盐运司历次呈解财政部款项日期及数目。

1. 1913 年 5 月 6 日，呈解 4 月份赔款银元 61196 元⑦。

2. 1913 年 6 月 24 日，奉财政部电令，分两次将长芦运库 5 月 20 日以前征存各款扫数缴存就近中国银行，转交上海中国银行候部指拨，计银元 251319.63 元，银 198298.45 两⑧。

3. 1913 年 7 上旬至 11 月中旬，呈解财政部盐务筹备处并稽核总所 6—9 月经费银元 55647.56 元⑨。

---

① 长芦盐运司使呈报财政部、直隶都督奉令提解银四十万两交中国银行汇解，1912 年 12 月 18 日，长芦盐务档案 680—7—152。

② 长芦盐运司呈报财政部奉令筹拨汇解库平银二十万两，1913 年 1 月 21 日，长芦盐务档案 680—7—152。

③ 长芦盐运司呈财政部遵筹洋三十万元交中国银行汇京，1913 年 4 月 7 日，长芦盐务档案 680—7—152。

④ 同上。

⑤ 长芦盐运使呈报财政本年四月十一日至二十日止收支各款，1913 年 4 月，长芦盐务档案 680—7—143。

⑥ 长芦盐运司呈解财政部盐务处并稽核总所经费银元，1913 年 7 月 7 日，长芦盐务档案 680—7—724。

⑦ 长芦稽核造报分所函询盐运使汇解本年四五月份赔款情形，1913 年 8 月 21 日，长芦盐务档案 680—11—1137。

⑧ 长芦盐运司呈财政部运库存款遵电分存候部指拨，1913 年 6 月 24 日，长芦盐务档案 680—7—743。

⑨ 1913 年 7 上旬至 11 月中旬长芦运库收支旬报，长芦盐务档案 680—7—143。

4. 1913 年 7 月 15 日，呈解 5 月赔款银元 106963 元①。

5. 1913 年 10 月 1 日，奉令筹解财政部银十万两②

6. 1913 年 11 月 8 日，呈解财政部银十万两③。

以上长芦盐运司向财政部解款共 6 次，解款合计银 398298.45 两，银元 475126.19 元。其中银两折合银元计 597447.675 元，加上前项之 475126.19 元，共计银元 1072573.865 元。

综计以上两个时段，长芦盐运司共解款合计银元 4565255.071 元。除此之外，1913 年 5 月 21 日至年底，长芦运库按照善后借款合同规定，将盐税收入 4107661.73 元，除签发各项经费外全数拨归长芦稽核分所转解五国银行团，专备偿还外债，总计达 3688759.4 元④。而当年受癸丑之役影响，各地征得税款为数不多。"是年夏季天津、济南、扬州、牛庄暨晋南之运城等处曾收得征款。"但截至 9 月底，所收总数只洋 600 余万元⑤。其后局势趋稳，收数增多，但全年总数亦不到 1700 万元（包括支出经费），转解银行团 900 余万元⑥，长芦则占其三分之一。可见，长芦盐税无疑是民初北京政府债务财政的一个的重要补充，是其偿还外债、解决各种燃眉之急的较为稳定的一个不可或缺的财政收入来源。

另外，值得一提的是，从上面的论述中我们还可以连带澄清有关民初盐税的一个问题。即论者在论述民初盐税时每多引用"丁恩改革中国盐务报告书"中提及之"国务总理熊希龄 1913 年 10 月 27 日致各省都督、民政长通电"："自民国成立起至该时止，各省解交税款之总数祇洋二百六十余万元，而中央政府协助各省之款计一千四百万元。"⑦ 并由此将之理解为"由民国成立起至该时止各省

① 长芦稽核造报分所函询盐运使汇解本年四五月份赔款情形，1913 年 8 月 21 日，长芦盐务档案 680—11—1137。
② 长芦盐运司呈财政部遵筹拨银十万两，1913 年 10 月 1 日，长芦盐务档案 680—7—724。
③ 长芦盐运司呈报财政部运库筹解库白银十万两，1913 年 11 月 8 日，长芦盐务档案 680—7—724。
④ 长芦盐运司呈送财政部二年分盐税各款数目，1914 年 4 月 3 日，长芦盐务档案 680—7—1164。
⑤ 丁恩改革中国盐务报告书，载林振翰编《中国盐政纪要》（下册），盐务专著下，商务印书馆 1930 年版，第 10 页。
⑥ 1913 年 5 月 21 日至年底盐款总账，1913 年，长芦盐务档档案 680—22—1475。
⑦ 丁恩改革中国盐务报告书，载林振翰编《中国盐政纪要》（下册），盐务专著下，商务印书馆 1930 年版，第 4 页。

解交之盐税只有二百六十余万元"，乃至辗转引用①。然而，细绎丁恩报告书中所言，并未言明"各省解交税款"专指盐税。而且笔者遍查1913年"政府公报"也未发现有此通电，也只有一则"财政部1913年10月27日致武昌黎副总统、各省都督、民政长通电"，其内容正与丁恩报告书中所言相符。兹照录相关内容如下：

> 各省在前清时协解中央款项年有定额，迨国体改革，解款顿停，虽经本部累次电催而协解之金终属寥寥无几，由民国元年以迄于今，所收齐豫湘赣等省之解款不过二百六十余万元，车薪杯水，无补于艰困，……各省既不接济中央，反求中央接济，请款之文、告急之电沓来纷至，积案如山，中央仰息外资，入寡出多，累累积欠乃为保全大局起见，仍复量为接济，计自民国开幕，中央协助之款已有一千四百余万元。②

与财政部通电并列、置于财政部通电之前者，尚有一则国务院1913年10月31日致各省都督、民政长电，但内容与财政无关，而是关于湖北民政长饶汉祥电请"澄清吏治，整顿纪纲"之事③。由此或可推断，丁恩报告书可能是笔误所致，或者是因为二者前后紧密相接而张冠李戴之故。而且如果细考财政部电文，可以看出，所谓"齐豫湘赣等省"并非"全国各省"，"所收齐豫湘赣等省之解款"亦非专指盐税款，相反的，应该系指盐税以外之解款。因为正是在同一电文中还有"当善后借款未成立之前，奉直齐晋等省盐税收入尚可为挹注之用"之语。证诸民初长芦历次呈解之款，则更能说明所谓"由民国成立起至该时止各省解交之盐税只有二百六十余万元"之讹误。

二　长芦盐税与民初直隶省财政

盐税在清代直隶财政中一直是主要的收入来源，地位仅次于田赋。清末盐税在直隶财政中的地位更进一步上升。至1911年，直隶省编制宣统四年财政岁入总预算为24998539元，其中盐课收入达7855227元（占岁入总数的31.4%），超

---

① 参见南开大学经济研究所经济史研究室编《中国近代盐务史资料选辑》，第1卷，南开大学出版社1985年版，第11页；丁长清等《民国盐务史稿》，人民出版社1990年版，第109页；陈争平《民国初年的盐务改革》，《中国经济史研究》（增刊）1994年10月；刘洪升《北洋初期的盐政改革》，《盐业史研究》1997年第1期；李德成《北洋政府时期的盐务管理》，《江西师范大学学报》2001年第2期。

② 《政府公报》，第538号，1913年11月2日。

③ 同上。

过关税 6661468 元（26.6%）和田赋 4858467 元（19.4%），昭然跃居第一位①。而该年预算岁出总额为 10641272 元②，将盐课收入数与之相比，其比例更达到了 73.8%。以上是就预算而言，而就实际而言，清末直隶省诸多项军警饷需、衙门经费等仰赖盐税供给。"运库向有应拨直省兵饷及各项行政经费每年共银二百一十九万二千二百五十七两零九分九厘，银元五百元，津钱九十千文，有分四季拨解者，有按年按月拨解者，久经照办在案。"③ 其款目多达 20 余种，许多款目又包括诸多细项。兹以"长芦民国二年度拨解本省各款预算"为例，附列于后，以证其详。

经常门：

第一款　都督衙门经费 27301.267 两，按季拨解

第二款　拨交直藩库各款，包括：1. 浚船经费 1 万两；2. 宣化盐税 2 万两；3. 水利生息 8000 两；4. 省城工艺厂经费 1.2 万两；5. 都督芦商经费 8000 两；6. 海疆经费 11312.353 两。共六项 69312.353 两

第三款　提学司学务经费 38.1 万两，按季拨解

第四款　劝业道公所、陈列所、初等工业学堂各款 124886.772 两

第五款　永定河道留抵南河经费 7000 两

第六款　审判厅经费 7200 两

第七款　天津府领款 2000 余两，包括文庙升祀祭品、文武庙祭品、天津县津贴公费、老少盐牌、缉捕经费等五项

第八款　天津府河防同知养廉 1440 两

第九款　天津府海防同知巡缉经费 395.562 两

第十款　直隶财政总汇处各款 98.1 万两，包括：1. 省垣练饷 10 万两；2. 津海防各饷 25.8 万两；3. 补助各饷 62.3 万两

第十一款　直隶省银行公债票款 35 万两

第十二款　各镇协标营缉私津贴（八项）3572.639 两

第十三款　天津府儒学各款 317.492 两，包括文庙冬令灯油、新增津贴、公费等三项

① 贾士毅：《民国财政史》（上、下），商务印书馆 1917 年版，第 36 页。
② 同上书，第 42 页。
③ 长芦盐运司致直隶都督、直隶布政使公函，1913 年 1 月 30 日，长芦盐务档案 680—7—632。

第十四款　考验处抵款改归审判厅经费 2 万两

第十五款　工程局修桥经费 2450 两

第十六款　张家口盐税并汇费 3009 两

第十七款　各项补助公益善举 12762.372 两，包括任县硝户习艺所经费、天津志学社捐款、延庆州贴补婴孩经费、天河广仁堂经费、天津育婴堂补助经费、天津牛痘局经费、北洋女医学堂经费等十九项

第十八款　法官律师学校经费 3000 两

第十九款　旅津女子法政学校经费 2880 两

第二十款　栖流所经费 500 两

第二十一款　民立第一初等小学堂经费 480 两，津钞 90 吊

第二十二款　天津民立小学经费 1200 两

第二十三款　畿辅学堂经费 3600 两

第二十四款　顺直中学经费 5000 两

临时门：

第一款　巡警道领款 100323.928 两

第二款　顺直保卫局经费 5 万两

第三款　天津水团经费 32238 两

共计 2183656.219 两，银元 500 元，津钞 90 吊①。

而且，清末民初"新政迭兴，凡百度支，大率取资盐务"。武昌事起后，特别是受 1912 年春间津保兵变影响，"直省各项协款、税收同时停顿，于是兵饷警饷，从前取资他署者，复一律改向运库提拨"②。在金融恐慌，"库款亏倒甚巨"的情况下，1912 年长芦运库依然实解直隶省银 1856662.515 两，预支直省二年分各款共计 166289.137 两③。长芦盐税俨然成为支撑民国初年直隶危局的财政支柱。

然而，一方面是为北京政府所倚重，频频催提款项；一方面是为直隶地方财政所仰给，赖以支撑。以有限之长芦盐税迎合两方面之需索，必然左支右吾，此

---

① 长芦盐运司致直隶都督、直隶布政使公函附件"长芦民国二年度拨解本省各款预算表"，1913 年 1 月 30 日，长芦盐务档案 680—7—632。

② 长芦盐运司呈财政部筹拟清厘库款及改革办法，1912 年 7 月 29 日，长芦盐务档案 680—7—128。

③ 长芦盐运司致直隶都督、直隶布政使公函，1913 年 1 月 30 日，长芦盐务档案 680—7—632。

盈彼绌，产生矛盾。1912 年 6 月底，为保证为数不多的财政来源，成立不久的北京政府就迫不及待地欲借整理财政之机，将盐税收支完全纳入其统一控制之下："盐课为岁入之大宗，本系完全国税，现值民国肇造，用度浩繁，各项岁收，均应指定用途，不得稍形紊乱，而盐务进款系专还外债之用……凡有经收款项及增加岁收，均应留备公需，各省地方人民不准藉地方筹款为名，干预盐务行政用人事项，以免扰乱鹾政，贻误赔款。"① 而直隶省当局则为支撑艰窘拮据的地方财政，保障地方军政的各项开支，亦极欲控制盐税，令饬长芦盐运司将经收各款一律交存直隶省银行以备拨充公用②。1912 年 6 月末，财政部因前借保商银行银 30 万两到期，电饬长芦盐运司提拨款项代为筹还。长芦运司遂以"司库存款无多，应否照拨之处，本司未敢擅便"③ 函报直隶都督，直隶都督则复以"直隶各库窘绌万分，下月军需政费，财政处尚无应付之术，尊库虽略有存款，势不得不先谋自顾以为挹注之地，未便照拨"④。虽经"大总统叠次电话传谕，保商一款务须依期照拨，以保中央信用"，长芦盐运司奉直隶都督面谕，代财政部向直隶省银行筹借银两清还保商银行债务，最终还是没有动拨运库款项⑤。1913 年 1 月 11 日，北京政府发布临时大总统令，声称"现值整理财政，当以盐务为先，在新盐法未颁布以前，自应恢复机关，保存秩序，以为进行之预备，嗣后关于全国盐务产运行销用人设局，均责成财政部督饬各处盐运使查照向章切实办理。……其各省军饷及行政各费均应另行设法筹补。至盐务收入各款应自一月起专款存储，无论何事，概不得挪移，庶几内巩财权，外昭国信"⑥。2 月 10 日财政部指令长芦运司，"除商捐各款补助地方善举者，系官代为代收之款，与动用正款不同，准其照支给外，其余天津府支领祭品等款，及财政总汇处支给各镇协标营缉私津贴等款，藩库支给都督芦商公费等款，或因机关裁撤，或因事务更改，均拟一律停支，至各营军饷及行政经费，先尽该省藩库应解中央之未划抵，其余不敷之数三

---

① 《政府公报》，第 60 号，1912 年 6 月 29 日。

② 长芦盐运司呈复直隶都督司署各款均系存储直省银行以备拨充公用，1912 年 7 月 10 日，长芦盐档案 680—7—64。

③ 长芦运司致直隶都督函，1912 年 6 月 29 日，长芦盐务档案 680—7—188。

④ 直隶都督复长芦运司函，1912 年 6 月 30 日，长芦盐务档案 680—7—188。

⑤ 长芦盐运司呈报直隶都督拨交保商银号债款银三十万两，1912 年 7 月 4 日，长芦盐务档案 680—7—188。

⑥ 《长芦盐务公报》第 1 期，1913 年 4 月 1 日。

万余元，即由该省设法筹补"①。与此同时，北京政府还大力推行统一国库制度，强调盐款"系属国税，自应存储国家银行……所有长芦、山东、营口等处业已设有中国银行，自应先将盐务收入各款交由各该分银行代为登录国库账内，听候拨用，一切办法查照金库规则办理，随时报部备核"。"金库规则"明确规定"金库之现金保管出纳由财政部委托中国银行办理；自各金库成立之日起所有国库岁出岁入统由金库收纳支付"②。北京政府借此掌控盐税集权中央之意图昭然若揭。长芦盐运司被夹挟于北京政府和直隶都督之间，不得不审时度势，量予周旋，左右支应。

巨大的军政饷需是民初直隶财政面临的最迫切、棘手的难题。民国元年，直隶省驻军101646人（全国959808人），在全国各省区中人数最多，所需军饷达9978427元（全国112752860元），仅次于湖北（14836050元）③。因为外来饷源断绝，各军嗷嗷待哺，时有发生哗变溃散之虞。额外从盐税项下获取巨额款项以解燃眉之急，成为直隶当局的最佳选择。1912年11月，直隶财政总汇处奉令在致长芦盐运司的公函中声称："本处自上年秋关起入款锐减，出款渐增，一年以来辗转腾挪，智尽能索，而各处军饷每一届期又复刻不容缓……现在银行又市面停滞尚催索欠款，此后更难应付。本月饷期转瞬即届，本处业经罗掘已穷，通融无术，若不早为之计，倘或到时无款发给，哗溃堪虞。"要求长芦盐运司迅速凑集移解"数十万金"以应急需④。同时还要求截留长芦库存备解当年9月至年底直、豫两省洋赔款银20余万两拨充直省政费⑤。长芦盐运司转而向北京政府财政部请示，准备预支转拨直隶省翌年春夏防练各饷、混成协饷项以及海防经费共银22万两。但财政部以"盐务收入指抵洋款"，"拨充地方经费恐外人有所藉口"，"直为畿辅名区，为各省表率，如此有著之款一经截留，各省更属有词可藉"为由予以否决，同时提出可以长芦运库担保筹还，由直隶当局向银行筹借最多银15万两。直隶都督则曲予"理解"为"自应由运库先行筹拨银十五万两"。并提出"饷巨款绌，恐仍无济，此后倘或不敷尚须该司勉为代筹以维大局"⑥。

---

① 财政部指令，第154号，1913年2月10日，长芦盐务档案680—7—632。
② 财政部训令，第108号，1913年3月13日，长芦盐务档案680—7—183。
③ 章伯锋、李宗一主编：《北洋军阀》（1912—1928）第一卷，武汉出版社1990年版，第117—118页。
④ 直隶全省财政总汇处函请长芦盐运司迅速凑集移解数十万金数以应急需，1912年11月17日，长芦盐务档案680—7—179。
⑤ 直隶都督府指令，1912年11月19日，长芦盐务档案680—7—161。
⑥ 直隶都督府指令，1912年12月14日，长芦盐务档案680—7—179。

长芦盐运司心领神会，照数提拨①。财政部面对既成事实，只能严令长芦运司"嗣后动支库款非经呈部核准不得由司擅拨"。1913 年伊始，北京政府推行统一国库制度，长芦盐运司奉令停解向发直隶兵饷及行政经费之后，直隶财政更形支绌。2 月初，为解燃眉之急，直隶都督冯国璋提出：由直省息借洋款 40 万两，由长芦运库担任筹还；因旧历年终兵警各饷亟待发放，应由运库担保先向直隶省银行借定银 10 万两。同时还要求长芦运署按照直省预算数目，每季度由运库担任 50 万两备用②。财政部对于直隶当局的这些要求，除应允可由运库担保暂借兵警各饷 10 万两外，其余概予回绝③。同月下旬，直隶当局再次以军饷政费无从筹措为由，接连电请财政部挪拨银 15 万两，财政部虽经电示长芦运司"盐款关系国信"，"苟非至万不得已时切勿轻动"，但最终亦不得不"勉允拨借"。④

民国建立之初，各省军队林立，"所有京饷虽截留外用，尚且自瞻之不足。而中央坐困一隅势更岌岌"，"除北方之税务，近畿各省之协济外，毫无可恃之财源"⑤。袁氏北京政府力图利用政治、军事上的强势，改革旧有财政体制，将盐税等重要税源收归中央，保障中央固定的财政来源，改变财政上中央仰赖地方接济的弱势地位。北京政府推行的统一国库制度，划分国家、地方两税莫不着眼于此。地方各省虽然表面上大多表示赞同，但为维护既得利益，与中央明争暗抢，极力争夺。直隶省是拱卫京师的京畿重地，前几任最高军政长官张锡銮、冯国璋等均为袁氏心腹干将，对于北京中央政府的财政集权举措给予了全面支持。但困窘的财政又使他们穷于应付，不得不向中央极力争取部分税款，以获得财政上的暂时转圜，尽管这是以一种相对温和、协商的方式进行的。随着北京袁氏政权的垮台，北京政府权威的日渐衰微，以及军阀派系斗争的日益加剧，直隶省当局与北京政府的关系日趋复杂、微妙，于是在长芦盐税的归属问题上，也就从协商争取变成了公开争抢、截留。

---

① 财政部指令，第 13 号，1913 年 1 月 4 日，长芦盐务档案 680—7—179。

② 长芦盐运司密电财政部直督拟借洋款由运库担还等事，1913 年 2 月 1 日，长芦盐务档案 680—7—765。

③ 财政部复长芦运司电，1913 年 2 月 4 日，长芦盐务档案 680—7—765。

④ 长芦运司致财政部急电，1913 年 2 月 28 日；财政部致长芦运司电，1913 年 3 月 1 日；财政部致长芦运司电，1913 年 3 月 4 日，长芦盐务档案 680—7—766。

⑤ 贾士毅：《民国财政史》（上、下），商务印书馆 1917 年版，第 170 页。

第二章 民初长芦盐税改革

北京政府成立之初，造成中央财政困难，国库空虚的症结在于清末以来形成的分散混乱的财政体制。"表面上虽为中央集权，实际则为地方分权也。""财务之统系不明，中央拥考核之虚名，各省操征榷之实柄。"① 中央政府没有自己的财源，全赖各省解款维系财政开支。因此，财政采"中央集权主义"，统一税权、改良税制，统一国家财政，就成为北京政府施政的当务之急。盐税是最为稳定、可靠的财政收入来源之一，北京政府亟须通过盐税的整顿和改革，统一全国盐政，将盐税权收归中央，借以增加财政收入。而且北京政府为了应付迫在眉睫的财政危机，避免财政上的破产，不得不极力谋求举借巨额外债，以"为死中求活之计"②。而在借款担保问题上，西方列强视盐税是中国政府"各种收入之最确实者"③，"盐税是唯一的一种可以作为担保的税收"④。这也迫使北京政府决定"整理财政，当以盐务为先"⑤，"改良征收乃有担保之信用"⑥，以博得列强在借款担保问题上的信任。

长芦盐区拥有巨额的盐税收入，而又地处"畿辅名区，为各省表率"⑦，北京政府尤为急于加以控制，自然成为整顿和改革的重点。民初长芦盐税的整顿与改革，以 1913 年"善后借款合同"的签订为界，可以分为两个阶段。前一阶段的初步整顿与改革是在北京政府主导下进行的；后一阶段，伴随着中国盐政主权

---

① 贾士毅：《民国财政史》（上、下），商务印书馆 1917 年版，第 170 页。

② 贾士毅：《民国财政经济问题今昔观》，台北正中书局 1970 年版，第 19 页。

③ 外人之中国盐政观，《盐政杂志》1912 年第 1 期。

④ 1912 年 6 月 27 日英国政府备忘录，南开大学经济研究所经济史研究室编：《中国近代盐务史资料选辑》，第 1 卷，南开大学出版社 1985 年版，第 31 页。

⑤《长芦盐务公报》第 1 期，1913 年 4 月 1 日出版。

⑥ 1912 年 5 月 13 日，参议院第五次会议速记录，财政总长熊希龄发言。《政府公报》，第 16 号，1912 年 5 月 16 日。

⑦ 直隶都督府指令，1912 年 11 月 19 日，长芦盐务档案 680—7—161。

的丧失，外国人开始介入并逐渐攫取改革的主导权。

第一节　长芦盐税的初步整顿与改革

为了统一全国盐政，北京政府成立伊始，即向各主要产盐省份选派任命新的盐运使，继而在北京设立了盐务筹备处，作为管理全国盐政的最高权力机构，自上而下加强对各盐区的控制和管理。其间，熟谙盐务的张弧、杨寿枬先后被派委长芦盐运使，他们秉承北京政府的意旨，根据长芦实际情况，相继实施了一系列整顿和改革盐税的措施。

一　加强盐税的收支管理

控制盐税的收支大权，加强税款的征收与管理，是统一盐政的关键。为了将盐税收支大权完全置于其统一控制之下，北京政府一方面再三申明盐税的"完全国税"性质，强调"凡有经收款项及增加税收，均应留备公需"①。所有盐款均须"专款存储，无论何事，概不得挪移动用"，"各省军饷及行政各费均应另行筹补"。② 另一方面，北京政府严令禁止地方干预盐务，明确规定中央和地方的权限范围。"地方士绅从前往往有干预盐务情事，皆由权限不明。""现在盐务既定为国税，则立法之权属诸参议院，行政之事责在本部。（以）法治国，人民对于权利义务均有一定范围，各该运司务宜克尽职权，妥善办理。"③ 长芦盐税的初步整顿与改革也正是由此入手的。

清厘库款，杂款归公。长芦运库在盐税管理中普遍存在的挪、移、借、垫现象，造成"局款、司款彼此混淆"，千头万绪，纠缠不清，而会计稽核又欠失准当，使得长芦盐税的收支完全成了一笔糊涂账，中央政府很难掌握地方盐税征收的具体情况。因此，弄清长芦盐税真实的收支情况，就成为将长芦盐税收支大权收归中央控制的前提条件。1912 年 6 月，张弧接任盐运使以后，即呈明财政部核准，"从接收移交册款为清理之起点"，实行"各归各款"办法。即将运署收支

---

① 财政部令饬盐务衙局·盐课收款及增加税收等项均应留备公需，载《政府公报》第 60 号，1912 年 6 月 29 日，长芦盐务档案 680—7—149。
② 长芦盐运司致直隶都督、直隶布政使公函，1913 年 1 月 30 日，长芦盐务档案 680—7—632。
③ 财政部训令，第 25 号，1913 年 1 月 25 日，长芦盐务档案 680—7—184。

各款、官运局暨永七收支各项，分别逐项核查清楚，分为两部，每部独立设立流水总簿；然后每部再分门别类，各设分簿。"俟款项分清，再将官运局自开办起截至本年六月十五日止，实在解存司库若干，划归官运总局核算外，司库统计存款若干，造册呈报钧部以昭核实。"① 同时，为了改变运库原来那种外强中干、名不副实的虚假外表，将每月造呈财政部、直隶都督的月报册，由原来的四柱清册改为六柱清册，即在原来的旧管、新收、开除、实在四柱款目基础上，新增借垫、归还两柱款目。其中，"旧管""实在"两柱依旧据实登录各款目。"新收""开除"两柱款目之下，则分别开列岁入经常门和岁出临时门；"门"之下复按类、款、项、目、节，分别详细登录收支各数。新增之"借垫"款目下，除照实登录前任运使移交表册中所列借、垫各款项外，再分别详载现任运使借、垫各款项及总数。新增之"归还"款目下，则登录已归还款项及总数。除每月造呈正册外，并附带呈送副册，对相关款项做进一步的详细说明②。同年9月，张弧又呈明财政部，自9月起，所有运库拨解各衙门、局、所及各机关款项数目，除盐务行政经费各款照例直接支出外，其余款目无论多寡，于支放款时均须一律呈明财政部立案，"藉防滥支而重出纳"③。从原来例行公事的"引课奏销"，变为所有收支账目均须呈报中央财政部，这无疑是北京政府试图将盐税权集权中央的重要一步。

　　按照运库旧例，除正款收入之外，另有杂款收入，包括硝卤税、鱼盐课、裁减各项及另存备用、另存生息等款。杂款收入"有呈报与不呈报之辨"。如硝卤税、鱼盐课等，仅呈报直隶都督。其余则向不呈报，完全由运署决定使用，名为用来弥补运署的各项不敷开支，实则易于滋生贪腐，滥支虚靡。张弧在清厘库款时，决定将杂款收入包括在内的"全局出入款项，不论多少，合盘托出，一体呈报归公"④。同时，为了防止滥支虚靡公款，对于运署开支款项明定限制，办公经费一律实报实销。其零星杂用开支，汇总账册按月呈报；其大宗支销，则必须事先呈明立案。"而动用之性质，则无论零星大宗，总以办公必需为断。"⑤ 此

---

　　① 长芦盐运司呈财政部筹拟清厘库款及改革办法，1912年7月29日，长芦盐务档案680—7—128。

　　② 参见"长芦盐运司呈财政部司库收支正杂各款清册"，1912—1913年，长芦盐务档案680—7—189。

　　③ 长芦盐运司呈明财政部、直隶都督运库自九月起凡拨行政机关及地方公益款项一律呈请立案，1912年9月5日，长芦盐务档案680—7—128。

　　④ 长芦盐运司呈财政部筹拟清厘库款及改革办法，1912年7月29日，长芦盐务档案680—7—128。

　　⑤ 长芦盐运司呈报财政部清理库款情形，1912年9月17日，长芦盐务档案680—7—163。

外，张弧还呈请财政部批准，将长芦盐商领引运销时向各级盐官和地方州县呈缴的各种规费，一并化私为公。"除关于节寿例规应行永远裁撤以恤商艰而崇政体外，其余各款即汇散为总，仿照日本行政规则改为手数料名目。"照旧于商人领引挂号时随引饬缴，专款存储，按月报解，听候拨用①。杨寿枏接任盐运使后，又以新增掣验各局经费不敷，呈明财政部，将手数料一款专充掣验各局经费，定名为掣验经费，无论官、商引盐一律照缴，列入科则。"庶一转移间，掣验既有专款，免致牵动他项要需，且将从前陋规厘正名义，明定用途。"② 杂款归公消除了运库原来存在的"账外账"问题，不仅"增加"了盐税收入，而且有利于进一步弄清长芦盐税的实际收入。

明定职责，划分权限。税款能否及时、足额征缴，很大程度上有赖于税收管理机构、人员的合理设置和配备，以及职责和权限的明确划分，因为只有这样，才能对税收管理活动实施有效的组织和指挥。清末以来的长芦运署，盐税征管事务虽然繁杂，但向来只是由盐运使延聘两三名幕僚襄助办理。设"经历司经历一员，掌领解京部河工饷课，承催商课，凡运使衙门事务悉归委办"；"知事一员，职掌与经历略同"；"广积库大使一员，掌平兑收放各项饷课，经管印信锁钥"。③ 机关、人员设置极不完备，也无明确办事章程，以致职责笼统，权限不明，人浮于事，办公效率低下。为改变这种状况，张弧接任盐运使伊始，就拟定了运署分科治事章程，呈明财政部核准。依照该章程，运使以下，设立总务科、场产科和榷运科，科下分课，共 12 课；将运署所有行政事务分别划归管理，明确各科职责和办公权限。"务使有一事始用一人，有一人即应尽一责，庶谇讟之风，冗滥之病无自而生。"④ 其中，"榷运科"，设科长一人，直接负责盐税的征收、奏销事宜，"综核税收转运疏销之事"。其下分榷税、运销、票照三课，分别设课员二人。"榷税课"，负责征收盐厘、盐税、复价、加价、平价，以及杂课、灶课、河汛、各工经费、坨厂租银；办理各商认引、带销他岸余引、退引及津武口岸五年换商事宜；催收京引公柜报效余利；征收硝卤税、鱼盐税；"运销

---

① 长芦盐运司呈财政部、直隶都督拟将盐商领引规费化私为公均归津关掣验局随引饬交按月报解，1912 年 9 月 11 日，长芦盐务档案 680—7—226。

② 长芦盐运司呈财政部、直隶都督拟将手数料一款改为掣验局经费列入科则官商引盐一体照交，1912 年 11 月 8 日，长芦盐务档案 680—7—226。

③ 中华民国盐务署纂：《清盐法志》（长芦），第 7 册，盐务署 1920 年印行，第 51 页。

④ 长芦盐运司呈财政部、直隶都督拟具司署分科治事办法，1912 年 6 月 17 日，长芦盐务档案 680—7—610。

课"，负责计划行盐，如开码筑盐、领告、改告、造关、验关、改河、改厂及淹没盐包、融卖盐包、轮驳转运等事务；"票照课"负责各商请引及请发运盐单照、席麻免票、船照、水程、验单及一切票照收发等事宜。榷运科科长本人负责办理各省借运芦盐、催缴报效银两并汇解财政部等事务。造报盐斤奏销，灶课奏销，商课奏销，由全科通力合办①。运署出纳款项、起解各饷等事宜，则由"总务科"下设之"收支课"负责办理。至于会计一事，"如办理预算、决算等，则合三科人员组织而共任之，既省设科之需，且具收通力之效"②。1912年11月张弧去任，杨寿枏接任长芦盐运使后，又根据实际情形，拟定改组司署分科设员办事权限简章。于总务科下增设"会计课"和"庶务课"，会计课"掌出纳库储登录簿记稽核册报暨保存官产官物等事项"；庶务课"掌署内开支各项经费管理一切庶务"。并在人员配备上做了一些调整③。进一步规范和完善了各科的职责和权限。

针对官运各局管理混乱，以致营业余利无几的状况，张弧亦着力进行整顿。除"将各局委员大加甄别，月报册式逐加厘定颁发遵守，浮销各款严加裁汰"外，并拟定了"官运总分各局办事章程"，呈报财政部核准，于1912年10月颁发实施。该章程分为15章91节，对于官运引岸的设局、用人、局员责成，官运局的筑盐、运盐、储盐、销盐，以及款目收支、成本核算等，均一一作出详细、明确规定，力求"一事有一事之绳墨，一人有一人之责成，急起直追以策进行"④。另外，官运局开办之初，在天津设立转运局一处，专门负责筹办各岸官盐筑运，采买用于包装盐斤的席麻等事宜，所需运本由运库存各局盐价下随时拨发。然而，"转运局筑运盐斤，不归坨掣，不由关验，夹私等弊时有所闻，以致正引短销余利无几"。民国成立后，由于各局盐款多有借端积欠，为避免运库垫款负担，长芦盐运使通饬各局自筹运本迳解转运局。但即使这样，对于官运总局"稽核本利，催收存款，每多隔阂之虞"⑤。并且转运局系由天津府知府兼办，而天津知府不是盐运使的直辖属官，指挥监督殊为不便。经盐运使张弧呈请将该局裁撤，所有事务归并官运总局办理。

---

① 长芦盐运司札饬司署各科办公权限，1912年7月31日，长芦盐务档案680—7—610。
② 长芦盐运司呈财政部、直隶都督拟具司署分科治事办法，1912年6月17日，长芦盐务档案680—7—610。
③ 《长芦盐务公报》第2期，1913年4月16日。
④ 长芦盐运使司札发官运局办事章程，1912年10月，长芦盐务档案680—12—530。
⑤ 长芦盐运司呈财政部、直隶都督长芦官运总局办法暨将转运局裁撤归并，1912年6月26日，长芦盐务档案680—13—170。

此外，张弧还针对之前盐款管理方面存在的疏于防范，经管款项人员营私舞弊，亏款潜逃，侵蚀公款的种种弊端，参照日本"身元保证金"制度和中国古代"主藏吏纳金公府之制"，拟定了经管款项人员保证办法。"拟先就所辖广积库及经征课款、管理销盐各场局试办身元保证制度"，亡羊补牢，使其有所忌惮，以"杜侵渔，昭郑重"。具体分作三种办法：一是根据掌管出入款项之多寡，分别等级，经管款项人员向运署缴存保证现金；二是经管款项人员就所在地附近寻觅殷实商店出具保状担保；三是经管款项人员请法定地方团体具状担保。"三者之中必具其一。"否则，"已任事者即行撤换，未任事者改委他员，藉示先事防闲之意"，如此办理，"既足措公家款项于安全巩固之区，亦可令在事各员增重视职务之念"①。上述办法虽经呈请财政部、直隶都督获准，但并没有立即付诸实施。1914年，财政部和盐务署先后颁发"掌司公款人员征缴保证金条例"（6月11日）、"掌司公款人员征缴保证金施行细则"（10月25日）、"盐务署直辖盐务各机关缴纳保证金额章程"（12月3日），其主要根据就是掌司公款人员掌管出入款项之多寡，正与张弧所拟办法之第一条相符，只是就范围、金额、征缴办法、处罚等做了具体的细化而已。

通过以上整顿，北京政府基本上控制了长芦盐税的收支管理权。表现在，长芦盐税的收支详情通过函件、电文、月报、旬报等形式及时由长芦运署呈报财政部②，使北京政府得以随时掌握长芦盐税收支的具体情况；遵照财政部关于"动支库款非经呈部核准不得由司擅拨"的指令③，长芦运署所有征收到的盐税，除盐务经费外，全部交由财政部指定的"国家银行"中国银行专款存储，或遵财政部令文提支、拨解④。同时长芦运库还遵令停支从前指拨直隶省兵饷及各项行政经费，改由直省自行筹补⑤。这对于当时立足未稳、财源几乎断绝的北京政府来说，无疑具有重要意义。

---

① 长芦盐运司呈财政部、直隶都督拟定经管款项人员保证办法，1912年7月9日，长芦盐务档案680—7—167。

② 参见长芦盐务档案680—7—143、680—7—189、680—7—1168。

③ 财政部指令，第13号，1913年1月4日，长芦盐务档案680—7—179。

④ 参见民国二年五月二十一日前后出入盐税款项数目，长芦盐务档案680—7—1164；长芦盐运司电复财政部增筹洋赔各款悉听核示遵办，1913年3月4日，长芦盐务档案680—7—672；财政部训令，第108号，1913年3月13日，长芦盐务档案680—7—183。

⑤ 长芦盐运司致直隶都督、直隶布政使公函，1913年1月30日；财政部指令，第154号，1913年2月10日，长芦盐务档案680—7—632。

二　划一盐税，折收银元

币制混乱，盐务收款本位不一，是北京政府在试图统一全国盐政，将盐税收支管理大权收归中央时面临的一个重要课题。清末民初，各地市场上流通的货币五花八门，形形色色，种类繁多芜杂，既有银两、制钱、铜元、银元等金属币，也有官方银号、私人钱庄、外国银行发行的纸币。与此相对应，各地盐务收款本位不一，或收银两，或收钱文，错杂参差，混乱不堪。而且由于各种货币重量、成色悬殊，良莠不齐，价值不一，而相互间又无固定的比价关系，长期处于反复无常的波动之中，给盐税收支管理增加了诸多困难，直接或间接减少了盐税收入。就长芦盐务而论，民间交易使用制钱、铜钱，盐税收支使用银两，而银两又有公化、行化、库化、京公足等诸多平色，收支盐款有辗转折合之烦琐，极不便于北京政府的稽核管理。为改变这一状况，1912 年 12 月 25 日，北京政府财政部训令各盐务机构，"应将各项盐务收款无论向用银两或系钱文，一律按照各处市价折合银元收缴，以树划一之基础。其商民卖买盐斤，亦须按照市价折用银元"①。为更好地在长芦实行这一措施，翌年 3 月初，长芦盐运使杨寿枏向财政部进一步提出了"归并科则，划一盐税"的建议。他认为，长芦盐课有正课、杂课及各项加价、帑利等，名目繁杂，银数零星，如果分别折收银元，势必异常烦琐，因此"拟将各项税课仿照一条鞭办法，无论正课、帑利生息，领告杂费，平饭解费，暨各项加价复价，凡系随引征收之款，一律照额归并，定为科则，统名曰盐税，以期化散为整，便于折合"。同时并拟定了"长芦运库划一盐税暂行章程"。

"长芦运库划一盐税暂行章程"共 11 条，详细说明了将各税目实行归并划一的具体办法，主要包括以下八个方面。

1. 归并科则。即将长芦盐课科则中原有随引征收之正课、帑利生息，领告杂费、平饭解费、缉私经费、各项加价、复价等各项税课照原额归并，定为科则，统一称为盐税。"其间零星尾数五去六收，以厘为断，较之旧额每年减银二百两有奇。"

2. 划一盐税。针对原来科则中畸重畸轻、税负不一的状况，酌量增减，以期划一。天津口岸有额引、票盐之分，额引征收正杂各课银 2 两 1 钱 2 分 7 厘，

①《长芦盐务公报》第 1 期，1913 年 4 月 1 日。

盐票每张缴纳正杂各课银 2 两 7 钱 5 分 3 厘 3 毫，统一改为不分引、票，一律定为盐税银 2 两 7 钱 3 分 3 厘，"即以票盐减收之数贴补额引加征之数"；归补缉费向章每引交银 2 分，但蓟州六属每引交银 4 分，南告十余岸每引交银 5 分 6 厘，现一律改为每引 2 分。"每年应减银一千余两，在公家虽稍有损失，第科则整齐，折收较易，且为划一盐税起见，不得不酌量减定，以期日久可行。"

3. 非随引征收各款，不并入盐税，仍然照旧办理。豫省归复一文加价，每年包交银 6 万两，仍分作三期，按照出库引数均匀摊派包缴；初、二两次平价，每引每斤加价一文至五六文不等，仍分春、秋两关，按照直、豫两省钱盘折收银两。

4. 灶课、丁银不列入盐税之内，仍由各州县及各场官经征报解，与地丁钱粮事同一律，仍暂收银两。

5. 直、豫两岸应缴津浦、洛潼铁路加价，仍照旧由商人迳交津浦及洛潼两铁路公司分别查收。

6. 科则归并后，盐务支款统一由盐税项下提支造报，"毋庸再照旧章分晰专款"。

7. 盐税之外，随引带征商捐商用款项，仍循照旧章带征。

8. 官运局领引缴课亦照商人一律办理。①

按照该章程归并科则后，长芦京、直、豫、津各岸盐商领引应纳盐税科则如表 2 - 1 所示。

表 2 - 1   长芦归并盐税科则

项别 ＼ 引岸	京引	直引	豫引	津引
正课	6 钱 8 分 6 厘	同左	同左	同左
帑利	4 钱 4 分 2 厘	同左	同左	同左
加盐正课	2 分 4 厘	同左	同左	
加盐帑利	1 分 6 厘	同左	1 分 5 厘	
新增加价	7 钱	1 两 4 钱	同左	
通行加价	1 两 3 钱 5 分	同左	同左	1 两零 2 分 5 厘

---

① 长芦盐运司呈财政部拟划一盐税折收银元，1913 年 3 月 5 日，长芦盐务档案 680—7—633。

续表

项别 \ 引岸	京引	直引	豫引	津引
北引加价	3 钱	6 钱		
直引加价	1 钱 5 分	3 钱		
豫引加价			6 钱 5 分	
荥工加价			2 钱 8 分	
军需复价	2 钱	4 钱	同左	
领告杂费	4 钱	同左	4 钱 2 分	3 钱 8 分
豫省归公			1 分 8 厘	
钦天监生息	4 厘	同左	同左	
平饭	2 分 5 厘	同左	同左	
各项解费	4 分 1 厘	同左	同左	
缉费	4 分 1 厘	同左	同左	
归补缉费		2 分	同左	
平价缉私经费	2 钱	同左	同左	同左
岁修官道	3 厘	同左	同左	
合计	4 两 5 钱 8 分 2 厘	5 两 9 钱 5 分 2 厘	6 两零 1 分 9 厘	2 两 7 钱 3 分 3 厘

继而纲总邹廷廉等以"科则重而成本大增，银价昂而交款受累""欲保课税必先维持盐商"为辞，呈请裁减科则以纾商困①。经长芦盐运使转呈财政部核准，将"新增加价"一项自民国二年春关起规复旧额，仍照 70 万两定额征收，按照京引 6 钱、外引 1 两 2 钱，并入盐税内征收，年终结算，如不足 70 万两之数责成商人补缴，如有余则发商领回。豫引加价一项每引酌减 5 分。各岸盐商领引应纳盐税科则，因此实际改为：

京引每引盐税银 4 两 4 钱 8 分 2 厘；

直引每引盐税银 5 两 7 钱 5 分 2 厘；

---

① 纲总商人邹廷廉等呈请长芦盐运司厘订科则保持国税，1913 年 3 月；纲总邹廷廉等呈请长芦盐运司初二次平价及平价缉私均应核实呈缴，1913 年 3 月，长芦盐务档案 680—7—633。

豫引每引盐税银 5 两 7 钱 6 分 9 厘；

天津每引盐税银 2 两 7 钱 3 分 3 厘。

由上可见，所谓的归并科则，划一盐税，只不过是一种简单的、形式上的合并，是为了简化原来税款征收、提支的繁杂手续，便利收支管理。而且也不够彻底，归并科目仅限于随引征收的正课、帑利生息、领告杂费、平饭解费、缉私经费、各项加价、复价等项，其余非随引征收的豫省归复一文加价，初、二次平价，津浦、洛潼两铁路加价，以及随引带征的商捐商用各款等均不在归并之列。同时，更没有改变各岸税负畸重畸轻的状况。

"归并科则，划一盐税"系因盐税折收银元而起，因此，长芦盐运使杨寿枏在拟定"长芦运库划一盐税暂行章程"的同时，还拟定了"长芦运库折收银元暂行章程"。章程共 8 条，对盐税折收银元的征收办法，以及盐款的管理和支出做出了具体规定。但章程并没有规定银两折收银元的法定价格，原因是新的币制尚未制定实施，而天津市面银元价格时常波动，"价涨则商人藉口亏赔，输将难期踊跃，价落则库款因之短收，公家未免受亏"。因此只好暂照"津埠市价随时折合"。其市场银两折合银元价格由中国银行"逐日开报，由司牌示，俾众周知，以杜流弊"。章程的主要内容如下。

1. 商人缴课向用库白银两，现在无论直岸、豫岸，均照天津本埠市价折收银元，并得以中国银行纸币缴纳。

2. 每日银价及折合银元数目由天津中国银行逐日开单报送运署，于司库门首牌示。

3. 商人领引缴课，仍照旧章，于卯期前一日至运库登簿挂号，由运库核明盐税数目，发给凭单，商人依数交纳，不得逾卯期本日，其折合银元数目，以当日中国银行开报市价为定。

4. 运库逐日将收到税款交存中国银行，应支款项随时赴银行提支。

5. 商人旧欠运库课款，在新章实行以前者，仍按照旧欠银数催收，毋庸折合银元。

6. 盐务各项支款亦按照发款当日市价折合银元，以期收支一律。

7. 官运局应解运库盐税亦一律按照市价折收银元。①

---

① 长芦盐运司呈财政部拟划一盐税折收银元，1913 年 3 月 5 日，长芦盐务档案 680—7—633。

上述两章程获得了财政部的批准，于4月1日开始实施。与此同时，对于财政部民间买卖盐斤也要折合银元的要求，长芦盐运使杨寿枏认为，民间买卖盐斤向来以制钱为本位，而直、豫两岸"钱法极度紊乱，且有银元尚未通行之处"[1]，买卖盐斤折收银元实难推行。因此呈准财政部延缓施行。

货币制度为国家财政之总枢。币制统一和规范化的前提条件，是必须有一个强有力的统一的中央政府，由它通过币制的改革、立法等措施来实现。清末以来，中国币制极度混乱，然而由于中央政府权威极度衰微，难以对货币的发行和流通实施有效的控制，统一币制均成画饼。北京政府成立后，为整理和统一国家财政，解决面临的财政危机，亟须通过币制改革，统一币制。但由于在币制本位问题上争论不休，新的币制方案迟迟未决。直到1914年2月，才以"恶本位胜于无本位"确定了银本位制，出台了《国币条例》，规定以国币以一元银币为主币[2]。北京政府在新的币制尚未确定之前，即规定盐税折收银元，显然是急于通过统一全国盐政，加强盐税收支管理，来增加政府的财政收入。但是其时北京政府尚未在全国树立起权威，多数盐区并不遵照施行。长芦盐区则处在北京政府直接控制之下，得以率先实行，从而使北京政府进一步加强了对长芦盐税的收支管理。

第二节　外国人主导下的长芦盐税改革

1913年4月26日，北京政府与五国银行团正式签订"善后借款合同"。根据合同第五款规定，中国盐务管理机关自上而下分成两大系统：一个是由北京盐务署、各产盐区盐运使司、运副及所属场、营，销盐区的榷运局等机关组成的盐务行政系统，负责管理场产、运销、缉私等行政事项；另一个是由北京盐务稽核总所，各产盐区盐务稽核分所、支所，销盐区的盐务稽核处、收税局等组成的盐务稽核系统，职掌盐税的征收及盐款管理、存储、提用之权[3]。合同同时还明确规定，中国政府须在洋员的"襄助"下进行盐务改革，以期增加盐税收入，保障债款本息的偿付能力。随后，富有盐务管理经验的英人丁恩被任命为盐务稽核总所洋会办。由此外国人获得了中国盐务改革的主导权。长芦的盐税改革由此进

---

① 财政部指令，第287号，1913年3月15日，长芦盐务档案680—7—633。
② 杜恂诚：《中国金融通史》，第三卷（北洋政府时期），中国金融出版社2002年版，第31页。
③ 中国善后借款合同全份，长芦盐务档案680—7—673。

入了一个新阶段，开始了较前一阶段更具实质性的变革。

一　丁恩改革长芦盐务意见书

1913 年 6 月 23 日，英人丁恩来华就任稽核总办洋会办。此前，丁恩在英属殖民地印度主持盐政长达数十年，素以自由贸易，竞争主义为第一宗旨，颇富盐务改革的学识与经验。上任第二天，丁氏就急不可待地上条陈于财政部，提议中国采取印度盐税制度，实行就场直接收税，自由贸易。为了了解中国各盐区的实际情况，丁恩还亲赴全国各盐区进行实地考察。7 月，丁氏首赴长芦盐区，巡视各重要盐场、盐坨，深入调查芦盐的产制、运销、征榷、缉私等各个方面的现状。他认为"长芦盐务大可有为"，但由于存在着种种弊病，以致"国家收入之款既微，出售零盐之价复巨"，因而亟须实行改革①。事后，丁恩将实地调查情形及改革的具体意见写成报告书上报北京财政部。

丁恩在报告书中指出，长芦盐务管理条件得天独厚。"制盐滩场既集聚于一方，则产制、征税及运销三项均易于管理"，但实际上"制盐、屯盐、卖盐三者之治理，皆异常失当"。以判断盐政好坏的两个标准"国家收入盐款之数"和"国民购盐之价"，证诸长芦盐政，"无足可言"。"国家收入之款既微，出售零盐之价复巨。"究其根源，在于专商引岸制。"引票之设专为维持商人权利起见，于国家则毫无利益之可言。""盖盐商为国家盐税之阻力，且致国人食贵价之盐可确信无疑者也。""若思整顿，亟宜废引法，于销购芦盐之地域设法大加推广，使归商专卖者不得为所欲为。"改革必然招来盐商的激烈反对，政府在实行盐务改革时，不应过多考虑盐商利益，也无须征得盐商的同意。丁恩还认为，长芦盐税"采用就场征收之法最为相宜"。这种办法的好处是"不加盐价而能增收税款，且无害于民"。"大凡营业有竞争，然后销购者可受其益，食盐销路愈广，国家受益更大。"而且"能使盐税由中央直接管理，而无远省政府不正之阻力"。报告书最后就长芦盐务改革的当务之急提出了具体意见。

1. 统一税则。将前归并的盐税征加上初、二次平价及豫省规复一文加价等合而为一，按现在之银额折收银元。

2. 划一盐包重量。以 200 斤为一包，绳包在内，津引以两包，即 400 斤

---

① 丁恩改革中国盐务报告书，载林振翰编《中国盐政纪要》（下册），商务印书馆 1930 年版，第 116 页。

一引，京引、直引、豫引以三包，即 600 斤为一引。

3. 引票采用二联单。商人请领由场、坨运盐之引票采用二联单式，编列号数，装订成册，存根可作为每月结报凭据，并与收款四联单及存款银行之结账单互相核对。

4. 建筑官坨。于汉沽、塘沽、邓沽、东沽等处建筑四处官坨，用于存储丰财芦台场两场之盐；所有盐斤必须先缴纳税款后方准由该四坨放行。

5. 添派洋员一人襄理经协理专司上述四处坨务，并监督行盐事宜，该员应即派往，以便预备建筑新坨之计划及预算，并监理该四坨工程。

6. 核定盐务机关经费。饬令各盐务机关造送职员薪俸表，俟核定后即作为各项盐务经费定数。①

归纳以上各条，可以看出，当时丁恩关于长芦盐务改革的重点在于实行统一税则（即均一税率）和就场直接收税。应该说，它为长芦盐税改革提供了一个较为切实可行的思路和方案。一则是因为他的提议与财政部正在筹划的盐税改革计划在某些方面不谋而合，迎合了北京政府力图借助外力将盐税控制权收归中央的意图，易于获得北京政府的批准和支持。1913 年 11 月财政部对该意见书的批示称"颇为有见"，除在某些实施的细节问题有所保留外，基本上全部予以照准②。二则是丁恩就职之初就曾明确宣布其政见："改革之进行对于民间习惯宜少变更。此节甚为重要，故所有提议之改革办法均严守此项原则。对各区盐务皆拟实行直接收税办法，苟非与直接收税办法实有阻碍者绝不提议变更。""矧事事改革易惹起民间之反对，即令改革亦以少为贵。"③暂时避免从根本上触动盐商的既得利益，以致改革在开始之初即招来盐商的激烈反对、抵制和阻挠，从而为改革的逐步推行预留一个缓冲的空间。

当然，作为一个善后借款五国利益的代言人，初次来华的丁恩主要关注的是如何增加盐税收入，保障"债权人"的收益，没有也不可能完全认识到中国盐税改革的复杂性。在民初长芦盐税改革问题上，他虽然在一定程度上意识到了可能来自长芦盐商的阻力，但对改革中可能遇到的各种障碍和阻力仍然估计不足。他寄希望于北京政府为了增加盐税收入，能够在盐务改革中"毋须详慎计及盐商

① 稽核总所丁会办对于长芦盐务意见书，1913 年，长芦盐务档案 680—22—1055。
② 财政部训令，第 788 号，1913 年 11 月 3 日，长芦盐务档案 680—7—947。
③ 李涵等：《缪秋杰与民国盐务》，中国科学技术出版社 1990 年版，第 204、225 页。

合意与否"，却忽略了长芦盐商与北京政府之间存在的千丝万缕的利益纠葛。而在改革的实际操作中，当各种障碍和阻力日益凸现时，丁恩就不得不做出一些让步和妥协，使改革计划搁浅乃至中辍，预期效果大打折扣。

二 长芦盐务稽核系统的创设与完善

盐务稽核机构的设置。早在 1913 年 1 月，根据"所有盐务应设稽核造报所专司考核款目，由财政部迅速拟定章程"① 的大总统令，北京政府即于财政部内设立了盐务稽核造报总所，于奉天、长芦、山东、两淮等产盐区先后设立稽核造报分所②。财政部据此也拟定了相关的章程及细则。章程及细则规定：稽核造报总所及各分所的权限仅仅是签印引票，审查考核盐税收支的账目。此外，"凡各省盐务产制运销各项行政事宜，均不在总所及各该分所权限之内"。因为北京政府与外国银行团的善后借款谈判正在进行当中。外国银行团坚持，中国的盐务改革必须在洋员"襄助"下进行；设立稽核总、分各所，职掌"征收、存储盐务收入之责任"及签支、提用盐款之权③，意欲攫取中国的盐税权。北京政府此举的用意，是想在借款合同实行之前造成既成事实，对将来洋员的权限予以限制和削弱。而且事实上，在善后借款合同签订以后的几个月里，也确实维持着这样一种局面。"所有盐务事宜仍按从前办法由运使暨其所属员司办理，而分所经协理不过于运使收税之四联单内签字而已。"所收税款也没有按照借款合同解交各银行团，而皆存于中国、交通两银行，而当时银行团"尚未承认该两行为存款处"；各分所经协理对于盐款亦不能实行管理，而由盐款账内随意提支款项亦不知照总会办④。长芦的实际情况也证明了这一点。长芦稽核造报分所于 1913 年 4 月成立，至 10 月，征收盐税及发给引票的手续依然由长芦盐运司负责办理，长芦分所不过是"橡皮图章"而已。"长芦征收盐税，自稽核分所成立之后，即与该所经协理先后商定，商人领引，先期来司挂号，核开盐税银数单，商人照数备齐，兑换银元，来署缴课。有天津中国银行特派专员常川在署，商人将款交到，该员即会同库员照数点收。并由分所印备领引纳税四联单，将引数、银元数填入

---

① 《长芦盐务公报》第 1 期，1913 年 4 月 1 日。

② 1913 年 10 月 3 日以后，盐务署（即盐务筹备处）改称盐务署，盐务稽核造报总所改称盐务稽核总所，盐务稽核造报分所改称盐务稽核分所。参见《长芦盐务公报》第 15 期，1913 年 11 月 1 日。

③ 南开大学经济研究所经济史研究室编：《中国近代盐务史资料选辑》第 1 卷，南开大学出版社 1985 年版，第 84 页。

④ 丁恩改革中国盐务报告书，载林振翰编《中国盐政纪要》（下册），商务印书馆 1930 年版，第 10 页。

单内，银行员查明款目无误，即在单内签字作为该款到之据。再由本司暨分所经协理分别签字，彼此存查，即行发给引票，准其筑盐起运。手续甚为简单，迄今数月办理尚无窒碍，与定章亦不相背。"① 至于随意提支盐款现象也时有发生。这从第一章第三节的叙述中可窥见一斑。

盐税权的交接。1913 年 6 月，丁恩来华就任后对上述状况极为不满。遂会同银行团代表向北京政府施压，并以不发借款相要挟，强硬要求严格按照借款合同相关条款办理。北京政府被迫妥协，于 9 月、10 月先后发出训令、电令，严饬各处运使"应按照善后借款合同切实履行，不得稍有违背"②。"此次该代表独重担保，至再至三，实无通融之余地，且以不发借款为要挟。""从前征存中国银行之盐款及此后征存之盐款，现已由银行团指定存储汇丰银行，应即一律拨交该银行存储。"③ 并且丁恩以"前订稽核造报所章程细则与借款合同间有抵触"④，坚持要求对稽核总分所办事章程重新修订。1914 年 2 月 10 日，经过修订的"稽核总分所办事章程"颁布实施。新章程不仅强调必须严格执行善后借款合同相关条款，并且在许多方面扩大了洋员的职责和实权，使得丁恩进一步掌握了中国盐务改革的主导权⑤。据此，长芦稽核分所与长芦盐运使逐步完成了盐税权的交接。

1913 年 8 月底和 9 月中旬，长芦稽核分所先后呈请稽核总所，提出仍由运署征收盐税、发给引票的现行办法与善后借款合同规定不符，因此应呈请财政部改定办法，指令盐运使即日将相关事宜移交分所办理。9 月 22 日，稽核总所复函称，已经呈准财政总长，"一星期内必可实行"⑥。实际上，财政部 9 月 23 日就此所发训令虽然严饬各处运使"按照善后借款合同切实履行"，"各产盐省分之所收盐款，责成该总所转饬各该分所认真稽核详晰造报"，但对于移交盐税权一事并未涉及。是"该部令对于稽核分所应处之地位并未承认也"⑦。在丁恩一再催促、施压下，盐务署才于 10 月 4 日训令长芦运使，即日履行"善后借款合同"中关于发给引票、征收盐税的规定。"嗣后发给引票征收盐税各手续，应先由该

---

① 长芦盐运司呈复财政部征收盐税发给引票手续情形，1913 年 10 月 15 日，680—7—630。

② 丁恩改革中国盐务报告书，载林振翰编《中国盐政纪要》（下册），商务印书馆 1930 年版，第 13 页。

③《长芦盐务公报》第 15 期，1913 年 11 月 1 日。

④ 财政部训令，第 281 号，重订稽核所章程，1914 年 2 月 21 日，长芦盐务档案 680—7—1284。

⑤ 陈争平：《民国初年的盐务改革》，《中国经济史研究》1994 年增刊。

⑥ 长芦稽核分所致总所函，1913 年 9 月 16 日；稽核总所复函，1913 年 9 月 22 日，长芦盐务档案 680—22—886。

⑦ 丁恩改革中国盐务报告书，载林振翰编《中国盐政纪要》（下册），商务印书馆 1930 年版，第 13 页。

司将引票盖印，于商人呈报后，即将引数、银数填入票内，移送稽核分所。并发给商人凭单，令其持向中国银行缴清课款，再由中国银行掣付收据，交该商人持赴稽核分所将引票签字发给。"① 但是，长芦盐运使仍迟迟不肯将盐税权移交长芦分所。因为"善后借款合同"签订后，国内舆论嚣嚣，人言啧啧，指斥北京政府丧权辱国，将盐政权拱手让人。为避免招来更多更激烈的谴责，北京政府对于履行合同中的敏感条款心存顾忌，一再敷衍搪塞。与此同时，裁撤长芦运库，盐款移交长芦稽核分所管理的工作也开始进行。1913 年 11 月中旬，财政部就移交库款办法，分别训令长芦运司和长芦分所，"芦盐款前已令饬交由中国银行汇总转交汇丰银行存储，是该省司库应行裁撤"②。"长芦盐库归稽核分所管理后，只须留库书二名，书记三四名，尽足以清理旧欠，其余人等一律裁撤。由该分所酌派数人办理库务，并由中国银行派员驻于盐库，收管盐款。"③ 12 月 2 日，长芦运署与长芦稽核分所完成了盐税征收事宜的交接④。至 1914 年 2 月 21 日，稽核总所通饬各分所正式接管盐款账目。同时，盐务署亦令行各盐运使，将中、交两行之盐款账目改归分所管理⑤。但在裁撤运库、移交盐款以及发给引票问题上，长芦运司多方留难，迟迟不肯移交。1914 年 2 月丁恩致函财政总长称："长芦运司除截留款银外，现在又多方为难。……引票归经协理发出一事，乃执事亲自提议者，请执事令饬该运司于此项训令毋稍误会。"⑥ 4 月 22 日，长芦稽核分所致总所函仍称，"所有筑盐准单由分所发给，运盐途中所需引票、护照、水程、验单、火车护票等系运司发给"⑦。直到 5 月以后，引票才实行由"运司交分所会签，然后发给"⑧。可见，在盐税权归谁控制的问题上，是代表借款各国利益的稽核总所一方不断施压，代表北京政府的财政部和长芦盐运司一方被迫不断妥协，双方不断较量、斗争的结果。它既是外国人借助"善后借款合同"侵凌中国盐政主权的过程，同时也是民初长芦盐税第二阶段改革的一项重要内容，标志着外国人主导下长芦盐税改革的开始。

① 盐务署训令，第 667 号，1913 年 10 月 4 日，长芦盐务档案 680—7—630。
② 长芦盐运使函知稽核分所部令移交库款办法，1913 年 11 月 19 日，长芦盐务档案 680—22—886。
③ 财政部训令，第 818 号，1913 年 11 月 10 日，长芦盐务档案 680—22—886。
④ 长芦稽核分所致总所函，1913 年 12 月 8 日，长芦盐务档案 680—22—886。
⑤ 丁恩改革中国盐务报告书，载林振翰编《中国盐政纪要》（下册），商务印书馆 1930 年版，第 34 页。
⑥ 财政部训令，第 240 号（附稽核总所丁会办函），1914 年 2 月 16 日，长芦盐务档案 680—7—1284。
⑦ 长芦稽核分所函复总所答复由坨运盐办法，1914 年 4 月 22 日，长芦盐务档案 680—22—398。
⑧ 长芦稽核分所呈总所续陈发放盐斤手续并各种运盐单照办法，1914 年 7 月 29 日，长芦盐务档案 680—22—398。

盐务稽核系统的完善。根据"善后借款合同"规定，稽核总、分各所均须聘用洋员。1913年1月，财政部奉令拟定的《盐务稽核造报所章程》中，虽然已经有任用洋员担任总所洋会办及分所洋协理的规定①，但并未立即实行。4月，长芦分所成立之初，亦只是任命了严璩担任华经理，并未任命洋协理②。丁恩到任后，所办第一件事情就是为各处分所聘用洋员。"首先酌议之事宜，即添用洋员襄助一切"，与参与借款五国公使商定各地分所协理职位的分配办法③。其中，长芦稽核分所洋协理由日人（郑永昌）派充。此后，分所的机构设置、人员配置逐步完备，职能和权限也日益扩大。

长芦稽核分所实行分科办事。分所设文牍、会计两科，两科主任对于各该科所办职务负责。科下设课，文牍科下设英文、汉文、记录、缮写四课，会计科下设现款出纳（包括总册及日记）、税账、盐账、经费、税收准单、统计六课，分别负责办理各项具体事务。分所每天到达函件，先送经、协理审阅后，即交挂号处登记；然后分别事项类别，送主管科主任拟具办法，送经协理核定后，再照所定办法交各课员拟稿。"惟所办稿件均视经、协理两人之意见为定。""各人员及缮写校对者，均署名于各该件之上，负有该件讹误之责。"④ 并且按照丁恩仿效英国的文官制度为盐务稽核系统订立的基本原则，长芦分所实行了不同于其他中国政府机关的人事制度。所有任用人员均经由公开考试，严格选拔；任用人员予以职位保障，不随长官之进退而更换；实行优俸养廉、年功加俸⑤。这样的制度设计和安排无疑有助于提高分所的办公效率，保证分所职员的廉洁奉公，有利于民初长芦盐税改革的渐次展开。民国盐政史专家左树珍评论说："若就盐务而论，则机关新设，制度优良，既无旧染之污，且收整顿之效，实于改进盐法，大有裨益。"⑥

与此同时，按照丁恩关于长芦盐务改革意见书中的有关提议，以及修订后的稽核总分所章程规定，长芦稽核分所的各分支机构也依次建立。修订后的稽核总分所章程规定，稽核分所的权限不仅担负"发给引票或准单，准许纳税后运盐，以及在各稽核分所设立之处可征收一切盐税盐课及各费，并监督他处之征收上列

---

① 南开大学经济研究所经济史研究室编：《中国近代盐务史资料选辑》第1卷，第134—135页。

② 《长芦盐务公报》第2期，1913年4月16日。

③ 丁恩改革中国盐务报告书，载林振翰《中国盐政纪要》（下册），商务印书馆1930年版，第7页。

④ 长芦沿革稿，1924年，长芦盐务档案680—22—3。

⑤ 李涵等：《缪秋杰与民国盐务》，中国科学技术出版社1990年版，第8—11页。

⑥ 曾仰丰：《中国盐政史》，商务印书馆1936年版，第128页。

各税各费"的责任，而且负有管理盐坨、称放盐斤、视察场坨、监督各盐务行政机关员司有无"违背章程之事"，以及巡查私制私运盐斤等职责。因此"管理称盐及由仓坨放盐事务各员应为分所属官"①。据此，1913 年 11 月，稽核总所派洋员古塞额前往长芦掌理汉沽、塘沽、邓沽、东沽四处官坨工程建筑事宜，并该四坨的一切储盐、放盐事务，"凡所有由场运至各坨之盐并看守各场坨盐引均属该员责任"②。并由此成为长芦稽核分所的第一个分支机构——塘沽支所。翌年 3 月，又在石碑场区设立了分所的第二个支所——石碑支所③。鉴于长芦盐区"制盐、屯盐、卖盐三者之治理，皆异常失当"。"坨为商有，购盐、运盐至津亦由商自理。"而国家只关心"盐离津时征课"，"而于场、坨两者关系皆不注意"④，造成严重偷运漏税。1914—1916 年，在裁并场坨、建筑官坨替代商坨的同时，长芦稽核分所在各坨分别设立了监称处，委派监秤员，专门监理收放盐斤。同时渐次将原有之掣验各局一律裁撤，以节靡费⑤。各坨监秤员起初职权较小，"未能监督全坨事务"。1916 年，长芦分所呈请总所提升监秤员职权，使其与长芦盐运使委派之坨务员处同等地位，"所有坨内一切事务必须会同办理"⑥。以上支所、监秤处是长芦稽核分所的直接派出机关。除此之外，另有与长芦运署共同管理的机构。1913 年，原归商人包办的硝卤税和鱼盐课收归官办，由运署设局经理。1915 年后，长芦分所先后向各该局委派收税课员，与运署实行会同管理，并实行征收统一税率⑦。这样，长芦稽核分所、支所、监称处、收税课员，自上而下形成了长芦盐区盐务稽核系统。它直接听命于北京稽核总所，负责布置、实施一切长芦盐税改革事宜。和盐税权的交接一样，盐务稽核系统的完善，既是民初长芦盐税改革的一项重要内容，同时也是推行其他各项盐税改革的前提和保障。

---

① 财政部训令，第 281 号（附：修订盐务稽核总分所章程），1914 年 2 月 21 日，长芦盐务档案 680—7—1284。

② 长芦稽核分所致长芦运司函，1913 年 11 月 15 日，长芦盐务档案 680—7—947。

③ 财政部训令，第 460 号，1914 年 3 月 16 日，长芦盐务档案 680—7—1284。

④ 稽核总所丁会办对于长芦盐务意见书，1913 年，长芦盐务档案 680—22—1055。

⑤ 长芦沿革稿，1924 年，长芦盐务档案 680—22—3。

⑥ 长芦稽核分所致总所函，1916 年 4 月 10 日，长芦盐务档案 680—22—335。

⑦ 盐务署饬，第 1079 号，1915 年 9 月 30 日，长芦盐务档案 680—7—1384；谷塞额函报长芦稽核分所四年十一月至五年六月丰财鱼盐营业情形，1916 年 7 月 18 日，长芦盐务档案 680—22—540；长芦沿革稿，1924 年，长芦盐务档案 680—22—3。

表 2 – 2　　　　　　　　　　长芦盐务稽核系统

机构名称		创设时间	驻在地点
长芦稽核分所		1913 年 4 月	天津市
直接派出机关	塘沽支所	1913 年 11 月	宁河县塘沽
	石碑支所	1914 年 3 月	滦县偏凉汀
	汉沽监称处	1914 年 4 月	宁河县汉沽
	塘沽监称处	1914 年 9 月	宁河县塘沽
	邓沽监称处	1914 年 9 月	天津县南开
	东沽监称处	1915 年 4 月	天津县东沽
	新河监称处	1915 年 4 月	宁河县新河
共管机关	汉沽硝卤总局	1915 年 10 月	宁河县汉沽
	北堂硝卤分局	1915 年 10 月	宁河县北堂
	大沽硝卤分局	1915 年 10 月	天津县大沽
	蛏头沽硝卤分局	1915 年 10 月	宁河县蛏头沽
	张家码头硝卤分局	1915 年 10 月	宁河县张家码头
	丰财鱼盐总局	1915 年 11 月	宁河县塘沽
	北堂鱼盐分局	1915 年 11 月	宁河县北堂
	神堂鱼盐分局	1915 年 11 月	丰润县神堂
	祁口鱼盐分局	1915 年 11 月	沧县祁口
	徐堡鱼盐分局	1915 年 11 月	盐山县徐堡
	大清河鱼盐分局	1916 年 1 月	乐亭县大清河
	东沽鱼盐分局	1916 年 7 月	天津县东沽

资料来源：林振翰编《中国盐政纪要》（下册），第四篇，职官，商务印书馆 1930 年版，第52—53页；长芦盐务档案 680—7—1436、680—7—1384、680—22—3、680—22—540。

三　盐税征收制度的改革

伴随着长芦盐税权的交接和长芦盐务稽核系统的逐步完善，在北京稽核总所的主导下，长芦盐税征收制度开始发生一系列的变革。

先税后盐，就场征收

如前所述，长芦盐税的征收历来实行先引后课，虽然清末曾经明令改为先课后盐，但实际上直到民国初年并未真正实行，盐商积欠税款之事屡屡发生。"上年通纲赊领引目，除交正课外，其余帑利、加价等项一切杂款原限三个月交清……该商于上年秋关三次赊领引目，计正杂课帑、新增加价等三万一千六百四十余两，而陆续呈缴内搭用期帖，直至本年阳历六月始行收库，逾限已至五阅月之久。此外各商有迄今延不清交者。"① 至 1913 年 4 月长芦实行划一盐税、折收银元后，盐商缴纳盐税仍许搭用期帖，"其缴还期限仍照旧章分作三期"②。稍后，"善后借款合同"签订，明确规定所有盐斤均须先缴税款方能放运。稽核总所洋会办丁恩于视察长芦时发现这一问题后，更要求严格按照合同规定履行。1913 年 8 月 8 日、10 月 9 日，财政部先后两次训令长芦盐运司"自九月一日始，商人请领引目先照呈定盐税银数一律呈缴现金"。盐商对此深为不满，遂以"金融紧迫银价奇昂，商力实有难支"，呈请仍准缴纳一部分期帖，并以现金筹措为艰，"不得不少领引数"相要挟。长芦盐运使亦以"自停用期贴，出库引数益形短少"，呈请财政部仍准不欠官款之商"按盐税银数搭用期贴三成，仍分六个月作为三期归缴"③。甚至代理财政总长梁士诒也认为"此种欠税办法相沿已久，不易废除"。但由于时任国务总理熊希龄"对于此事之见地较为果敢明达"，先税后盐的政策遂率先于 10 月 1 日在长芦实行④。这一政策的实施，使原来习以为常的盐商欠税弊端彻底得以根除，保障了盐税款征收的及时、足额。"自此项政策采用后，遂逐渐推行于全国，对于盐税收入极有裨益也。"⑤

与先税后盐政策相辅而行的是就场征税制。实行先税后盐政策以前，盐商赴长芦各场购运盐斤时不必缴税，即可自汉沽、邓沽、塘沽等官坨将盐斤盘运至天津商坨和沧州商坨。盐商常常借机偷运私销。"塘汉邓三坨所发盐额核与天津商坨收存额数多不相符，盖所放之盐有不入商坨而迳运私销者，且商坨仓耗报告比

---

① 长芦盐运司批商人益照临禀还清赊引并赊新引，1912 年 7 月 12 日，长芦盐务档案 680—7—150。
② 纲总邹廷廉等呈长芦盐运司搭借期帖请折收银元，1913 年 4 月 4 日，长芦盐务档案 680—7—140。
③《长芦盐务公报》第 16 期，1913 年 11 月 16 日。
④ 财政部指令，第 906 号，1913 年 12 月 5 日，长芦盐务档案 680—7—768。
⑤ 丁恩改革中国盐务报告书，载林振翰编《中国盐政纪要》（下册），商务印书馆 1930 年版，第 14 页。

公坨特别加多，此足为坨私之明证。"① 当盐商由天津商坨将盐斤运赴销地时须先缴一部分税款，政府虽然"对于所运之盐纸片上之掣验颇属周密，惟并未设法禁止商人多运盐斤逾于其缴税之数"②。先税后盐政策实行后，明确规定"凡盐斤离坨须先完税方准放行"。与此同时，长芦稽核分所陆续向各场盐坨分派监秤员，专司监视收放盐斤，进一步严密了各坨的收放盐管理。盐商因为无利可图，1914 年"天津商坨两处乃自然消灭"，翌年沧州商坨也被饬令裁撤③。由于天津商坨裁废以后，原有塘、汉、邓三处盐坨均不敷容纳滩产，而滩盐散落堆置，无疑会增加走私偷漏现象。为了加强对滩盐的集中管理，1914—1918 年，长芦新、扩建完成了塘、汉、邓三处官坨，总面积达 3400 多万平方英尺，可存盐 1500 万担④。对于杜绝场私、滩私，保障税收起到了重要作用。

均一税率，划一包重

稽核总所洋会办丁恩认为，中国盐政的一个"极大缺点"，就是"所收之税课项繁多，税则亦不统一，碍难切实稽核"⑤。因此，盐务改革必须首先实行均税，简并税目，划一税率。1913 年 10 月，在丁恩的敦促下，财政总长熊希龄呈请大总统，"拟均一盐务税率，划定区域，分期推行"。呈文称："我国税法紊乱，以盐务为最甚，征收手续既甚繁难，科则名称又极复杂，遂致官商不肖因缘为奸，弊害业生，莫可究结。此种败坏之现状，虽由于盐法之未善，抑亦税制之不良，有以致之也。"⑥ 1913 年 12 月 24 日，北京政府以"大总统令"形式公布《盐税条例》，宣布在全国实行统一盐税。"中华民国产盐各地方均适用本条例之规定，但蒙古、青海、新疆、西藏等认为有特别情形之地方不在此限。"该条例将全国各盐产、销区大致划为两区，淮河以北为第一区，淮河以南第二区。"自民国三年一月一日为第一区施行期，四年一月一日为全国施行期，至盐法施行之日废止。"条例规定盐税每百斤 2 元 5 角，但 1915 年 1 月 1 日以前，第一区各地方每百斤先定为 2 元。"盐税就各产盐地方征收之……除依本条例征收外不得另以他种名目征税。"并划一课税衡量，"以司马秤十六两八钱为一斤，百斤为一

① 长芦沿革稿，1924 年，长芦盐务档案 680—22—3。
② 丁恩改革中国盐务报告书，载林振翰编《中国盐政纪要》（下册），第 116 页。
③ 长芦沿革稿，1924 年，长芦盐务档案 680—22—3。
④ 丁恩改革中国盐务报告书，载林振翰编《中国盐政纪要》（下册），第 147 页。
⑤ 同上书，第 20 页。
⑥《长芦盐务公报》，第 20 期，1914 年 1 月 1 日。

担，十六担合英权一吨"，同时条例还规定"本条规定施行之日期，如和该盐区内一部分或部分有必不得已之事实，得由盐运司申请展期，但须有充分之理由，并经财政总长之批准方可更改。每一地方不得展限二次"①。

按照《盐税条例》规定，长芦系属第一区，1915 年 1 月 1 日之前应执行盐每百斤 2 元之税。但在盐包重量等一些具体问题上，长芦盐运使与稽核系统产生了分歧。此前长芦盐税的课税衡量是引，商人按引纳课。有清一代，清政府为了增加盐税收入，往往加增盐商额定引目，同时为了"恤商"，额定引重之外常常伴有加斤之例。盐商更"以报效之多寡，得以自由请加耗斤"②。加斤、耗斤均免纳课税。及至晚清道光朝以后，课重价昂，私盐泛滥，官盐因此滞销，芦纲疲敝，积欠税课。为"恤商"起见，加斤、加耗愈加频繁，以致引重不断加增。加斤最多的一次是在道光二十八年即 1848 年，"每引加盐一百五十斤，所加之盐免其交课，不准分包捆运，仍令每斤减价京钱四文……仍交原引之课。有此一百五十斤之余利足资贴补，如此则商有余利，民食贱盐，引销易畅，官课自裕"③。因为各岸所加盐斤并不相同，以致各岸引重分歧不一。这也是造成各岸盐税负担畸重畸轻的原因之一。表 2 - 3 是清代至 1913 年历次盐引重量沿革。

表 2 - 3　　　　　　　　　长芦引盐重量沿革

年代 ＼ 引别	直引	京引	津引	豫引	备注
清顺治元年（1644）	225 斤	225 斤		225 斤	
康熙十六年（1677）	250 斤	250 斤		250 斤	京、直、豫各引加 25 斤
雍正元年（1723）	300 斤	300 斤		300 斤	京、直、豫各引加 50 斤
雍正十二年（1734）	310 斤	310 斤	310 斤	315 斤	直引加耗 10 斤，豫引加耗 15 斤

---

① 《长芦盐务公报》第 19 期，1914 年 1 月 1 日。
② 景本白：《一年来盐政改革之返顾》，载《盐政丛刊》，盐政杂志社 1932 年版，第 56 页。
③ 中华民国盐务署纂：《清盐法志》（长芦），第 5 册，盐务署 1920 年印行，第 10 页。

引别 年代	直引	京引	津引	豫引	备注
嘉庆十二年 （1807）	323 斤 11 两	323 斤 11 两	323 斤 11 两	328 斤 11 两	原 17 两 3 钱为 1 斤，改为 16 两为 1 斤，各引均加 13 斤
道光元年 （1821）	358 斤 11 两	358 斤 11 两	358 斤 11 两	363 斤 11 两	各引均加 35 斤
道光八年 （1828）	378 斤 11 两	378 斤 11 两	378 斤 11 两	383 斤 11 两	各引均加 20 斤
道光二十一年 （1841）	417 斤 7 两	417 斤 7 两	417 斤 7 两	422 斤 7 两	各引连卤耗均加 38 斤 12 两
道光二十八年 （1848）	567 斤 7 两	567 斤 7 两	417 斤 7 两	572 斤 7 两	各引均加 150 斤
光绪二十六年 （1900）	587 斤 7 两	587 斤 7 两	417 斤 7 两	572 斤 7 两	直引加耗 20 斤
光绪二十八年 （1902）	587 斤 7 两	587 斤 7 两	417 斤 7 两	592 斤 7 两	豫引加耗 20 斤
1913 年	602 斤 7 两	602 斤 7 两	424 斤 7 两	607 斤 7 两	京、直、豫每引加耗 15 斤，津引加耗 7 斤

资料来源：中华民国盐务署纂《清盐法志》（长芦），第 5 册，盐务署 1920 年印行，第 1—12 页；长芦盐运司函复盐务筹备处遵即查明新旧盐数暨盐税数目，1913 年 9 月 8 日，长芦盐务档案 680—7—794；长芦盐运司函复洋会办丁恩长芦引额并历次加耗情形，1913 年 7 月 16 日，长芦盐务档案 680—11—1142。

　　按照丁恩的提议，为便于搬运、点验起见，盐包重量无论直、豫、京、津、运道远近，应以 200 斤为一包，绳索、包皮在内。津引以两包即 400 斤一引，京引、直引、豫引以三包即 600 斤为一引。但长芦盐运使认为，商人 600 斤作包久成习惯，如改为 200 斤，"商人必因多用包索呈请加斤以抵包皮、绳索之重量……多加则有损税课，少加则难服商情"。坚持仍以 600 斤作包。同时还提出，永平七属向来不领引时并不纳税，只于每年包缴课银 15 万两，盐斤售价亦较别处为轻。"今如遵照新章收税，比较旧日包课所加几及两倍，民力实有未逮"，因此应另定办法①。可见，长芦盐运使完全是站在维护盐商利益的立场上的。

北京财政部最终采取了折中办法，将长芦各岸盐包均定为每包 400 斤，"所有卤耗加斤等名目一概取消，惟包索一项能否免除，由运司酌量办理"；永平七属按每百斤收税 1 元 5 角，一年后改收 2 元。其后，长芦盐运使又与稽核分所商定，每包盐 400 斤，外加席包绳索 10 斤；若以麻袋分筑两包合成 400 斤，外加包索 5 斤②。至此，长芦形成了实行《盐税条例》的具体办法。

　　1. 长芦盐税，永平七属每百斤收税 1 元 5 角，其余直、豫两省长芦行盐区域每百斤收税 2 元，自 1914 年 1 月 1 日实行。此外，初、二两次平价、津浦、洛潼铁路加价，豫省规复一文加价及津武口岸报效等款一概免除。

　　2. 盐包重量奉部核定，暂以 400 斤作为一包，不加卤耗。1914 年 1 月 1 日以前领引者仍照以前重量作包。

　　3. 每包盐 400 斤，外加席包绳索 10 斤。如果系以麻袋分筑两小包者，则另外加包索 5 斤。

　　4. 芦盐区域以内应认真查缉硝私，拿获硝私人犯奉部核准仍归照私盐旧例惩治。③

需要指出的是，上述办法所谓统一盐税后免除各款中有"津浦、洛潼铁路加价"，但事实上，早在 1913 年，因实行铁路国有政策，洛潼铁路公司解散，该铁路加价即应取消。而河南都督却以政费支绌为由，呈请北京政府批准，将洛潼铁路加价改名为"地方行政加价"，"仍照各纲原定税率，由各该机关抽收迳解财政司兑收，移作地方行政之用"。④

另外，长芦盐商向有盐商随引呈缴的商捐各款，"系商人自愿捐输，本与税课无涉"。"向系商捐商用，随引交存亘库，分春秋两关结算，发给纲总商人，

---

① 长芦盐运司呈财政部遵盐税条例筹议办法，1914 年 1 月，长芦盐务档案 680—7—631。
② 长芦盐运司呈请财政部芦岸官商行盐暂用旧票加盖戳记并仍暂用水程验单，载《长芦盐务公报》，第 24 期，1914 年 3 月 16 日。
③ 同上。
④ 河南都督兼民政长致长芦盐运司函，1913 年 4 月 30 日，长芦盐务档案 680—7—1067。

分别领用归垫。"因此,长芦实行《盐税条例》办法没有将其包括在内。转而长芦盐运使以"司库奉文裁撤,盐税归稽核分所征收",饬令芦纲酌量改定商捐各款,"责成纲总、纲催自行收捐,仍将捐数分春秋两关开单报司,分别拨用归垫"①。芦纲纲总遂将商捐各款进行归并、改定名称,详见表2-4。

表2-4　　　　　　　　　　商捐商用各款数目②

旧　称	改定名称	原捐数（银两）	改定捐数（银元）	岁捐总数	备　考
口岸汛工	津武口岸汛工	9厘	9厘	8100元	发给津武口岸商人具领。此款系由口岸汛工改定,京、津及大名、蓟六等岸仍照旧章免捐,其余各岸均归一律
缉费	东南口岸汛工	2分	1分5厘	13500元	京、津两岸仍照旧章免捐。此款系由归补缉费改定,专以拨补贴青静沧盐庆及大河口商巡缉费
滩盐公所经费	滩盐公所经费	5分	5分	45000元	发给芦纲公所具领
顺直安徽赈捐	赈济公捐	顺直赈捐1分 安徽赈捐5厘	2分5厘	22500元	此款系以顺直癸丑赈捐、安徽赈捐归并。用以归还库垫
说明	1. 商捐向收银两,因实行《盐税条例》,改收银元,表中各捐数是旧引600斤改为400斤后应之数; 2. 表内所列岁捐总数各款系按旧引600斤改定400斤作包,约计全年可销90万包之数核算				

---

① 纲总邹廷廉等呈覆长芦盐运司拟改定商捐各款名称银数,1914年3月14日,长芦盐务档案680—7—1166。

② 长芦盐运司总务科函送官运总局改定商捐各款数目表,1914年3月27日,长芦盐务档案680—7—1166。

均一税率被认为是民初盐务改革中最重要的措施之一。它既是进一步进行盐税改革，"破除此岸"的基础。"今欲为根本上之改革，必先破除引岸；而破除引岸，非取全国税率而均一之，则无以扫除千百年之积弊而树改革之基础。"也是统一全国盐政和实现人民税负公平的前提条件，"是国家行政之统一、人民纳税之公平，已略收改革之效矣"①。长芦盐税率实行均税后，虽然没有完全实现整齐划一，但已从根本上改变了各岸税负悬殊、畸重畸轻的状况。而且就《盐税条例》在全国整体上的实施情况来看，起初只有长芦和河东两盐区得以真正实行，其他盐区或托故展缓，或根本没有推行②。因此，长芦在均一税率方面无疑是走在了最前列。

废除耗斤、淹消之例

所谓耗斤，是由于"盐以液体酝酿而成，不能无耗"，无论入坨存储，还是运销途中船载、车运，势必有所损耗。清代盐务"即不准盐商加价，又不能使商人亏耗，故有耗斤之规定"。又因为耗斤免税，盐商视为利薮，"因报效而求加耗"③。至清末，食盐的每次加课或加价，"大都以加耗为酬商之具，不知加耗即所以增私"。而正耗之外，"商又藉口于运途风晒抛洒之说，更益以耗，而私益增"④。不但盐商如此，"即官运局亦以此为绝大财源"⑤。因为"耗斤"不断增加，清末时已达额定重量的30%多，民初多者已达40%⑥。芦盐系海水滩晒而成，"新出者卤耗甚重，积存愈久，则卤耗愈轻，是以商人向非历年积存之老盐不运"⑦。并且常借口卤重亏折，请加耗斤。其最后一次是在1913年7月。因为1912年两淮、皖北等处欠产，均来借运芦盐，以致长芦各场存盐筑运一空。芦商只得运当年新出之盐，遂以盐质嫩卤多，折耗过巨，呈请临时加耗20斤、永久加耗10斤。财政部以盐商所请未免过多，"漫无标准"，核准每引准加耗15

① 《长芦盐务公报》第20期，1914年1月1日。
② 景本白：《一年来盐政改革之返顾》，1915年2月，载《盐政丛刊》，盐政杂志社1932年版，第56页。
③ 同上书，第57页。
④ 林振翰：《盐政辞典》辰集，中洲古籍出版社1988年影印本，第95页。
⑤ 景本白：《一年来盐政改革之返顾》，载《盐政丛刊》，盐政杂志社1932年版，第56页。
⑥ 陈争平：《民国初年的盐务改革》，载《中国经济史研究》1994年增刊。
⑦ 长芦盐运司函复洋会办丁恩长芦引额并历次加耗情形，1913年7月16日，长芦盐务档案680—7—1142。

斤，商运、官运视同一律①，津引减半加耗 7 斤②。至于清末民初长芦的历次加耗，可于前文之"长芦引盐重量沿革表"见其大概。1913 年 10 月 30 日，丁恩坚决主张废除耗斤的规定。他认为，因为耗斤的缘故，盐包轻重大小不一，并且最易发生侵吞及舞弊情事，导致对于走私及放盐逾额各种弊端无从查禁，"无法在各盐场及盐坨施行妥善之秤放办法"。"此项办法与商人及盐店委员等甚有利益，而政府受其损失也。"因此，他主张，商人由场坨起运之盐，无论其将来损耗多少，均须由运盐人担负，并"按照放盐时查明之重量征税③。因为"无论何种货物均有折耗，而国家征税并不因其有耗而免税"④。在丁恩的坚持下，1914 年 2 月 7 日，财政部下令将耗斤正式取消⑤。

所谓淹消，是指盐商在用船只将引盐运赴销地途中，遭遇风浪沉没，损失盐斤，盐商得请照损失盐数补助，所有补助盐斤免纳税课。盐商往往利用这一规定，投机、捏报，骗取免税盐斤。"船既装船，将全引一船之盐分为三四船，遇有一船遭风失浅，即捏报全引淹消，将并未失事之二三船亦请补盐，既得照例免课。""是以一引而换数引，明目张胆之私也。"⑥ 丁恩认为，淹消装运给盐商投机舞弊、偷税漏税提供机会，有碍税收核实，坚决主张废除。1914 年 5 月 13 日，财政部下令，"自本年五月十日以后，如有淹消情事，不准再行补运，以清弊窦而重课款"⑦。

废除耗斤、淹消之例，等于堵截了长芦盐商重要的生财之路，因此遭到了长芦盐商的激烈反对和抵制。声称"加耗之案经久照行"，"今若一律取消，丝毫不加，全纲血本所关，碍难遵办"。并请援照旧案，北引每百斤加耗 3 斤，南引每百斤加耗 4 斤⑧。但未得批准。此后长芦盐商仍不断以种种借口或交换条件要求恢复旧例。

---

① 长芦盐运司通饬官运各局新盐加耗五斤应照余盐升秤之例酌提归公，1913 年 7 月 9 日，长芦盐务档案 680—12—207。

② 长芦盐运司函复盐务筹备处遵即查明新旧盐数暨盐税数目，1913 年 9 月 8 日，长芦盐务档案 680—7—794。

③ 丁恩改革中国盐务报告书，载林振翰编《中国盐政纪要》（下册），商务印书馆 1930 年版，第 37 页。

④ 景本白：《一年来盐政改革之返顾》，1915 年 2 月，载《盐政丛刊》，盐政杂志社 1932 年版，第 57 页。

⑤ 丁恩改革中国盐务报告书，载林振翰编《中国盐政纪要》（下册），第 37 页。

⑥ 林振翰：《盐政辞典》巳集，中洲古籍出版社 1988 年影印本，第 48 页。

⑦ 长芦运署榷运科函知官运总局奉部电令自本年五月十日以后淹消引盐不准再行补运，1914 年 5 月 15 日，长芦盐务档案 680—13—398。

⑧ 纲总邹廷廉等呈请长芦盐运司援照旧案引盐加耗另算包皮，1914 年 2 月 13 日，长芦盐务档案 680—7—631。

划定范围，严密手续

按照"善后借款合同"规定，借款本利偿还"以中国盐务收入之全数作为担保"，"中国政府承认即将指定为此项借款担保之中国盐税征收办法整顿改良，并用洋员以资襄助"。各产盐地方稽核分所华洋经协理"会同担负征收存储盐务收入之责任"，"监理引票之发给及征收各项费用及盐税"并造报总所。① 修订后的《盐务稽核总分所章程》进一步明确，"华洋经协理须会同监理发给引票或准单，准许纳税后运盐，以及在各稽核分所设立之处可征收一切盐税、盐课及各费并监督他处之征收上列各税各费"②。可见，稽核分所担负征收的"盐务收入"，即所谓"盐款"，既包括盐商按引呈缴的正税，也包括其他与盐税有关的"各费"。以1913年5月20日为界，"五月二十一日起实行稽核，归入银行专储，其在二十一日以前应收之款不在稽核范围之内"③。就长芦而言，实行《盐税条例》以前，盐务收入除了盐商随引呈缴的正税（1913年归并后的盐税）外，还有所谓杂款收入等。洋会办丁恩要求将其一并收入稽核范围之内，主张无论"直接、间接之款"，"总须责由分所按数细查，定其应否并入盐款，务使收支款项非经总所特许，不能另归他项"④。并迭次命令长芦稽核分所详细调查、呈报。至1913年12月，丁恩与盐务署长兼稽核总所总办张弧就长芦各项杂款收入的归属问题逐一议定了具体办法⑤。

根据上述办法，长芦各项杂款收入分为四类。一类是全部收入盐款，包括硝卤税、各省借运报效等。卤硝税自清末开始征收，分为官硝局余利和商人包缴课税。丁恩认为，官硝局经费"乃由盐税发给，则收进之款须拨入盐课款内"。商人包缴硝卤税，系指盐商孙兆义等包办宁河天津等处卤硝所缴课税，交由教育司拨充学费。1913年11月因该商拖欠税款，税务收归官办，以"接收官办之日为始，将所收卤硝税款拨归盐税，由稽核分所稽核造报"⑥。起初由各场知事负责征收，1915年10月以后实行场知事、稽核支所助理会同管理征收，税率为卤块

---

① 财政部函送长芦盐运司五国借款合同全份，1913年5月23日，长芦盐务档案680—7—673。
② 财政部训令，第281号，附"盐务稽核总分所章程"，1914年2月21日，长芦盐务档案680—7—1284。
③ 财政部电各运司等详细呈报不在稽核范围之盐款各数扫数解交部署，1914年5月9日，长芦盐务档案680—7—1164。
④ 稽核总所丁会办对于长芦盐务意见书，1913年长芦盐务档案680—22—1055。
⑤ 财政部指令，第906号，1913年12月5日，长芦盐务档案680—7—768。
⑥ 长芦运司呈复财政部另收另支办法清折，1913年12月27日，长芦盐务档案680—7—768。

每 800 斤税洋 9 元 5 角①，皮硝每担 7 角 2 分②。各局卡"每月所有收入税款除各局卡额定经费开支外，其余款项统行解送分所"③。各省借运芦盐，其应缴盐课向来由借运各省自行征收，长芦只征收借运报效，标准轻重不一。丁恩认为，"此项银两实系盐税之款"，应于 1914 年 1 月 1 日《盐税条例》实行之日始，每百斤征收 2 元。这样，"各商及各种盐引之竞争，其愈畅者，政府及人民之受益愈深。盖以商盐竞争可减盐价平贱，可广销流，而政府可多收课税矣"。1914 年 3 月、4 月以后，各省借运芦盐均按条例由长芦稽核分所征税 2 元④，不再征收借运报效。但当年 10 月以后，皖南、江西、湖南、湖北四处借运芦盐改为预先税款 1.5 元，剩余税款由各该岸榷运局于盐斤售出后征收⑤。

一类是部分划归盐款，包括初二次平价、豫省规复一文加价、轮驳余利、京引公柜余利、房、滩租、石堤生息等。由长芦运署征收后，将各项收入总数的五十二分之三十移拨盐款，由稽核分所稽核造报，五十二分之二十由长芦运署存储听候财政部拨用。剩余的五十二分之二可任由财政总长拨用。但实际上，剩余的五十二分之二也被拨归盐款⑥。其中，轮驳余利芦纲商人每年包缴 4 万两外，尚须每年摊缴本银 8000 两，归还运司署垫款。因为该轮驳系 1906 年由运司购买，垫付船价银 133240 两，是以每年收银 8000 两摊还该项船价，俟船价还清后应停止，与余利系属两事⑦。1914 年 1 月 1 日《盐税条例》实行后，初、二次平价及豫省规复一文加价被免除。

一类是不入盐款，亦不在稽核范围之内，包括收回借款、商人欠课及搭借期贴、灶课等。其中，收回借款一项，是指早年运库垫措各灶户修滩工本。商人欠课及搭借期帖一项，"先课后盐办法不致再有欠课之事"，但之前期帖则应以 1913 年 5 月 21 日为界，凡该日期以前盐商所欠税课及所用之期帖，收回后均呈报财政部听候拨用；该日期以后至 10 月 1 日之期帖收回款项拨归盐款。灶课一项，"即系灶地钱粮，计亩征收，与盐税有别"⑧，应循章征收报解财政部拨用。

最后一类是应革除款项，包括津武口岸报效、手数料等。其中，津武口岸报

---

① 盐务署饬，第 1079 号，1915 年 9 月 30 日，长芦盐务档案 680—7—1384。

② 长芦稽核分所致盐运使函，1916 年 3 月 1 日，长芦盐务档案 680—7—1542。

③ 长芦稽核分所致盐运使函，1915 年 11 月 16 日，长芦盐务档案 680—7—1384。

④ 长芦盐运司函稽核分所淮南引商运盐纳税办法，1914 年 4 月 18 日，长芦盐务档案 680—22—405。

⑤ 稽核总所电示长芦分所沿江四省借运办法，1914 年 10 月 6 日，长芦盐务档案 680—22—409。

⑥ 长芦稽核分所致盐运使函，1914 年 7 月 22 日，长芦盐务档案 680—7—768。

⑦ 长芦运司呈复财政部另收另支办法清折，1913 年 12 月 27 日，长芦盐务档案 680—7—768。

⑧ 同上。

效每年由津武口岸商人包交银4万两，向来拨充天津育婴堂经费。丁恩认为，该项报效银两实属于盐款，"孤儿院之需不应由盐款支出"。而且津武口岸商人"以作专享随意索取盐价之报效，并无裨益于孤儿院之事，实为欺骗政府"。如果革除盐商的这种专利权，"则盐价必减，天津人民之受益较之孤儿院之受益当胜多倍"。因此，应于1914年1月1日《盐税条例》实行之日起停止，按每百斤盐征收2元课税。"津武两处盐引之销流必将加增，而可补政府此四万两之失矣，人民用盐亦可购之以贱值矣，将来结果亦堪作革除引法利益之证据。"至于手数料，丁恩认为类似一种"厘金或私人之项"，应该严行革除。张弧认为，在掣验局尚未改组前，此款应照旧征收，待掣验局改组时再行停止。

以上全部或部分拨归盐款杂款收入，除《盐税条例》实行后被免除的初、二次平价，豫省规复一文加价，以及按条例改收盐税的借运报效外，其余各款收入以"杂款杂税"名目，由长芦稽核分所拨存中国长芦盐税款项下。洋会办丁恩在长芦各项杂款收入是否归属盐款范围问题上，之所以斤斤计较，不厌其烦，其目的就在于，尽可能地增加盐款收入额度，最大限度地保证中国偿还债务本息的能力，保障外国债权人的利益。

在划定盐款范围的同时，盐务稽核系统为了保证盐税及时足额征收，还采取措施进一步严密和完善了长芦盐税的征收手续。如前所述，1913年12月初，长芦盐运使将盐税征收事宜正式移交稽核分所。1914年2月，分所正式接管盐款账目，盐商缴纳税款改由分所直接征收，由中国银行派员来所兑收①。1914年3月初，长芦稽核分所将收税手续略加改定：仍以星期二、星期五为收税日期，并仍由中国银行派员来所兑收税款；原领引纳税四联单改为双联单，甲联存根，乙联交商换领引票；设立挂号簿，商人来所纳税时，应于前一日下午二时之前持芦纲公所报单来所挂号，以便分所缮备收税联单以及各种手续；收纳税款、给发联单时间限定为每星期二、五两日上午十时至下午二时；每次所收税款交由银行人员携回银行收账候拨②。长芦稽核分所还另外致函芦纲公所，声明革除以往盐税征收中的积弊陋习："查盐务向多陋规，积习相沿……现在芦盐引税由本分所直接征收，无非以利便商家为宗旨，凡现时兑收税项填发各单据，以及将来改归本分所发给引票等事，均于拟定钟点限内随到随发，毫无延搁。所有本分所承办人员

---

① 长芦稽核分所函芦纲公所改定完税手续希通知各商，1914年3月5日，长芦盐务档案680—22—886。

② 长芦运署总务科函官运总局录送稽核分所改订收税手续单，1914年3月9日，长芦盐务档案680—7—630。

固皆洁己奉公,廓清积习,即阍人工役亦经申诫谆谆,不准稍有需索情弊。嗣后倘有假借本分所名义效尤往事,诛求陋规,准由各商告发,以杜浇风,设有不肯破除情面理应与受同科……即希通告各商,但求正税是供,不必稍涉瞻徇之意。"① 此后,长芦稽核分所不断严密和完善收税放盐手续。

1914 年 3 月末,长芦稽核分所奉总所训令,自 4 月 1 日改用新的发盐准单,停用从前行用的运署旧式准单,规定"所有此项新准单上填写、签印以及发给各手续均由本分所办理"②。新的发盐准单最初分为两联,后又添设一联筑盐副单③,改为三联。"一为存根,一为准单(正单),一为副单。凡于商人缴税之后分所经协理可给以正单,副单寄交管理秤放盐员,存根留存分所备查。商人须将正单送交管理秤放盐员,与副单核对相符,则将准放之盐发放。每次实放之数,应切实分别填注于正副两单上备填之处,俟单上所载总数发完后,由放盐员将正单寄还分所查核,附于存根之上以备查考。副单则由各该放盐局注册存案。"④ 并将原来的筑盐请求书改为坨盐请筑书,拟定格式,"专供请盐之用"。该请筑书由芦纲公所印制,分为三联,甲联为请盐正书,乙联为换领准单证据,丙联为存根。"商人请筑盐斤,除星期外,余日应于上午十时至十二时先将请盐正书填送所核明书内事项,即由分所填备发盐准单,存候下午二时,商人持前项领单证据来所换给准单。"⑤ 运盐途中所需引票、护照、水程、验单⑥等单照则仍由运司发给,但"须送交分所签字方为有效"⑦。而且要求票照内所填内容必须齐全,

---

① 长芦稽核分所函芦纲公所分所办事廓清积习,1914 年 3 月 11 日,长芦盐务档案 680—22—886。

② 长芦稽核分所致盐运司函,1914 年 3 月 28 日,长芦盐务档案 680—7—630。

③ 长芦稽核分所通告改定准单式样添设筑盐副单,1914 年 9 月 7 日,长芦盐务档案 680—22—398。

④ 盐务署饬,第 1142 号,稽核总所修订收税单发盐准单运照三项办法,1915 年 10 月 12 日,长芦盐务档案 680—7—630。

⑤ 长芦稽核分所致芦纲公所函,1914 年 4 月 4 日,长芦盐务档案 680—22—397。

⑥ 引票。财政部颁发,由运司转交商人收执,每票一张只准运盐一引,引票随同盐斤直达销盐地点,交地方官查验,验讫截去一角,然后送交运司转缴财政部核销。护照。两联,一联运司存根,另一联发商人收执,以便将借运盐斤由轮船运至两淮等处,途中呈交海关查验盖印,俟盐斤运至销地,交地方官验讫送交运司核销。火车验票。司印发,三联,一联运司存根,其余两联均发给商人收执,以便将盐斤由铁路运至各岸,当盐斤到达掣验局时,将第二联验票交该局查验,验讫缴还运司,俟盐斤运至销地再将第三联验票呈交地方官查验,然后由该官送交运司核销。水程单。财政部颁发,司转发商人收执,盐斤由船运至销地时,将该单连同引票送地方衙门查验,查验相符,方准其售卖。盐斤售卖完毕,由官将引票、验单、水程单一并送还运司汇送财政部核销。验单。财政部颁发,经由司发给销盐处所之地方官收掌,俟商人运盐到县将验单与引票、水程单相核对,查验无误,即将验单连同引票、水程单缴还运司汇缴财政部核销。

⑦ 财政部训令,第 1075 号,1914 年 5 月 25 日,长芦盐务档案 680—7—630。

"所送引票应于票内将商名、引地暨年月日各戳记盖用齐全再行送所签字"①。盐商缴纳税款时仍然用银行支票，"征收盐税款项通用银行支票以为现银之代价，原所以便利商家"。但鉴于盐商所用支票"漫无区择"，1914 年 5 月 30 日，长芦稽核分所发出通知，"嗣后核收盐税惟收用中国银行、交通银行以及外国汇丰、道胜、正金、汇理、德华、华比等八家银行支票，其他行号支票概不收用"②。

1914 年 7 月初，盐务署颁发"运盐执照规则"，"专为运盐者（商人公司或官运局）遵照新章请运官盐领照护运而设，从前所用运盐票照即行废止"③。"其用途在沿途查验是否盐照相符，由本所（即长芦稽核分所）签字盖印，以杜私运。"④ 8 月 20 日以后，长芦行盐区域启用新式运盐执照，取代旧式引票、验单。据此，长芦稽核分所进一步完善了征税放盐手续。

商人备具领盐报单两联，以一联呈送运署，另一联呈送本所，假定是日为第一日，运署收到该报单，即照填运盐执照，于第三日送本所，商人亦同日将运署填给之凭单一纸一并呈送本所，本所于第四日将所收报单、凭单及运照查核无讹，登挂号簿，即填定收税联单，于第五日实行收税。由中国银行代表在收税联单上盖章证明，即日连同照盐执照送由经协理签字盖印，以联单之一联及运署所发凭单一并发交商人，于第五日或第六日签印放盐准单发给商人，同时并将该准单之副单寄交支所，以便核对备案。商人于领准单时，仍须将凭单带所呈验，同日并由运署填备车船票送所（此车船票每车或每船各用一张以备沿途查验）核对后由经协理签字会印，仍送还运署发给商人收执。商人持准单到坨筑讫，仍由场署将该准单按月汇缴来所。除星期及列假外，无论何日盐商皆可呈领准单，倘缴税系在第四日，则于同日即可领到准单，惟因运署发给车船票迟延，故盐商宁愿延至第五日缴税。⑤

"溯自分所开办以来，商人缴税即按该手续办理。缘长芦商人多系引商，曾

① 长芦盐运司饬纲总邹廷廉转令各商嗣后盖用引票戳记务须详慎，1914 年 6 月 8 日，长芦盐务档案 680—7—630。
② 长芦稽核分所致盐运司函，1914 年 5 月 30 日，长芦盐务档案 680—7—630。
③ 长芦盐运司函送稽核分所财政部盐务署运盐执照规则，1914 年 7 月 9 日，长芦盐务档案 680—22—398。
④ 长芦稽核分所函复盐运使不凭运盐执照收税理由，1915 年 6 月 19 日，长芦盐务档案 680—7—1376。
⑤ 长芦沿革稿，1924 年，长芦盐务档案 680—22—3。

在运署注册，其来所缴税者，是否确系引商，分所无从辨识，故必须根据上述手续，以昭慎重。"①

以下是长芦稽核分所收税放盐过程中所用各种单照及发给领用手续②。

由盐商呈送运署及分所的单照两种。

运盐报单。是为盐商报运之用。分为两种，一为芦纲公所所用，二为永平权运局所用。每逢星期三、星期六，直、豫两省盐商经由芦纲公所，永平七属盐商则经由永平权运局填具一份报单，载明运盐包数、运往地点及应纳盐税银数，呈送盐运司，并于星期一、星期四即纳税前一日，仍由芦纲公所暨永平权运局填具同样一份报单送交分所。

由长芦运署发给商人，但须长芦稽核分所会签方始有效的单照有五种。

运盐执照。用以取代旧式引票、验单，盐务署颁发。分为三联，"一存根，留司备查；二备核，送所备核；三执照，由运司填明运盐若干送分所签字后由分所交商收执"。该运盐执照先由盐务署就各联骑缝盖印，交由各该运司加盖印信编定字号。并须事先与分所协商规定有效期限，"由各该运司按行盐地方之远近酌量规定填入照内"③。每逢星期三、星期六，由运司于收到各商报单后将请领盐斤之包数、纳税银数填入执照内，于星期一、星期四，即纳税前一日送交分所签印。一联"存根"运署存留；二联"备核"分所留存；三联"执照"于星期二、星期五分所收到应纳税银后，交与运盐商人领执。商人将盐斤运抵单内指定地点后，须将执照交由地方官缴呈运司核销。

纳税凭单。由运司印发，两联。共有两种，新旧盐商各用一种，并由运司填入所发运盐执照号数。每逢星期三、星期六，运司收到运盐报单后，发给商人首联，以便商人于星期一、星期四即纳税前一日，先行持赴分所呈验一次，至纳税之日，仍须再行交分所二次呈验。

车运护票。用以取代旧式火车验票，由运司印发，两联。凡盐斤由火车装时，由运司将票之首联发给运盐商人，并将所发运盐执照号数、运盐总包数、由火车装运包数、运往地点均于票内载明。每星期三、星期六即纳税之次日，运司

---

① 长芦稽核分所呈复总所商人来所纳税以前各种手续，1921 年 2 月 4 日，长芦盐务档案 680—22—468。

② 以下"各种单照"内容，凡未经单独注释者，均根据"长芦稽核分所函呈总所收税及运盐各单据并发给领用各手续"，1914 年 11 月 7 日，长芦盐务档案 680—22—454。

③ 长芦盐运司函送稽核分所财政部盐务署运盐执照规则，1914 年 7 月 9 日，长芦盐务档案 680—22—398。

将该护票送交分所签印后，仍送回运署发给运盐商人。每次盐斤装车时或途中转装他车时，运盐商人须将该护票呈交坨务员或掣验局员签印。运抵指定地点后，须寄缴运司核销。

船运护票。用以取代旧式水程、验单，由运司印发，两联。凡盐斤由船装运时，由运司将护票之首联发给运盐商人，并将所发运盐执照号数、运盐总包数、由船装运包数、运盐船名、运往地点均于票内载明。每星期三、星期六即纳税之次日，运司将该护票送交分所签印后，仍送回运署发给运盐商人。每次盐斤装船时，运盐商人须将该护票呈交坨务员或掣验局员签印。运抵指定地点后，亦须寄缴运司核销。

由长芦稽核分所单独签发的单照两种。

税款收据。由分所印发，二联。作为"盐课或其他杂税已缴入收款银行之证据"①。收据内载明征收盐税银数、盐商姓名、运盐包数、运盐地点。每星期二、星期五收税完毕后，由分所及中国银行代表将收据一并签印，首联作为存根由分所留存，次联发给运盐商人转呈运司。

发盐准单。由分所印发，三联。"凡请放盐斤之人如期照额缴纳正杂课税暨分所收到收税单之后发给之凭单，即准管理坨栈各员将请领盐斤照数放行。"②单内详细载明运盐商人姓名、运盐包数、纳税银数、由何坨筑运、起运日期、运销地点各名目。每逢星期三、星期六即纳税之次日，分所将首联签印发给运盐商人，作为赴坨筑盐凭证，再由运盐商人呈交支所，与分所寄交支所之副单（第二联）核对；支所核对无误即于单内签拚，商人始可持赴坨务局筑盐。未设支所之处，则由分所将副单迳寄各该坨务局。其第三联存留分所，以备查考。③"每次所行盐数须细心向发盐准单内所填之数减除，俟发盐准单所列之数放完，则该准单应即注销，并由监理秤放盐斤之员缴回分所。"④

通过以上对于收税、放盐手续的严密与完善，长芦稽核分所不仅牢牢控制了长芦盐税的征收权，而且最大限度地防止了盐商偷漏税现象的发生。因此获得了

---

① 盐务署饬，第 226 号，稽核总所核定收税单、发盐准单及运照各节，1914 年 8 月 14 日，长芦盐务档案 680—7—630。

② 同上。

③ 长芦稽核分所函复盐运使不凭运盐执照收税理由，1915 年 6 月 19 日，长芦盐务档案 680—7—1376。

④ 盐务署饬，第 226 号，稽核总所核定收税单、发盐准单及运照各节，1914 年 8 月 14 日，长芦盐务档案 680—7—630。

稽核总所的认可和赏识。1914—1915 年，稽核总所以各地"现用之收税、发盐之各单据皆仍不甚妥惬，名词参差不齐致生误会"，要求各地查照"长芦所用之格式"更换①。

四　盐款管理的严密

在变革盐税征收制度的同时，按照"善后借款合同"和修订的盐务稽核总分所章程的相关规定，盐款管理也得到了逐步加强。

规范盐款收解程序

1913 年 11 月，五国银行团根据"善后借款合同"中的有关规定，拟定了收解盐款暂行章程。稽核总所经过与银行团往来协商、修改，至 1914 年 2 月，获双方同意施行。"但章程之格式迟至民国三年五月十六日始切实核定。"当时虽仍称为暂行章程，但此后并未再予修改②。按照该章程规定，"所收之税款总数，无论何项税课，如以现款缴纳之全税，预缴一半之场税，及以期票预缴之半税等项，均须交存中国政府之银行，而盐税净款（即由税收总数减去行政经费及盐巡经费等项）则应存于各团银行，以便偿还盐务担保之各债款"。盐款的收解分别由收款银行和解款银行担负完成。中国银行被指定为收款银行，"凡于征收盐款各区域中国银行如设有通常营业之分行或派出所，应暂以之为盐款收款银行"。其未设有中国银行分行的区域由交通银行代理收款银行。解款银行由各区域的某一团银行担任，"凡各区有一团银行或数团银行者，所有盐款净收之数应由收款银行移存稽核总所认定之解款银行"。收款银行移存盐款至解款银行时，应受分所经协理之指挥，"移存之款应逐交指定解款银行归入盐款账内，不得解往他银行或归入他项账内。该收款银行应逐日将所收盐款清单分别报告分所经协理及解款银行"。解款银行则应于每星期一将所收之款平均分别解交该处其他团银行，该团银行等"如未经咨照暂缓解，应速按公允之上海规元汇价将款平均分匀汇交上海团银行，归入中国政府盐款项下"③。

上述规定率先在长芦盐区实行并逐步完善。按照稽核总所的命令，长芦区域

---

① 盐务署饬，第 226 号，稽核总所核定收税单、发盐准单及运照各节，1914 年 8 月 14 日；盐务署饬，第 1142 号，稽核总所修订收税单发盐准单运照三项办法，1915 年 10 月 12 日，长芦盐务档案 680—7—630。

② 丁恩改革中国盐务报告书，载林振翰编《中国盐政纪要》（下册），商务印书馆 1930 年版，第 47 页。

③ 收解盐款暂行章程，1914 年，长芦盐务档案 680—22—180。

的盐款收解分别由天津中国银行（收款银行）和天津汇丰银行（解款银行）担负完成①。天津中国银行所存盐税款，除截留本区经费款项外，一经积至 5 万元之数，即用支票拨存于汇丰银行，登入中国政府盐税账内，同时并开具收据送交长芦稽核分所为凭②。但天津汇丰银行所存盐款不必按期汇解上海③。长芦稽核分所对于收解盐款手续均有严格程序，极为缜密。如由中国银行拨付汇丰银行款项时，每次先由杨主任与彭课员拟定应拨数目，送呈经协理认可；然后备具支单，送交严课员填写洋文；再交还杨主任，盖戳后转交彭课员，送呈经协理签字；再填簿送交徐课员填单，照例封缄后再填簿送交彭课员，专差送交汇丰银行核对；然后由彭课员送经协理阅看，并交杨主任验明，再交徐课员收存。每月月终核对银行往来账目时，对于汇丰银行每月结账手续，先由徐课员填具十八号格式并折据，送交汇丰银行收核对无误后，再送经协理及主任盖章，仍交徐课员保存。对于中国银行每月结账手续，则先由彭课员将十五号格式填列中文，交徐课员填列洋文后，再由彭课员送签。并将盐款经费各折随单送交中国银行核对无误后，呈送经协理及主任复阅。再将十五号格式单交徐课员，各折交彭课员分别收存④。同时，按照稽核总所要求，长芦稽核分所还将一切盐款收支详细账目逐月造送总所，以备核查⑤。

这样，从长芦盐税的征收，到盐款的存储，再到盐款的提用，就完全为外国人把持的稽核系统所掌控。此后，其他盐区也相继按照"收解盐款暂行章程"规范了盐款的收解程序。至此，以盐税的征收和管理为核心的中国盐政主权基本上落入外国人之手。这是近代中国继失去关税自主权之后，丧失的又一财政命脉。但是，盐款收解程序的规范化、制度化，从根本上改变了此前旧有盐税管理体制下"盐款收支，既无考核，又不统一"的混乱局面，是中国盐税管理体制向近代化迈出的重要一步。

严格盐务经费支出

早在 1913 年 8 月和 10 月，为防止由盐款账内滥支经费，稽核总所先后通饬

---

① 稽核总所致长芦分所函，1914 年，长芦盐务档案 680—22—180。
② 长芦沿革稿，1924 年，长芦盐务档案 680—22—3。
③ 丁恩改革中国盐务报告书，载林振翰编《中国盐政纪要》（下册），商务印书馆 1930 年版，第 50 页。
④ 长芦稽核分所核算单据及支发款项等手续，1917 年 6 月 3 日，长芦盐务档案 680—22—26。
⑤ 稽核总所通告详确账目宜及时编造齐全逐月呈送，1914 年 7 月 16 日，长芦盐务档案 680—22—307。

各分所：盐务各机关经常各费虽经载入预算但未经总会办核准，亦不得任意开支，否则所支之款应由个人负责；所有盐务机关每月额定开支，应编具俸给详表及办公费概算一并呈请总会办核准，一经核准，经协理即可按所准之数由盐款账内开支，而所支各款超过5元以上者均须出具单据为凭。"如查有妄费及未经核准而支之款，应由负责任之员司薪俸内扣除。"但其时由于各分所尚未接管盐款账目，故"仍应将支票送分所签字交由运司拨款"①。1914年2月，稽核总所通饬各分所正式接管盐款账目。同时，盐务署亦训令各运使向分所移交盐款账目。规定"所有各盐务机关之经费由分所从盐款账内签发"，此外"所余之款均须由分所解交各团银行"②。同月获准实施的"收解盐款暂行章程"，进一步对由盐款支出盐务机关经费作出了更为严格的规定：各区盐务机关及缉私队之俸给及办公等费，应由稽核总所总会办核准、规定数目；收款银行"应按所定数目每月由盐款项下在该银行另账移存，名曰某区盐款支出项下"；分所经协理向收款银行支领每月盐务经费时，只能以总会办规定的数目为限。如果由盐款账内提支数目超出总会办规定之数，则必须奉有总会办签字盖印之明令。同时更明确规定"收款银行不得由中国政府盐款账内提支款项作为别用，虽财政部饬拨盐款之令亦必经总会办签字盖印始得照支"③。

但以上办法施行之初，各地盐务机关并未认真执行，滥支公款之事屡屡发生，长芦等处运司"支出各款，有未经详署核而先行支出随后造报者，有虽详署或送分所而未俟本署及总所核复遽行垫支者"。为此，1915年2月初和9月初，盐务署先后通饬各运司"自本年一月起，除核定之司署经费外，凡饬临时发生之款非详署饬所核准者概不准先行支出，如违即责令该司自行赔偿"。"各省运署及所属各机关经费照章应由总会办核定始准动支，现查各该运使往往藉口预算即开支盐款……嗣后各该运使暨所辖各机关月支经费自应照章由稽核分所核定签发，不得再以预算为藉口以杜浮滥。"④ 长芦稽核分所也于1915年10月奉到总

---

① 稽核总所致各分所通函，1913年8月28日；稽核总所致各分所通函，1913年10月17日，长芦盐务档案680—7—1165。

② 丁恩改革中国盐务报告书，载林振翰编《中国盐政纪要》（下册），盐务专著下，商务印书馆1930年版，第34页。

③ 丁恩改革中国盐务报告书，载林振翰编《中国盐政纪要》（下册），盐务专著下，商务印书馆1930年版，第47—48页；收解盐款暂行章程，1914年，长芦盐务档案680—22—180。

④ 长芦盐运司饬各机关奉本署饬临时发生之款未奉核准者不准支出，1915年2月2日；盐务署饬，第985号，1915年9月9日，长芦盐务档案680—7—1468。

所函令，"长芦各盐务机关每月用款清摺内多有超过核准各该机关每月经费额数之事，此等办法应不准行。所有以前超过之数应由各该局所主管人员自行垫补"①。12月，稽核总所再度函饬长芦分所支发盐务经费办法：长芦盐务各机关员司薪俸于每月初先行支付，其经常公费及特别等费均按照总所核准数目，则于每月初先由盐款项下全数提出归入经费账内，待各机关用款账目送缴分所查核后，再按照实用数目支出，交由运使分别转发。如果并未全数支出，剩有余款，虽然并未于经费账内支出，也仍然登入用款清折及总清折内，作为各该机关结存之款②。此后，长芦稽核分所除严格遵照总所函示办法办理外，并不断加以改进和完善，使得长芦盐务经费支出日益严格、周密。这从分所核算单据及支发款项的手续中即可见其一斑：

> 运署每月送到各机关及硝卤税局账单，应先由收发员点明张数，于簿上注明收到日期后，交杨主任转发税务书记核算各项单据总细数目，并于簿上填明月日加盖戳记；杨主任再将簿记交孙课员查对原收据及发票与账单所列数目是否相符，签字盖章有无遗漏，印花是否照章粘贴，审查所支各款是否均经总所及分所核准，其核准日期号数是否相符，所支各款是否核实，亦于簿上填明月日签字；然后再由杨主任转交严课员登账，亦于簿上填明月日签字；再送彭课员转交王书记装订，于簿上填明月日签字；再送交彭课员转交严、孙课员，与三十三号格式核对填簿，再送杨主任转交收发员送运使签字；返回后送呈经协理签字，交彭课员转交王书记盖用印信、填簿，送彭课员转交收发员封寄。

> 各机关经常特别用费及坨工经费等支款，于核对手续完毕后，由彭、孙两课员将应支数目开单填簿，面交杨主任备具支单，交严课员填列洋文，送还杨主任，再交彭课员送呈经协理签字，仍由彭课员填簿分送。

> 凡运署或其他机关特别支款，系何日函请，分所系何日呈报总所，总所何日核准，分所何日通知运署及其他机关，以及何日支款，归入何月造报，

---

① 长芦稽核分所函盐运使各局月用款不准超过核准之数，1915年10月19日，长芦盐务档案680--7—1468。
② 长芦稽核分所呈报总所支付各机关经费现行手续，1917年2月21日，长芦盐务档案680—22—243。

来往公函日期一并逐日列簿，洋文由程课员管理，中文由彭课员管理。①

严格盐务机关经费支出，无疑有助于廓清此前盐务机关中普遍存在的铺张浪费，虚靡公款的积弊。但不得不说的是，盐务机关的正常运转，有赖于经费的支持和保障，盐务稽核系统完全操控盐务机关经费的支发，不啻扼住了长芦运署及其所属盐务行政机关的咽喉。盐务稽核系统借此得以插手和干预长芦盐务行政事宜，在机构设置、滩坨改革、缉私兵员增减等诸多问题上颐指气使，留难设障，而长芦的许多盐务行政举措，亦只有在征得稽核系统的同意后才得施行。这不能不对长芦盐务行政机关的办事效率造成一定的影响。

实行保证押款制度

为了防杜经管公款人员营私舞弊，贪污侵蚀公款，1914 年 6—12 月，北京政府财政部暨盐务署曾先后颁发"掌司公款人员征缴保证金条例"（6 月 11 日）、"掌司公款人员征缴保证金施行细则"（10 月 25 日）、"盐务署直辖盐务各机关缴纳保证金额章程"（12 月 3 日），就在盐务署直辖务机关范围内实施保证金制度的人员、金额等作出规定。1915 年 11 月，为进一步加强税收过程中的税款管理，防止收税人员滥用、亏短或截留盐款，稽核总所又核定颁发了"收税员及场官兼收税员开具保结办法"：

1. 凡分所所任之收税员均须开具适当之保结，由殷实商人担保（盐商除外），或由妥实之银行担保（代理收税之银行除外）。

2. 运使所派之场官及代理收税官，仍可由其照旧委派，但一经派委概不得任意遣调撤换，遇有遣调更动时，事前应由运使商明分所，并由分所将该收税员所负税款之各项职务款项妥完了结后方可实行。

3. 运使所派兼理收税之场官亦须照分所所派之收税官办法开具适当保结，由分所收存。

4. 收税官暨代理收税员之各场官除准将确需开销核准之办公费截留外，不得在局内或个人手中积存余款，所收税款必须遵饬妥速汇解，违者即行撤差或送官究办。各收税官应将每日所收款数、存款方法、汇解数目暨截留公费数目，按期详报，分所妥慎核对。

---

① 长芦稽核分所核算单据及支发款项等手续，1917 年 6 月 3 日，长芦盐务档案 680—22—26。

5. 各收税官倘因不遵分所饬令致损失税款，应由该收税官等担任赔偿。

6. 分所属员有过，经协理亦不能辞咎。①

　　在长芦盐区，收税人员除开具保结外，并可采取押款办法。"收税人员应取具保结或押款，定章甚严，急应实行。"施行过程中，长芦稽核分所直属收税人员均能照章办理。但由运使委派的收税人员，如各场区硝卤局、鱼盐局课员等，则必须经由运使转饬实行。其保结或押款数目，最初长芦稽核分所规定"应以各该员经手税银全年收入最多之月份为准"②。但稽核总所认为，保证保结或押款数目必须与各该收税人员经收税款多寡为衡量，"均应责令缴具相当之保结或押款。譬如寨上总局局长可定为一千元，而其他各局局长则定为五百元"③。长芦盐运使以押款过巨、难觅妥实商家作保等理由一再拖延。在分所的再三催促下，长芦盐运使又提出"各场知事会同议定各分局收税员用连环互保法，总局课员由各该场知事出具保结，担负完全责任"的办法，但遭到稽核总所的断然拒绝，"收税员互具保结之办法，设遇有滥用公款情事，实难责令互保之人悉数赔偿，故决然不能照准"。但考虑到"各员司皆非富足之人，且每月所得薪资甚微，只可供其赡家之用，实无余资可以缴纳保证金，若令其觅有妥实商家作保，亦属非易"。"若或因无保证金之故令其销差，而后来者复非富足之人，以每月二十二元之薪俸，先付巨数保证金，其谁有此力量，况各局卡皆近海滨，地苦差微，必至无人肯就此事。"为使该项措施尽快落实，稽核总所最后做出了一些让步，"所有此项保结仍须由殷实铺户或可靠商人签押，如各分局果能将所收税款于五日内或最迟十日内解交总局一次，则结内所保之款可减至二百元，其不甚重要之各局并可减至一百元。至于寨上暨塘沽等处各收税总局课员，每人最少亦须缴具五百元之妥实保结"。并强调必须"遵照每旬将所收税款解交分所之办法办理"④。此后，长芦运署所属收税人员才陆续出具保结或押款。收税人员保证押

---

　　① 盐务署饬，第 1295 号，稽核总所核定收税员及场官兼收税员开具保结办法，1915 年 11 月 11 日，680—7—1472。

　　② 长芦稽核分所函盐运使收税人员应取具保结或押款请转饬各场滩坨务员鱼盐局课员照办，1916 年 10 月 7 日，长芦盐务档案 680—7—167。

　　③ 长芦稽核分所函盐运使收税人员应取具保结或押款之办法，1916 年 12 月 15 日，长芦盐务档案 680—7—167。

　　④ 长芦稽核分所函盐运使收税人员保结仍须按照总所函示办理，1917 年 5 月 23 日，长芦盐务档案 680—7—167。

款制度的实施，进一步从盐税的征收环节上加强对盐款的保护。

第三节　民初两阶段改革之比较

　　民初张弧等人有针对性地对长芦盐税的初步整顿与改革，有助于克服清末以来长芦盐税体制中存在的某些弊病，在一定程度上改变了原来盐税收支管理上的混乱状态，其在制度建设上进行的一些有益的尝试，应当说起到了一定的积极作用，对于以后的盐税改革也具有一定的借鉴意义。特别是"划一盐税，折收银元"的实行，对于"收支一律，为将来统一盐税之基，且对于中国银行足以推行纸币之效"①。但也应该看到，张弧等人对民初长芦盐税的整顿与改革，自始至终是在北京政府的操控下进行的。所有的改革措施均经呈请财政部核准，或者是按照财政部的指示实施的，不折不扣地贯彻了北京政府急欲借整顿盐务之机统一全国盐政，将盐税收支控制权收归中央的意图。改革的措施也主要局限于加强对长芦盐税的收支管理上，这是这一阶段长芦盐税改革的最大特点。同时，改革的主要目的是对长芦原有盐税体制补苴罅漏，对于这一体制的根基——专商引岸制，则丝毫没有触动。相反的，因为北京政府与盐商之间存在着千丝万缕的利益关系，"上自大总统，下迄胥役缉私勇弁，莫不以盐商为外府，徇私枉法，罔民渔利"②。在保障盐税收入不受到损害的情况下，长芦盐商的既得利益得到了最大限度的维护，改革因此也获得了盐商的配合和支持。而这也正是民初北京政府整顿盐务的计划和思路。民国初年，在北京政府欲以盐税作担保举借外债，并以此为目的整理盐务的同时，一些盐务改革家痛心于盐务积弊、担心国家盐政权因外债担保问题旁落外人，相继提出了自己的一些盐务改革计划。其中尤以张謇、景本白在《全国盐政改革计划书》中提出的就场官专卖计划最为完备，影响最大。其要旨在于"定盐为民制官收，商运民卖之政策"，破除专商引岸制，以政府垄断取代专商垄断，作为以后实行就场征税、完全贸易自由的前期过渡③。这一计划当然遭到了各地盐商的群起反对，"长芦、两淮、浙江、广东诸盐商，皆

---

①　长芦盐运司呈财政部拟划一盐税折收银元，1913 年 3 月 5 日长芦盐务档案 680—7—633。

②　王仲：《袁世凯统治时期的盐务和盐务改革》，《近代史研究》1987 年第 4 期。

③　景本白：《盐务革命史》，南京京华印书馆 1929 年版，第 9—10 页。

麇集京师，朝夕奔走于部员及政客之门，以冀达保全私利之目的"①。而且，当时担任财政总长的周学熙也从根本上反对这一计划，竭力维护旧盐商的既得利益。他在旧盐商的支持下炮制了一份《财政部改革盐务计划书》，虽然也以就场官专卖相标榜，但实际上两者有着本质的区别。"张氏之计划，欲实行就场官专卖，定盐为民制官收，商运民卖之政策。财政部之计划，欲借就场官专卖之名，行完全商专卖之实，定盐为民制商收，商运商卖之政策。前者以国家为前提，以国家为专卖之主体，商运不过营业之一部分。后者以商人为前提，以商人为专卖之主体，国家不过居监督地位。"② 民初张弧等人对长芦盐税的整顿与改革就是在财政部的这一计划指导下进行的。也正是因为如此，改革也就不可能触及长芦盐税体制的根基，也不可能使长芦盐税的收支状况从根本上得到改变。当然，北京政府通过对长芦盐税的初步整顿与改革，基本实现了对于长芦盐税收支管理权的控制，有助增加了政府的盐税收入，在一定程度上缓和了政府的财政困难。

外国人主导下的长芦盐税改革，则无论在广度上、深度上都明显超过了北京政府主导下的改革。外国人对于"襄助"中国政府改良整顿盐税征收办法的动机表白得很是露骨："第一，使中国政府能够在有效率、现代化的基础上改革行政管理，偿还大量现欠的债务，同时树立起中国的威信。第二，在于保障各国和欧洲投资人的利益。"③ 而为了达到这样的目的，就必须革除中国旧有盐税体制某些痼疾。也正是因此，外国人主导下长芦盐税改革取得了一些较有实质性的成果，对于旧有盐税体制造成了一定程度的冲击和突破。

首先，在完善长芦盐务稽核系统和严密收税放盐手续的过程中，引入了西方近代化的税收稽核制度，这种制度化设计和制度化安排克服了长芦旧有盐税管理体制的紊乱和失范，在很大程度上保证了盐税征收、稽核机构及其办事人员的廉洁和高效率，对于长芦盐务管理乃至中国盐务管理的近代化客观上起到了一定的促进作用。只是由于受到了来自盐务行政系统的掣肘和干扰，未能即时完全得以发挥。如"因长芦商人多属引商，按照历年习惯，先到运署投递报单，由运署填缮凭单暨运盐执照及车船护票，送所签字，方始缴纳税款，由分所发给准单"④。"按总所通令，发盐准单正单应由商人持交验放或秤放员，俟盐斤放竣即由验放

① 《盐政杂志》1912 年第 1 期。
② 贾士毅：《民国财政经济问题今昔观》，台北正中书局 1970 年第 3 版，第 25—26 页。
③ 转引自丁长清主编《中国盐业史》（近代当代编），人民出版社 1997 年版，第 8 页。
④ 长芦分所呈复总所分所改为每日收税各详情，1921 年 10 月 5 日，长芦盐务档案 680—22—924。

或秤放员呈缴分所注销。而长芦办法系由坨务员扣留，俟月终由场知事转送分所核销。"[1] 这种办法"徒费手续并延时日，于公于商均有损而无益"[2]。此后，虽经长芦稽核分所将收税时间由星期二、五两日改为每日办公时间[3]，并要求改良收税办法，"拟请嗣后商人领运盐斤，改令先到分所投报、纳税，领取准单，无须等候运署发给执照及车船票"，"商人投递报单之日，分所即可随时收税，填发准单，不至须延时日"。[4] 并商请长芦盐运使同意，但遭到盐运使以混淆盐务稽核和行政权限为辞的拒绝。直到1925年5月，盐务署才批准长芦稽核分所的请求，将收税办法改为盐商请运盐斤时应向分所及运署同时呈报，并直接向中国银行缴纳税款[5]。但是，不可否认的是，长芦盐税改革过程中，西方近代化的税收稽核制度的引入，对于长芦盐务管理乃至中国盐务管理的近代化客观上起到了一定的促进作用。

其次，先税后盐，就场征税及均一税率，划一引重等政策、措施的实行，对于根除长芦旧有盐税体制相沿已久的痼疾，无疑具有非常重要的作用。先盐后税，就场征税政策的实施，从根本上解决了盐商积欠税款的弊病，堵塞了盐商偷运、私售无税盐斤的漏洞，有利于保障盐税收入的稳定与增长。而废除耗斤、淹消旧例也有助于杜绝盐商夹带私盐，偷税逃税。至于统一税率及划一引重措施的实行，则在此前归并盐税的基础上进一步改变了长芦盐税税目设置繁杂的状况，简化和便利了盐税的征收与管理工作，并基本上扭转了各岸税率畸重畸轻，实现了税负的相对公平。而且改革从就场征税，统一税则入手，也正是为以后废除"引法"所做准备工作，是"根本改革中之第一步"。"此策果能实行，则引界不打自破，商包不革自除，节省无数之机关，增加巨大之岁入。"因为"减课、冲销、融销、借配、倒灌诸弊，均盐商避重就轻，恃税则之不同以贩私而病国者"。唯其如此，"欲改革盐政，必先破除引地，欲破除引地，必先均一盐税，此固稍知盐政所知也"[6]。而且，长芦的盐税改革的一些改革举措对于全国的盐税改革起到了模板、示范作用。如就场征税、废除耗斤等措施，就是首先在长芦付诸实

---

① 长芦稽核分所函商运使改良收税手续之意见，1924年12月18日，长芦盐务档案680—7—630。
② 长芦稽核分所函盐运使分所每日收税手续，1921年9月22日，长芦盐务档案680—7—630。
③ 同上。
④ 长芦分所呈复总所分所改为每日收税各详情，1921年10月5日，长芦盐务档案680—22—924。
⑤ 盐务署训令，第692号，照准长芦分所改良收税办法，1925年5月15日，长芦盐务档案680—7—630。
⑥ 景本白：《盐政问题商榷书》，载《盐政丛刊》，盐政杂志社1932年版，第23页。

施，然后推及其他盐区的。虽然这些变化还只是处于中国盐税体制根本改革的起步阶段，并且在某些方面以后还有所反复，但毕竟已经在旧有盐税体制的堡垒上打开了一个缺口。

再次，改革使长芦的盐税收入获得了快速增长。1913 年 1 月 1 日至 5 月 20 日，长芦盐税收入共计银 510276.816 两，银元 805177.3 元，5 月 21 日至年终收入共计 4107661.73 元，全年收入合计银元 5678254.254 元①。而 1914 年全年收入合计银元 12698910.98 元②，1915 年、1916 年的收入也分别达到了 12675254.96 元、12668920.28 元③。即改革后的长芦盐税年收入是改革前的两倍还多。而这也正是五国银行团和北京政府所期望的结果。因为"盐税征收管理方面的改革是从属于增加中央财政收入这一主要目标的，是当时中央政府加强对地方各省的控制，集中财权的一个重要步骤。从中直接受益的是外国银行团和北洋政府"④。当然，1914 年后长芦盐税收入的增长，并不排除受到其间税率调整带来的影响，但由改革实效带来的收入增加是毋庸置疑的。

上述改革实绩的取得，是以付出中国盐政主权为惨重代价的。长芦盐税改革从最初的规划，到每一个政策、措施的出台，再到具体实施，都是在外国人把持的盐务稽核总所的主持下进行的，改革首先体现和要保障的是外国银行团及债权人的利益。当然，虽然外国人把持的盐务稽核系统在改革中占据了主导地位，但大多数改革举措的贯彻实施，需要通过北京政府的财政部、盐务署命令地方盐务行政长官付诸执行。在这一过程中，双方既有"合作"，也有冲突和争执。就稽核总所洋会办丁恩而言，他的首要目标是通过主导改革，控制中国的盐税权，同时迅速增加盐税收入，最大限度地保障外国"债权人"利益。当改革中遇到阻碍时，大多数情况下，他可以凭借外国银行团的强力支持，对北京政府施压、恫吓，迫其就范。而就北京政府而言，对于外国人的改革举措并非完全言听计从，毫无保留地"合作"。一方面，将盐税权拱手让出，并听由其主导盐税改革，并非北京政府心甘情愿。其先是赶在"善后借款合同"签订之前制定盐务稽核造报所章程、细则，对洋员权限予以限制，继而平行设置盐务行政、稽核两大系

---

① 长芦盐运司呈送财政部二年分盐税各款数目，1914 年 4 月 3 日，长芦盐务档案 680—7—1164。

② 民国三年份盐税收入拨存一览表，长芦盐务档案 680—22—180。

③ 长芦稽核分所呈送总所民国四年、五两年运销收支比较表，1917 年 1 月 9 日，长芦盐务档案 680—22—907。

④ 李涵等：《缪秋杰与民国盐务》，中国科学技术出版社 1990 年版，第 8—11 页。

统，使之互相牵制，实际改革中的在盐税权移交等问题上的敷衍推诿等，使是明证。但是另一方面，由于一则受制于"善后借款合同"之明文及外国银行团之要挟，有势不得已之处；二则还抱有借改革之机将盐税权收归中央，增加中央财政收入的企图，因此，北京政府对于外国人主导的盐税改革不得不勉强予以支持与"合作"。特别是在"见地较为果敢明达"的熊希龄、张弧主持盐政时，这种"合作"关系显得较为融洽。然而，随着改革的深入，由于改革所引发的复杂的利益冲突，以及北京政府内部的人事变动等原因，双方的冲突与争执不可避免地增多并趋于尖锐化，最突出的例子就是双方在长芦"引法"存废问题上的较量和反复。这将在以后的章节中详细论及。

第三章　官与商的博弈

　　盐税与主要的纳税人——盐商的利益息息相关。盐商为维护自身的既得利益，实现利润的最大化，极力规避因为盐税改革、税率调整、时局动荡以及由此引起市场变化带来的影响和冲击，并由此不可避免地造成了与官方在利益上的矛盾。盐商与官方的博弈自始至终贯穿于盐税改革、征收及分配的全过程，时而激化，时而缓和，既有矛盾和冲突，也有妥协与交换。这里的"官"既是指北京政府时期的军阀政权，也包括代表外国银行团及外国债权人利益的稽核总所，它们对于盐商的诉求，各自从自身利益出发，权衡得失，态度各异，反应不尽一致，使得官与商之间围绕着盐税问题的博弈复杂而微妙。历来论盐务、盐税者大都注目于盐政主权之得失，制度之变迁，税收之盈绌以及盐税对于中央和地方之关系，而于上述之官商博弈较少涉及。笔者谨就长芦盐税改革中官与商的利益博弈略加论析，从中或可窥见其一斑。

第一节　盐价的增与减

　　盐税率的增减关系政府税收之盈绌，盐价的高低则关乎盐商获利之多寡。因为盐税包含于盐的售价之内，二者出于常理必然是此消彼长，此得彼失的利益冲突关系。但清代长芦盐斤加税必加售价，"前清时每因筹款加税，所加者皆出之于民"[1]。"期间或因筹款而加科则，或因恤商而增卖价，以及兵燹灾祲随时补救，莫不于裕课之中兼寓恤商之意。"[2] 政府和盐商各有所得，两均受益，彼此相安。而且盐官与盐商勾串，沆瀣一气，彼此"互惠互利"，盐官得盐商之贿金

---

[1] 纲总邹廉等禀长芦盐运使承办官运引岸增加税率声叙承认及应行规定各情形，1915 年 9 月 13 日，长芦盐务档案 680—7—1415。

[2] 通纲商人晋和源等呈请长芦盐运司变通盐价，1913 年 9 月 12 日，长芦盐务档案 680—7—1063。

报效，假公济私，中饱私囊；盐商得任意增加卖价，掺杂短秤，获取厚利。"盐商从无控官之案……盐官每多袒商之词。结习沈秘，令人匪夷所思。向来查办亦止得其形似，而庐山面目固未许人相见也。故欲兴利，不过得此而失彼，虽欲除弊，半多名去而实留。"①进入北京政府时期，一方面政府财政困窘，为增加盐税收入而加增税率；另一方面长芦盐商因课负加重，获利减少而求加增盐价。然而，把持中国盐税权的盐务稽核总所认为，长芦盐价已属高昂，如果再行加增盐价，势必妨碍官销，减少税收。而且长芦盐商垄断专卖，为获取暴利，还往往擅自加价出售。因此，长芦盐价非但不能加增，反而亟应减轻，以促官销而广税收。矛盾冲突由此自然而生。

一　盐价改售洋码案

所谓"盐价改售洋码"，是指改变盐商出售盐斤时的价码本位。芦盐运销一直实行专商引岸制，盐商挟资本认岸承运，代官专卖，代收课税，从中获利。盐商售盐价实际由应纳盐税、运盐成本和利润三部分组成。但是，盐商售盐价并非随行就市，视市场供求变化而涨落，而向来实行"官为定价"。其目的一是禁止盐商任意抬高售价，损害广大食户的利益，并限制其利润空间；二是防止盐商随意降低售价，冲销邻岸，维护其他引岸专商利益。"商虽出货，实则为国服务，既系代官专卖，故须官为定价，不得自由增价以病闾阎，亦不得自由减价以冲邻岸。"盐斤定价系以制钱为本位，"按诸筑运成本，道路远近，定为卖价等差"。然而，盐税规定以银两为本位，盐商缴纳税款时必须以钱易银，"盈亏专属于商"②。银、钱比价的变动势必影响盐商的获利空间。自清初至清末，随着盐税的不断加重清，政府曾经数次改定芦盐售价。其最后一次是在清光绪末年，清政府应芦纲商人之请，按照当时银、钱比价重新厘定各岸盐价。而之后金融市场上银价日涨，钱价日跌，加之"各省又搜索现银，改造洋元，现银日少，银价日昂"，至1912年和1913年，银、钱比价已由清末的银1两兑换制钱1100文，猛涨到了银1两兑换制钱1500—1800文。"商人卖钱交银，是卖价依然而买银则大减"③，盐商的售盐利润无形受损减少。因此，清末最后几年至民国初年，长芦

---

① 王守基：《长芦盐法议略》，载沈云龙主编《近代中国史料丛刊》（续编），第88辑，《皇朝政典类纂》，台湾文海出版社1983年版，第41—42页。
② 通纲商人晋和源等呈请长芦盐运司变通盐价，1913年9月12日，长芦盐务档案680—7—1063。
③ 同上。

盐商迭次以卖钱亏折，赔累不堪为由，奔走呼号，吁请政府准予加增盐价，或依据市场上钱盘变化随时改定盐价。"视钱盘之长落定卖价之大小"，"钱盘长则盐价与之俱长，钱盘落则盐价与之俱落"。与此同时，长芦盐商还提出了另外一个解决办法，即将盐价改售洋码，"先由长芦各岸试行币制之法，改用银元，无银元者则以制钱、铜元折合"①。"盐课用银是以银为本位，则卖价当然卖银，庶免出入互异之悬殊"，"除改用洋码，别无善策"。② 也就是要求将盐价由原来按制钱计算，改为按银元计算，其实质与要求加增盐价并无二致。

长芦盐商在力请盐价改售洋码时，除痛陈因银贵钱贱、卖钱交银导致商情困苦之外，还每多以"欲保课税必先维持盐商"③ 为辞，将盐商利益得失与国家利益联系起来，颇多冠冕堂皇之语。"以长芦完全无缺引岸，一朝倾坏，不惟商等身家难保，而国家岁入数百万饷源亦恐摇动。且五国借款担任保息，关系尤巨。""凡百物无不倍蓰于曩，独于日食不满三钱之盐价限令不准增加，而银价又无法禁其飞涨，在国家一方面规定银数丝毫不容轻减（盐课），而食户一方面执有官定卖价不容增加，是国法紊乱银价飞涨无害于普通商民而独制盐商之死命。商等亦国民一分子……仰恳垂怜亟筹调剂之法，以期商民两得其平，则国家饷源微特不致摇动，或冀日有增加。"④ 因为北京政权成立之初，政局未稳，北京政府害怕盐价骤然改售洋码，会引起民怨，激发风潮，加之盐价改售洋码只是增加长芦盐商的利润空间，而于增加政府盐税收入并无实际裨益，所以长芦盐商的请求没有获得北京政府的积极回应。财政部只以"币制未定，各处元法参差，在银价最高地方或不免稍有偏枯，若迳改用洋厘亦多流弊"⑤，饬交长芦盐运司核议相敷衍。

但长芦盐商并未放弃争取盐价改售洋码的努力。1913 年年底至 1914 年年初，《盐税条例》的颁布实施前后，长芦盐商借机"坚称交税用银元，则售价不应仍以制钱为本位"，吁请"按照售盐原价，改为洋盘"。同时许诺"各商并愿每年酌筹公捐三十四万元，以十万元交河南，二十四万交直隶行政公署，补助地方行政经费"。津岸商人"亦愿另捐三万六千元作为育婴堂经费"⑥。并获得了长芦盐

---

① 通纲商人晋和源等呈请长芦盐运司变通盐价，1913 年 9 月 12 日，长芦盐务档案 680—7—1063。
② 通纲商人晋和源等呈长芦盐运司续陈纲商亏累卖盐请改用洋码，1913 年 9 月，长芦盐务档案 680—7—1063。
③ 纲总商人邹廷廉等呈请长芦盐运司厘定科则保持国税，1913 年 3 月，长芦盐务档案 680—7—633。
④ 通纲商人晋和源等呈请长芦盐运司变通盐价，1913 年 9 月 12 日，长芦盐务档案 680—7—1063。
⑤ 财政部指令，第 1050 号，1913 年 9 月 9 日，长芦盐务档案 680—7—1063。
⑥ 长芦盐运司遵盐税条例筹议办法，1914 年 1 月，长芦盐务档案 680—7—631。

运使的支持。长芦盐运使在给财政部的呈文中称，盐商交课用银，卖盐用钱，近年银贵钱贱，亏赔甚巨，所以应准商人改售洋码之请，"芦盐售价除京津两处已用洋盘应仍旧外，其余各处一律厘定售价，改用银元，若以制钱铜元及小银元买盐，悉照各处市价折收"①。但主持改革的洋员丁恩认为长芦盐斤售价已属过高，坚决反对以改售洋码为名变相加增盐价。长芦稽核分所也担心因此影响新税则的实行，"且足以鼓励私盐，而中国盐税由此而受危险"②。因此，北京政府不敢遽行核准长芦盐商的盐价改售洋码之请，遂以盐价改用银元迹"类加价"，给予批驳③。长芦盐商的努力遂再次搁浅。不过，随后不久因为长芦盐税率的调整，长芦盐商争取盐价改售洋码的努力最终得以实现。

　　1914 年 8 月第一次世界大战爆发后，西方列强倾力于欧战，对华资本输出锐减，北京政府赖以维持的外债来源几近断绝，财政因此更形困难。为了增加财政收入，1914 年 9 月初，盐务署署长兼稽核总所总办张弧提议提前实行《盐税条例》规定的均税计划，将盐税率由每担 2 元增至 2 元 5 角。同时，为了换取长芦盐商对于加税的支持，张弧主动向长芦盐商示好，极力主张"一面将条例所定明年实行……提前加收，一面将售盐价码一律改以银元为本位"④。"譬如直省盐价从前系每斤制钱四十文者，嗣后应改为大洋四分，而豫省从前系每斤五十文者，嗣后应改为大洋四分九厘。"⑤ 长芦稽核分所和北京稽核总所虽然赞成加税之议，但前提是必须"将所增之税全数或多数加于引商"⑥。对于盐价改售洋码则心存疑虑，不以为然。认为虽然银价腾涨，但盐商获利仍然丰厚，实行加税后，所加之税不过 20%，而盐价改售洋码实际等于加价 30%，两者相抵，盐商额外又获厚利。而且因为长芦各岸钱法紊杂，银元尚未一律通行，普通食户零买盐斤多使用制钱或铜元。改售洋码后，商人零售盐斤固然可以按照银元价码，折合收受制钱或铜元，但"必随意将折合大洋价格私行规定，藉以渔利"⑦，结果势必助长

---

① 长芦盐运司遵盐税条例筹议办法，1914 年 1 月，长芦盐务档案 680—7—631。
② 长芦稽核分所呈报总所盐商拟请加价运司因此入都，1914 年 1 月 14 日，长芦盐务档案 680—22—470。
③ 财政部指令，第 259 号，1914 年 1 月 24 日，长芦盐务档案 680—7—631。
④ 稽核总所函长芦分所抄示总办关于盐税改革意见，1914 年 9 月 12 日，长芦盐务档案 680—22—886。
⑤ 丁恩改革中国盐务报告书，载林振翰编《中国盐政纪要》（下册），商务印书馆 1930 年版，第 129 页。
⑥ 稽核总所致长芦分所函，1914 年 9 月 23 日，长芦盐务档案 680—22—470。
⑦ 丁恩改革中国盐务报告书，载林振翰编《中国盐政纪要》（下册），商务印书馆 1930 年版，第 130 页。

走私贩私，妨碍官盐销售，影响盐税收入。为了打消稽核系统方面的疑虑，张弧提出，可由各地邮政局每天按照市场行情规定上银、钱折合价目，规定商人售盐必须以此为标准，借以防止商人作弊。同时还同意稽核方面可派人前往直、豫各岸盐店调查上述规定的执行情况。长芦盐价改售洋码之案遂得稽核总所"勉强赞成"，并于1914年11月11日实施①。

以批准长芦盐价改售洋码为交换，北京政府还借机私下向长芦盐商索要所谓"改售洋码报效"。声称，长芦盐价改售洋码后，无疑会给长芦盐商带来巨大的利润空间，"商困固可稍纾而核其成本余利较有把握"，长芦盐商也应该体恤国家财政困难，"酌提报效以济要需"。"事关另收盐款，不入洋员稽核范围。"长芦盐商心领神会，欣然应允"改售洋码以后情愿报效银七十万元"。具体办法是，1914年当年先缴10万元，其余60万元在以后五年内缴清，平均每年12万元，自1915年1月起每月缴1万元②。"凡在长芦范围以内者，分别利益轻重公平摊派，由纲总、总催承收汇总按月交纳。"③ 因为此项报效款项属于北京政府与长芦盐商的私下交易，"不入洋员稽核范围"，所以，北京政府无须经过稽核总所的批准即可任意支用。

清代，在专商引岸制度下，"商领引于官，官收税于商，官省征收之费，民忘课税之迹，而商亦得转嫁焉，绝无所担负"④。因此，论盐税必谈盐价，谈盐价必论盐税。盐税是盐价的一部分，包含于盐价之内，官与商的利益休戚相关。虽然官与商在利益分配问题上存在着矛盾和冲突，但通过各种"互惠互利"的途径总能暂时找到双方利益的平衡点，实现双方的利益均衡。民初长芦盐税改革中实行的就场征税，先盐后税等措施对旧体制造成了一定的冲击，却未从根本上动摇专商引岸制的根基。盐价改售洋码案不过是长芦官与商的利益在因为"银贵钱贱"失去平衡后又一次通过交换寻求平衡罢了。

二 核减盐价之议

有清一代，频繁的加税增课是政府增加盐税收入的不二法门，而为"恤商""保商"，维护专商利益，加税同时必加增盐价。就长芦而论，"长芦盐价向有例

---

① 丁恩改革中国盐务报告书，载林振翰编《中国盐政纪要》（下册），商务印书馆1930年版，第130页。
② 盐务署密饬，第469号，1914年11月20日，长芦盐务档案680—7—1357。
③ 长芦盐运司饬催纲商缴解改售洋码案报效，1914年11月，长芦盐务档案680—7—1357。
④ 贾士毅：《民国财政史》（上、下），商务印书馆1917年版，第527页。

价，其后叠次加增，或因银贵商累，或因河工兵饷，有由特旨优加者，有由部院
奏请者，前则出于恤商，后则纳税于售价之中，盖兼有课税性质"①。盐价因之
节节攀升。清末民初，长芦各岸盐价与清初相比不啻天壤之别，其增加最多者竟
达数十倍之多。此外，盐商更挟专卖之权，于出售盐斤时擅行增加卖价，盐价因
之愈加高昂。以天津盐价为例，清初官定价格每斤仅为 2 文半，至清末已加至 34
文。盐商私自增加卖价后每斤索价竟达 48 文，而这还是盐商给零售店家的批发
价。至于零售店家售卖给普通食户时，则更增至 55—65 文不等，并且往往克扣
斤秤，掺和沙土。其他长芦引岸亦然。如清末时，北京官盐价每斤 44 文，盐商
批发零售店家时索价 58 文。"可见专卖苛刻，到处皆然。"② 1914 年北京政府提
前加增盐税率并将盐价改售洋码后，长芦盐价又复实际暴加 30%。表3-1是长芦
天津等六处引岸自清初至民初改售洋码后官定盐价的对比。

表 3-1   天津等六处引岸自清初至民初官定盐价比较

岸别	清户部则例所载额定盐价	嘉庆九年（1804）盐法志所载盐价	光绪二十八年（1902）经七次加价后盐价	宣统三年（1911）经两次平价、两次加价后盐价	改售银元以前售价	1914 年 11 月改售银元后盐价
天津	2 文半	2 文半	15 文半	34 文	4 枚 8 分	4 分
沧县	7 文	13 文	27 文	32 文	32 文	4 分
盐山	6 文	12 文	26 文	32 文	32 文	4 分
故城	8 文半	14 文半	28 文半	42 文	42 文	4 分 2 厘
南皮	9 文	15 文	29 文	42 文	42 文	4 分 2 厘
大城	8 文半	14 文半	28 文半	42 文	42 文	4 分 2 厘

资料来源：长芦冀岸各县盐价变更经纬表，1935 年，长芦盐务档案 680—22—1277。

洋会办丁恩认为长芦盐价"实属太昂"，尤其对加税必加卖价的做法深不以
为然。他认为，加增盐税率固然可以增加盐税收入，但如果为增加盐税收入一味
加增盐税率，则其结果反而会适得其反。因为盐税越重，盐价越昂，而普通食户

① 中华民国盐务署纂：《清盐法志》（长芦），第 5 册，盐务署 1920 年印行，第 51 页。
② 长芦冀岸各县盐价变更经纬表，1935 年，长芦盐务档案 680—22—1277；稽核总所丁会办对于长芦
盐务意见书，1913 年，长芦盐务档案 680—22—1055。

多属贫困家庭，无力购食高价官盐。这样一来，无异于鼓励民间制私食私，助长私盐、土盐泛滥，倾销官盐，影响政府盐税收入。只有平抑盐价，使普通食户愿食乐食官盐，才能拓广官盐销路，增加销额，盐税收入自然随之增加，是"不必加税而收入自增"。以往屡禁不止的私盐、土盐，亦可因制私贩私无利可图不禁自绝。因此，1915年7月，丁恩建议将长芦盐区直、豫两省盐价"一律每斤减洋码一分"①。

核减盐价意味着售盐利润的减少，自然遭到长芦盐商的强烈反对。他们叫苦连天，坚称"洋贵税增，售价只敷成本开支，实难少减"。其理由仍然是近数年来钱价日落银价日高，盐商售盐收钱，纳税用银，已经赔累不堪。"去岁骤增盐税，商益告不支，割股剜肉，势难久活。"万不得已才吁请盐价改售洋码，"原为加税弥亏"。而政府之所以批准盐价改售洋码，是因为盐商税负加重之故，"一面既加商人之负担，即一面不得不减商人之赔累"，"否则商且先毙，税将奚出"。"自改洋码以来，商力仅纾喘息。政府布令必求其平，固不可重价病民，亦不宜勒价困商。此令（核减盐价）果行皆将歇业"，"贻误国税民食"。② 同时四处活动，寻求支持。

长芦盐商坚决反对核减盐价的态度，首先得到了长芦盐运使的"同情"和支持。他随声附和盐商说辞，替盐商鸣冤叫屈，明确反对核减盐价。"改售洋码，行甫数月，人民相安，商情稍苏喘息，无端忽减，群情惶惧。""商人营业必有应得正利，然后人肯从事，不仅盐业一端。""反是，无论行何种政策，决无甘于持本而来充商之理。"③ 而北京政府刚刚以盐价改售洋码及巨额"改售洋码报效"为交换条件，取得了长芦盐商对于盐斤加税的支持，对长芦盐商亦多有袒护之词。加之时任北京政府财政部总长的周学熙"素以保存旧制为目的"，竭力维护专商利益，核减长芦盐价之议遂不了了之。

盐作为一日不可或缺的生活日用必需品，其价格之高低直接关乎民食民生。长芦盐价实行"官为定价"，其原旨当不无限制盐商任意高抬盐价，以致影响民食之意。历来长芦盐务之整顿改革也无不以兼顾"国税民食"相标榜，即使长芦盐商在各种请辞中亦把"国税民食"挂在嘴边。但实际上，官出于财政支出

---

① 盐务署密饬，第770号，1915年7月30日，长芦盐务档案680—7—1357。

② 纲总邹廷廉等禀复长芦盐运司芦盐平砝及售价码难核减，1915年8月11日，长芦盐务档案680—7—1357。

③ 长芦盐运使密详盐务署查复芦盐平砝及洋码售价码难核减，1915年8月11日，长芦盐务档案680—7—1357。

之需要，商出于高额利润之追求，彼此相互利用，盐税增税与盐价加价如影随形，官与商实际上结成了一个利益共同体。而盐税日重，盐价日高，恶性循环，所谓"民食"则早被抛至脑后，置之不理。清代如是，民初亦然。洋员丁恩提议核减长芦盐价，固然有有利于改善长芦盐区的"民食"，但他的真正目的并不在此。他最关心的是如何进一步促进盐销，增加盐税收入，更好地维护外国债权人在华权益，核减盐价只不过是达到这一目的的手段而已。

第二节　引制的存与废

清代长芦盐务弊窦丛生，相沿成习，其中尤以专商引岸制最为人所诟病。民国初年朝野上下改革盐务之议勃兴，大凡论及盐务积弊，"莫不疾首蹙额于引制之苛烈，而归咎于盐商"。关于盐税与专商引岸制之关系，民初盐务专家景本白曾有如下精辟论述：

> 今之谈盐政者，莫不疾首蹙额于引制之苛烈，而归咎于盐商，固也。然盐商亦齐民耳，何以有此权力，能割十七省（惟甘肃、新疆及东三省无引商）之州县为彼汤沐邑，驱四兆之人民为彼纳税。俯自明以下，垂三百年，始终维持其特权而不坏，知必为之盾者，其盾维何？包办是已。盖有清一代，政府绝不知有理财二字，惟将中央政费，令各省摊派，至于各省盈亏及如何筹款，中央绝不过问，无论何种岁入，皆取包办政策。盐税亦不能逃此例外。故中国自来无盐政无盐法，惟知有盐税。所谓盐税者，亦非全国之盐税，而为各地方之盐税。……中央政府既不知有统一二字，惟知搜刮盐利供其挥霍，势不能不责成各省以包办，各省督抚更不知国家为何物，惟知省自为利，各顾其私，势不得不令盐商以包办，一转移间，省自为利者，变为人自为利。迨至人自为利，则分割既多范围，范围愈狭，引界不得不加严，人民所受之苦痛亦不得不加酷矣。其始也，中央以盐政大权归各省，各省以盐政授商人，其继也。①

---

① 景本白：《论盐政之不可分》，载《盐政丛刊》，盐政杂志社1932年版，第67页。

可见，专商引岸制不过是封建专制统治下的税收管理体制的一个产物，是封建主义财政管理思想的体现。其实质就是专商包税制，即盐商以包税为代价从封建政府那里获取盐专卖的特权。表面上税出于商，而实际上"税出于民而纳之于官，不过假手商人"。而且"商领引于官，官收税于商，官省征收之费，民忘课税之迹，而商亦得转嫁焉"①。

盐务稽核总所成立后，洋会办丁恩洞悉其弊，并做过如下深刻剖析。他说："凡善办盐务者，于政府及人民两方面皆同一注重。因如果盐斤运售愈多，其价愈贱，则销数愈增，而政府收入亦必愈巨。此所谓互相为因，互相为果也。"而专商引岸制恰恰与此相反。"凡专商若筑运少数盐斤而按高价出售者，则其所获之利较诸筑运多数盐斤而按廉价出售者为丰。因筑运之数少则所需收盐运盐之费本自可较省，而完纳官税亦不必多。"然而，中国官绅却以为"对于运盐事宜非加以取缔干预不可"，"与其与多数之人交手办事、商订条件，则莫如与一公司与个人之为易"。专商因是而生。而且专商为垄断营业，牟取暴利，每每贿赂官府，使为包庇。"如值政府财政窘急之秋，则以毁家纾难、爱国情殷为词，报效款项，政府必乐而受之。于是遂藉此要求准将盐斤加价，政府情不可却，每予照准。故长芦及其他引岸之专商得将批发盐价继续增加不已者，皆赖此伎俩也。""且盐价既经官定，则不悉有人与之竞争。"其结果，民食、国税俱受极大之影响②。因此，丁恩极力主张废除引制，取消专商，改行自由贸易。"欲思整顿，亟宜废引法。"③ 1914 年年初，当《盐税条例》颁布实施和长芦盐税改革取得初步成效之际，丁恩提议首先在长芦废除专商引岸制度，然后推及全国，"以达上裨国计，下益民生之目的，并使税收畅旺，远胜前数"④。长芦引制存废之争由是而起。

一　引岸的有限开放

废除长芦引制之议一经提出，长芦盐商大为恐慌。1914 年 3 月 27 日天津《大公报》刊出一则"长芦盐商声明"，"语气排外"，言辞极为激烈：

---

① 贾士毅：《民国财政史》（上、下），商务印书馆 1917 年版，第 527 页。
② 丁恩改革中国盐务报告书，载林振翰编《中国盐政纪要》（下册），商务印书馆 1930 年版，第 121 页。
③ 稽核总所丁会办对于长芦盐务意见书，1913 年，长芦盐务档案 680—22—1055。
④ 丁恩改革中国盐务报告书，载林振翰编《中国盐政纪要》（下册），商务印书馆 1930 年版，第 121 页。

昨阅各报载有盐务收归国有问题，芦商公举代表王少莲等在运署会议讨论并无反对之意，只论索还引价云云。代表等阅之殊为骇诧，请局外诸同胞试为我代表深思之。此何事也，果如各报所载，非特芦商生命财产全行丧失，且首先服从既甘作俑尤，将受全国同业之詈，天下后世将以芦商为何如人？芦商代表虽智识浅陋，当不至丧心病狂，至此已极。缘此事发生于洋稽核兼盐务顾问英人丁恩君条陈破除引岸改为自由贩卖，政府惧失利权拒未采纳，而吾国续借大借款，因即停滞。现在政府情急势迫，故有此议。代表等窃以各国处心积虑垂涎我国盐利匪伊朝夕，乘我国称贷危急之秋，要挟破除引岸始肯借款，是司马昭之心路人皆知，名虽改归国有，实则以全国盐利从此尽随东西洋潮流而不返矣。表面虽曰自由贩卖，试思引岸破除以后，倘有外人大资本家雇用中国人出名作一网打尽之举，以我国人之财力能力，能与外人争衡乎？无论芦商事关切肤，即以国民一分子亦应以死力抗争，故二次会议要求李司长率同代表等晋京直接盐务署，痛陈种种危害，期保我民国利权，庶中华国民不致步印度埃及之后尘，实四万万同胞之幸也。谨恐阅报诸君或有误会，用特登报表明以供众觉。①

洋会办丁恩当然不会坐视不理，立即要求北京政府财政部对长芦盐商的言行严词驳正。作为回应，财政部训令长芦运司转饬长芦盐商"限三日内迅速登报更正并谢失言之罪，否则即将列名纲商一体斥革"。长芦盐商虽然遵令登报更正声明，但极力辩称此举实为情不得已，不得不"急口辩白"，矢口否认"排外"。并借机重申反对废除引制之坚决态度，"诚以我国盐法准许商人认岸运销作为世产，与各国盐法经过之历史恐不相同，盖各国极重保商，因整顿国家之税项而夺商人之生产，揆之情理当必不然"。"应仰恳司长呈明财政部幸勿破除引岸以保商业而重民生。"② 可谓不卑不亢，绵里藏针。

除登报声明表明"心迹"以博取舆论的同情和支持外，长芦盐商还专门筹集巨款，四出运动。他们奔走于京津之间，一面暗地里买通一些报刊及旧官僚、

---

① 财政部训令，第 627 号，1914 年 4 月 3 日，长芦盐务档案 680—7—1291。
② 长芦通纲代表邹廷廉等呈长芦盐运使公议登报更正情形，1914 年 4 月，长芦盐务档案 680—7—1291。

旧政客等为其张目造势；一面"进谒当道诸公"①，不惜用重金进行贿赂，其中仅对张弧一人就曾秘密贿赂了一百万②。同时还径行上呈财政部及大总统袁世凯，强烈要求取消废除引制之议。盐商的活动取得了显著效果。1914 年 6 月 2 日，大总统袁世凯授意专门就长芦引制存废问题在总统府召开财政会议，袁世凯亲自出席，"谓此事不宜采用激烈手段"。会议商决长芦引制改革采取"渐进主义"，首先将直、豫官运 74 县引岸自当年 7 月 1 日起一律开放自由贸易，其余引岸渐次进行，每年用掣签之法开放十处。"如此办理，则应废之赔偿金可以延长数年给发，而商人之反对自可逐渐消灭。"各开放引岸贩盐商人名额定为 3000 名或 3500 名，由盐务署审查发给贩盐特许证券，但应"先尽旧商及其子侄伙友承领"，准其照章纳税购盐自由运销开放各引岸。鉴于反对势力之强大，丁恩不得不勉强同意，但在贩盐特许商人名额问题上坚持以 3500 名为准，因为"竞争之人愈多，则政府与人民所得之利愈大"③。据此，盐务署于 6 月 18 日发布饬令，宣布"直、豫两岸及口北各官运七十四县营自七月一日起开放"④。"上以国税为前提，下以舆情为向背，而商人生计亦为并顾兼筹……所有盐价只准较定数低廉，不准较定数增贵。"⑤

可见，长芦引岸的有限开放是长芦盐商、北京政府和稽核所方面互相斗争、相互妥协的结果，专商引岸制之根深蒂固，长芦盐商势力之盘根错节及其运动能力和影响力之强大，由此可得窥见其一斑。而且，按照原定方案，发给特许贩盐证券的商人应为 3500 名，但事实上，盐务署于当年 7 月和 9 月先后分四批共发出 950 名⑥，之后便戛然而止，再无继续发放。更具有讽刺意义的是，盐务署署长兼稽核总所总办张弧随后即以开放为名，组织长利公司，包办开放引岸盐销，名为公司，实则由盐务署拨发成本。之后不久，又结引重要人物⑦变而为同春号。该公司并不直接运盐，而是与大多数长芦专商一样，将引岸转包给各散商，

---

① 京引总催王观保禀请长芦盐运司划清官商引岸界限，1914 年 7 月 2 日，长芦盐务档案 680—7—1291。

② 参见李鹏图等《长芦盐务五十年之回顾》，载《文史资料选辑》44 辑，文史资料出版社 1964 年版。

③ 丁恩改革中国盐务报告书，载林振翰编《中国盐政纪要》（下册），商务印书馆 1930 年版，第 127 页。

④ 盐务署饬，第 80 号，1914 年 6 月 18 日，长芦盐务档案 680—7—1389。

⑤ 直、豫官运 74 县引岸开放自由贸易告示，1914 年 6 月，长芦盐务档案 680—7—1389。

⑥ 稽核总所函长芦分所抄录审查合格商人发给特许证书名单，1914 年 7 月 21 日、7 月 29 日、9 月 14 日、9 月 30 日，长芦盐务档案 680—22—452。

⑦ 指王郅隆、徐树铮、段芝贵、倪嗣冲等人。

除每年酌拨余利 40 万元①，用以偿还前大清银行旧欠、发给各业商租金外，每年坐享余利达百万元之巨。"与长芦引商之性质并无差别，其所差者，不过长利公司之营业较大而已。"② 因此，所谓开放引岸，也只是徒具虚名，与专商引岸并无二致。无怪乎时人直斥之为"假改革""假革命"。

二 开放计划的搁浅与最终失败

按照 1914 年 6 月 2 日总统府财政会议及盐务署与稽核总所会办丁恩议定的方案，继开放上述直、豫官运 74 县引岸之后，其余商岸应采用"渐进主义"，每年开放十处。具体办法是，"即照掣签之法，由运使将商办各处岸名各缮一签，于每年年终掣签一次，每次共掣十县，凡掣出之处即行开放，一切均照官运开放引岸办理"③。据此，1914 年 12 月，盐务署令行长芦盐运使召集众商实行第一次掣签，"四年一月一日即应开放商岸十处"。长芦盐商没有采取正面对抗，而是采用阳奉阴违，请求从缓掣签，多方拖延的策略，"观望因循，于贩盐证书则延不具领，于掣签开放则请免执行"。同时提出种种疑虑，借词敷衍，声称"开放引岸关系命产之存亡"。"开放后请领请证书能否作为有价证券，是否定额外永远不准加增，并已领证书永远有效"，"将来利权倘有损失，政府如何赔偿亦未规定明确，似此仓猝之间掣签开放，诚恐激动风潮，反于官商全体引岸有碍"。④进而长芦盐商又以"以证书票面所载各条与从前旧案不甚相符"为由，提出种种苛刻条件，要求盐务署承担，即：（1）所发特许贩盐证书定为有价证券，原定名额不再增加；（2）各商资格均由资本得来，所领证书载明一年一换，必须由盐务署声明每年永按照原名换给；（3）将来若有意外变动，证书失去效力，应准商人交还证书，由政府给予相当赔偿⑤。虽经盐务署严厉驳斥，几次勒限施行，并威胁"若再逾限不遵，即由本署迳行掣签开放十岸，如有合格新商领有证

---

① 长利号禀长芦盐运使与各商订定契约办理各县售盐事务，1915 年 5 月 14 日，长芦盐务档案 680—7—1389。

② 丁恩改革中国盐务报告书，载林振翰编《中国盐政纪要》（下册），商务印书馆 1930 年版，第 62 页。

③ 盐务署饬长芦盐运司所有商办引岸仿照官运继续开放每年照掣签之法开放十处，1914 年 12 月 18 日，长芦盐务档案 680—8—14。

④ 纲总邹廷廉等禀长芦盐运司每年开放十岸暂请从缓，1913 年 12 月 29 日，长芦盐务档案 680—8—14。

⑤ 纲总邹廷廉等禀长芦盐运司开放引岸请领证书含有危险谨陈疑虑，1914 年 1 月 14 日，长芦盐务档案 680—8—14。

书者即准前往承办"①，但均终归于无果。掣签日期因此不得不一拖再拖，迟至翌年 2 月亦未得施行。

在此期间，长芦盐运使明显站到了盐商一边，以"本使莅任伊始，于芦纲商况未尽洞悉，有不便过于操切之处"② 为借口，对盐务署饬令推诿、搪塞，不肯实力推行。同时还极力为盐商辩护、开脱，俨然与盐商异口同声。"此举在商人视为命产存亡，在公家尤为税课盈缩所关"；官运引岸开放半年来，成效未著，盐商们"实未深知利益之所在，今若遽以商岸一律开放，全纲恐慌，诚恐于运销转多阻滞。""众商对于掣签办法尚非有意违抗。"对于掣签开放商岸，亦多危言耸听之词，主张变通从缓。"与其强迫执行，设或激动风潮，于芦纲前途发生险象，国税收入或短亏，不若稍缓时日，徐俟该商等渐知省悟，再为变通。"长芦盐运使甚至还毫不掩饰地提出，"开放商岸本由稽核总所丁顾问提议，现在丁顾问尚未迫促进行，该商等既有此种种疑虑，似可从缓权议，藉恤商艰，俟将来丁顾问催促进行，再行体察情形酌量办理"③。其对于开放引岸之消极态度溢于言表。而继续开放引岸计划亦无形搁浅。

1915 年 3 月，周学熙接任财政总长。周氏"素以保存旧制为目的，主张官运或专商承运办法，所有自辛亥革命以来业经改为自由运销之地，亦拟设法规复旧制"④。当年 6 月，周氏参劾主张改革的盐务署署长张弧，指斥他"平素博弈，败坏盐政"。并列举三事以为佐证。其中二事为"组织长利公司盘剥渔利"及"长芦盐价改易洋码加重民食"。张弧亦因此去职。继而"并无破坏引商权利之意的"龚心湛出任盐务署长兼稽核总所总办，重新评议长芦引岸开放计划⑤。其结果，不仅继续开放商岸之计划取消，即原来名义上开放之 61 县引岸⑥亦复改归商办。撤销同春号承办权，责成芦纲商人公共承办。同时为使前大清银行旧欠归还有着，"直、豫两岸通纲税率每百斤加银元二角五分，共为二元七角五分，

① 盐务署批，1914 年 1 月 11 日，长芦盐务档案 680—8—14。
② 长芦盐运使详盐务署开放引岸拟请变通办法暂缓掣签，1914 年 12 月 29 日，长芦盐务档案 680—8—14。
③ 长芦盐运使密详盐务署开放商岸仍难遵限掣签拟从缓执行，1914 年 2 月 6 日，长芦盐务档案 680—8—14。
④ 丁恩改革中国盐务报告书，载林振翰编《中国盐政纪要》（下册），商务印书馆 1930 年版，第 61 页。
⑤ 同上书，第 61—62、134—136 页。
⑥ 1914 年 7 月开放的 74 县引岸中，口北 13 县向食蒙盐，自开放自由贸易后，即由宣利公司禀请包办承运。参见"委员唐光霁等呈长芦盐运使调查口北盐务情形"，1921 年 4 月 29 日，长芦盐务档案 680—8—634。

归入盐款项下列收，其大清银行旧欠应即另拟分年摊偿数目，于盐款内拨还"①。据此，芦纲公所召集众商议定了收回开放各岸办法和手续：1.收回开放各岸作为通纲永久共有公产，由芦纲公所主办运销；2.所有长芦引岸行盐普通加税一元；所有芦商认定每年应交实业银行股本80万元，即由公所以收回引岸营业余利代交，不再向各商摊派；5年后公所应将实业银行股本四百万元之股票按额引分配各商作为个人私产，61县引岸以后每年营业余利按引分配各商；各岸现商中其身家殷实、营业稳健者，情愿继续接办，准其运销，以本年阴历年终为限，限满如有不妥，由公所收加自办；芦纲旧商有愿接办者先尽芦纲旧商接办②。9月13日，芦纲公所在呈明接办61县引岸运务定名"芦纲公运"，即日开运的同时，还就直、豫两岸通纲税率加税1元向盐务署提出附加交换条件："芦商公共承运因而每包加税一元，自应与六十一县引岸并案永远连带以补加税之亏"；"部、署暨稽核总所将来于六十一县引岸政策或别有变更，此项加税一元无从贴补，商等万难承认担负"；因"综核出入不敷甚巨"，请"允将每年应摊之报效十二万元停缓五年，藉纾商力"③。获盐务署照准。而在其他散商禀请加入芦纲自运自销，愿与通纲一样负同等义务时，盐务署断然拒绝。其批示说："须知六十一岸既归芦纲，则公家只认芦纲为正商，一切散商承办运务必恃正商认可，本署亦不能强为干涉。"④ 其着力维护长芦专商利益之用心暴露无遗。长芦稽核分所一针见血地指出了其实质："芦纲公所今承政府之命，所有六十一县引岸配运之权名义上操自全体长芦旧盐商"，芦纲公所"不外乎六十一县盐商之发盐总行"。各岸盐商需盐时，必须先至芦纲公所缴纳盐税盐价以及经手费，才能以芦纲公运名义赴分所缴纳盐税，请领筑盐准单，转交各县卖盐之人筑运。"芦纲公所坐享厚利者，亦等于长利同春两号耳。"⑤ 如果说1911年长芦十大累商案风潮发生后，长芦63商办引岸被收归官办，由官代为偿还商欠，纲商是出于被动交

---

① 盐务署饬，第948号，附：财政总长兼稽核总所督办周学熙呈，1915年9月1日，长芦盐务档案680—7—1415。

② 长芦纲商在长芦运署议定芦纲公所收回开放各岸办法和手续，1915年8月26日，长芦盐务档案680—7—1413。

③ 纲总邹廷廉等禀长芦盐运司承办官运引岸增加税率声叙承认及应行规定各情形，1915年9月13日，长芦盐务档案680—7—1415。

④ 盐务署饬，第1064号，1915年9月29日，长芦盐务档案680—7—1415。

⑤ 长芦稽核分所函询盐运使新商运盐及芦纲公运各事，1915年12月6日，长芦盐务档案680—22—452。

易的话，那么，长芦纲商此次与北京政府达成的交易，则是建立在双方自愿的基础上，各取所需，各得其所。而长芦引岸开放计划则中途流产，终归化为泡影。

洋会办丁恩事后无奈慨叹："引岸之病民尽人知之，今拟破除引岸，规划改良，其所以为国利民福者至深且远。乃以长芦之失败，而整顿全国盐务计划遂因中辍。……夫专卖之制废除，则盐价必落而掺和杂质之弊亦可祛除，价廉物美，则用之者必多，销路既广，税收不患不旺，种种利益相因而至，岂必加税而后收入始增。不图竟为保全一班专商之利益起见，而置无数贫困小民于不顾。就此一端，足证整顿盐务之意斯时尚无何种进步。"① 究其根源，在于中国旧有盐务体制之根深蒂固，牵涉多方利益，改革非易。诚如民国财政史研究大家贾士毅所言："盖我国盐务导源于二千年以前，相沿既久，根柢甚固，譬诸大厦将倾，撤而新之，宁非快事。无如此大厦者，八千余万之代价，落成非易，经始尤难，是以屡议屡辍，上下怀疑，率皆根据旧法逐渐改革，而不敢毅然遽行变更者，诚恐法一变，而国课商资亦随之俱失也。"② 北京政府既亟欲通过整顿改革百弊丛生的盐务盐税体制，增加财政收入，又想维护与之具有千丝万缕联系的旧盐商的既得利益，不愿从根本上触动旧体制的根基，以致改革阻力重重，浅尝辄止，完成旧体制的脱胎换骨也就只能是水中望月，可望而不可即。

第三节　报效的认与拒

北京政府成立后，外债既是其财政的巨大负担，也是其财政的重要依赖。拆东墙补西墙，旧债未还，又添新债，结果是外债越积越多，偿还外债本息年增一年。1914年8月第一次世界大战爆发后，在关税收入大减的同时，新的外债来源断绝，而各项军政费开支不减反增，需还外国债务本息年额增加甚巨，使得北京政府本来就入不敷出的财政更加拮据。至1915年，北京政府财政年度预算出入不敷竟达银8000余万两。而其中赔款一项即占2000万两以上，届期待还，刻不容缓，"即使一切政费概从停止，此项赔款有减不能减缓不能缓之势"。"倘一失信，不徒责言可畏，且恐险象立生。"③ 北京政府不得不千方

① 丁恩改革中国盐务报告书，载林振翰编《中国盐政纪要》（下册），商务印书馆1930年版，第137页。
② 贾士毅：《民国财政史》（上、下），商务印书馆1917年版，第526—527页。
③ 财政部特饬，第271号，1915年4月3日，长芦盐务档案680—7—1435。

百计，四处罗掘，其中之一就是于盐税之外向盐商额外索取变相的盐税——报效。

所谓"报效"，是清代盐商向政府特别捐输之款。"盐商特别捐输，名曰报效。当雍正末，芦淮商人捐助银两以充边饷，报效之例盖始于此。自此以后，每遇大军需、大庆典、大工程，芦、东、淮、浙各商，无不输纳银款。"① 但实际上盐商报效"类系虚称"，其多"由运库先行垫解。分年带纳，积欠累累。空有商捐之名，而库存正款徒为商人骗取议叙之用"②。而且盐商还常常假捐输报效之机，请加盐价或耗斤，借以自利。民初《盐税条例》颁布实施后，规定"除依本条例征收外不得另以他种名目征税"。且"善后借款合同"明文规定，只有盐务稽核机关才有征收权。而"盐商报效之款实系一种课税"，在盐税范围之内，"勒令盐商报效乃系间接违背借款合同"。而且商人借报效之名，要求种种权利，"政府退让一步，则将来遇有改革之时，即多一层困难"③。因此，勒令盐商报效，必然遭到外国银行团和稽核总所的干涉与反对。而北京政府勒令盐商报效也就只能在暗地里进行。

1915 年 4 月初，北京政府财政部就偿还当年外债办法，秘密发出饬令："所有本年应付赔款两千余万两除由部设法另筹千万外，其余一千万两应责成各省盐商分别报效，以济眉急。""此次筹款为国家万不得已之举，期在必成"，"本部将于此验商人爱国与否而定各该运使之功过焉"。其中规定"长芦旧商摊认二百五十万两，此外各岸运盐新商应行摊认数目亦由部分别核定"④。5 月 13 日，财政部又核定了长芦各岸新商的应摊报效银数："该商等组织营业既较旧商为轻，所获利益又较旧商为厚……就各该商应销盐引准以旧商摊认之数分别规定，同春报效八十六万两，永七永丰厚报效三十三万两，豫岸豫丰厚报效四十八万两。"⑤

为了瞒天过海，避免招致外国银行团和盐务稽核方面的干涉和外交压力，北京政府财政部在秘密饬令向盐商索取报效款项后，又接连密电各省盐运使，进一步布置保密事宜。"此项收款不在分所稽核范围之内，该司务当慎密从事并饬各

① 林振翰：《盐政辞典》，午集，中州古籍出版社 1988 年影印本，第 5 页。
② 同上书，第 6 页。
③ 丁恩改革中国盐务报告书，载林振翰编《中国盐政纪要》（下册），商务印书馆 1930 年版，第 65 页。
④ 财政部特饬，第 271 号，1915 年 4 月 3 日，长芦盐务档案 680—7—1435。
⑤ 财政部饬，第 404 号，1915 年 5 月 13 日，长芦盐务档案 680—8—2。

商等不得任意传布，倘有疏忽，该司应负其责。"① "各运使亲译龇密。此次商人报效一案事关重要，所有文电稿件，该运使均应提归内署自行妥密保存不得泄漏，并密谕各商不得随意宣扬。" "嗣后关于此事有应行详部之件除用密电外，可用函禀，盖用小官印，毋庸正式具详。"为了掩人耳目，还将报效名目改称为"爱国捐"②。为防止万一将来外国人进行干涉时措手不及，北京政府甚至还未雨绸缪，预先制订了应付之方。5月20日，财政部给长芦盐运使发出"所有盐商报效应即停止"的饬文③的同时，并附加函一件，内称"五月二十日部饬所开各节纯系密备对待外人起见，此项饬文应请秘存，概勿宣布"。并叮嘱长芦盐运使"事关密件，务宜妥防泄漏，惟稽核分所经协理如索阅时，可面交一阅，不得抄付为要"④。考虑可谓周到，费尽心思。

北京政府此次向各省盐商索取报效银1000万两，折合银元达1500万元，如果以1914年全国盐税总收入6848万余元为比较，占1914年全国盐税总收入的22%；山东盐区应摊报效银120万两，几近该盐区全年盐税收入⑤；1914年长芦盐税收入1269万余元，此次新、旧各商应摊报效银417万两，折合银元达625万余元，几占1914年盐税收入的50%。北京政府索取报效额之巨，令人咋舌。并且一日三电，严令催缴。

上述所谓长芦旧商，是指以芦纲公所为代言人的长芦各引岸的专商、纲商。与之相对，所谓长芦新商，则是指1914年7月长芦引岸实行有限开放后，北京政府特许承办或包办所谓开放引岸盐斤运销的商人、商号，即承运开放之官办61县引岸的长利号（后改同春号）和包办永平七属的永丰厚商人，以及承运豫岸汝光十四属的豫丰厚商人。对于北京政府摊派的巨额报效款，长芦新旧各商从各自的利益出发，或认或拒，或提出附加条件作为交换，或提出认缴报效的变通办法，而北京政府也据之分别给予特别承诺或"惩罚"。

4月16日，芦纲公所代表长芦各岸旧商径行电禀北京政府财政部，承诺认缴应摊报效款项。"筹备津公砝平化宝银二百五十万两由中国银行拨交以备财政

---

① 财政部致各省盐运使密电，1915年4月23日，长芦盐务档案680—7—1435。
② 财政部致各省盐运使密电，1915年5月28日，长芦盐务档案680—7—1435。
③ 财政部饬，第1279号，1915年5月20日，长芦盐务档案680—7—1435。
④ 财政部致长芦盐运使密函，1915年5月20日，长芦盐务档案680—7—1435。
⑤ 财政部特饬，第271号，1915年4月3日；山东盐运使致长芦盐运使电，1915年4月7日，长芦盐务档案680—7—1435。

部拨还赔款要需。"① 同时提出了承认报效后的附加条件。（1）免除政府摊派芦纲的国内公债，"由营业所在地及个名义分别认购，不得再以大批责令芦纲公所摊认"。因为"报效之后商力已竭，如若再摊派巨额，复由各引岸以及个人名义下派认是以一商担任数处之义务"。（2）就滩筑运应分别新、老滩盐，另坨存储，"务以隔年卤轻之盐指定配运，以免暗耗而保血本"，"缘盐卤未净消耗甚大"。（3）恢复淹消补运旧例，盐包中途遭灾准予补运。"旧例商人运盐中途被灾，由该管地方官查实加结详准运司补运。新法取消，立法深意系恐盐商藉端捏报妨害盐税。但遭灾沉没仍须纳税补筑，盐商俨然一盐二税，殊欠公允。"（4）重申功令，严禁私煎私贩，按照缉私条例实行以保销数。因为近年直、豫各岸销疲滞，其原因"实以包办各岸之新商多将商巡裁撤，以致门户洞开，私销日炽，而各地方官多有率意轻纵，视条例为具文者"。（5）划一直、豫两省售盐秤量。此前盐务署规定，直岸卖盐秤量以京平为准，豫岸卖盐以地方习惯库平为准。"库平与京平比较，每百两约重四两有奇，每包加重十五六斤之多。""豫省路远运艰，反以库平出售，甚不合理。"（6）裁革豫省公益捐名目以恤商艰。"前奉部令将直、豫各岸所有陋规积弊一律裁免，顺直各属早经奉行，乃豫省置盐税条例与不顾，巧立名目改为地方公益捐，名裁实存，责令商人如数照缴，甚或不时派委守提，异常纷扰。"（7）转呈大总统取消破除引岸之议，"以坚信用而保商产"。"商人承办引岸无论自办转租，胥由代价得来，久已认为世产。"上年破除引岸之议发生后，全国盐业为之震动。"此次长芦竭诚报效，款巨期迫，虽已承认而力实不支，不得已出息贷借，分年摊还，而按本计息，担负益重。加以芦商连年受银价之亏折，积累已深，此后运本益重更须仰赖周转，若不将破除引岸之议取消，实不足以坚债权之信用。"（8）此次报效之后，无论国家地方有何要需长芦旧商不再担任。因"报效之后商人实属力竭筋疲，若再担任他款，则运务万难兼顾"②。

可见，长芦旧商是欲借认缴报效之机，换取北京政府对于其特殊权益的保障，特别是对于不取消专商引岸制的保证。因为继 1914 年 7 月长芦官办引岸实行开放以后，按照原定长芦引岸开放计划，其余商办引岸亦须依照官运继续实行开放，"用渐进主义"，每年年终"照掣签之法"开放十县。"凡掣出之处即行开放，一切均

---

① 纲总邹廷廉等长芦盐运使遵饬筹款报效国家，1915 年 5 月 14 日，长芦盐务档案 680—7—1435。
② 同上。

照官运开放引岸办理。"① 虽然 1914 年年底的"掣签"因为长芦旧商的集体抵制悬而未决，但长芦旧商对于该项计划的存在时时感到威胁，如鲠在喉，深恶痛绝，非欲去之而后快。这应该是长芦旧商不惜向银行息借巨款认缴巨额报效的主要原因。5 月 27 日，长芦旧商再次重申认缴报效必须附加的条件。"报效巨金固可以充暂时之国用，而保全商产实所以裕永久之税源"，"众商公同会议有必须求请维持二条"。一是取消破除引岸之议，二是此次报效后无论国家地方有何要需不再摊派。并强调"若不取消破除引岸之议以保信用，则银行势必相率走避，又孰肯与盐商交往"②。实际上是在要挟北京政府，如果不取消破除引岸之议，则长芦旧商即不能认缴报效巨款。

在获得北京政府的承诺后③，1915 年 5 月 22 日，芦纲公所代表长芦全体旧商在长芦运署与天津中国银行签订合同，共借款 380 万元，纲总签字，长芦盐运使为之担保，加盖运使印信，6 月 1 日交款④。借款用途主要就是用于拨解报效银 250 万两（折合 370 万元），余款用于拨还各商此前欠借款项⑤。6 月 1 日，长芦旧商如数向财政部呈缴报效款项⑥。此后，山东、淮南等处盐商如法炮制，向银行借款呈缴报效，计山东盐商借款 180 万元，淮南借款 525 万元，加上长芦借款共计 1085 万元⑦。

1915 年 6 月底，报纸刊载了长芦盐商与天津中国银行订立借款合同的事实，称长芦运使对借款完全担保，而盐商请领引票时，须"呈验盖有戳印之归还欠款的请领引票函、禀及按包摊交一元之银行收条"，否则即不得发给引票。五国银行团代表据以质问，称该办法破坏"善后借款合同"规定条款。财政部煞有介事地饬令长芦运使查明"长芦盐商是否与中国银行订有借款合同，有无拘束发给引票之规定"⑧。长芦盐运使心领神会，矢口否认，声称盐商与各银行往来借贷系常有之事，该借款合同"不过备载债权债务双方收付本息之法，

---

① 盐务署饬长芦盐运司所有商办引岸仿照官运继续开放每年照掣签之法开放十处，1914 年 12 月 18 日，长芦盐务档案 680—8—14。

② 纲总邹廷廉等禀长芦盐运使报效巨款请求条件，1915 年 5 月 27 日，长芦盐务档案 680—7—1435。

③ 关于北京政府向长芦旧商承诺取消破除引岸之议，在档案中并未找到明文，但此后再无掣签开放之说，以及 1915 年长芦原开放引岸复改归商办，由此不难得出上述结论。

④ 长芦盐运使详盐务署商向中国银行订借巨款，1915 年 5 月 22 日，长芦盐务档案 680—7—1435。

⑤ 纲总邹廷廉等禀长芦盐运使陈明担保借款用途，1915 年 5 月 28 日，长芦盐务档案 680—7—1435。

⑥ 纲总邹廷廉等禀长芦盐运使呈交报效款项，1915 年 6 月 1 日，长芦盐务档案 680—7—1435。

⑦ 财政部密饬，第 1721 号，1915 年 6 月 29 日，长芦盐务档案 680—7—1435。

⑧ 财政部密饬，第 1721 号，1915 年 6 月 29 日，长芦盐务档案 680—7—1435。

与普通借贷契约无殊，并无发给引票之规定"。并且"此项借款系芦商与银行之私人交涉，本使亦并未为之担保"，"五国银行团代表所询各节当系讹传之误"。① 而当长芦稽核分所奉总所饬向芦纲公所查问报效之事时，芦纲纲总亦坚称："业经奉到公文取消二百五十万两之报效。"北京政府和长芦盐商在完成利益交换后，串通一气，蓄意掩盖真相，欺骗外国银行团及盐务稽核系统的事实俱在。

相对于长芦旧商与北京政府围绕摊认报效的秘密交易，长芦新商与北京政府关于摊认报效的"交易"则很不顺利，结果也截然相反。同春号提出，代办长利号61县盐务为时尚短，而税负、年缴余利、成本等又异常加重，盈余无几，无力一次性筹缴银86万两的巨额报效，请求变通认缴报效办法。一种办法是"酌提盈余"，即每年由政府于同春号所获盈余中酌提8万元，直到凑够86万两报效之数。另一种办法是"借款筹缴"，即仿照芦纲办法，由运使担保，以长利号名义与银行订立借款合同，认缴报效，由同春号分10年偿还借款本息。同时将同春号年缴余利40万元免缴一年（后又呈请改为分4年偿还借款本息，免缴两年半的年缴余利），并延长同春号与长利号所订合同期限到1925年年底②。包办永平七属的永丰厚亦提出了与同春号大致相同的变通办法。两者均遭到北京政府的严词批驳，"所拟酌提盈余及借款筹缴各办法大致相同，均属缓不济急。""该商等观望因循多方推诿，爱国之心如斯薄弱，实属不顾大局，专便私图。"③ 作为惩罚，北京政府以同春号、永丰厚号辗转分包坐获厚利，售盐任意短秤掺土为借口，迫令取消两商号的盐务承办权④。7月初，永丰厚、同春两商号被迫先后禀请退办。而为了掩人耳目，避免授人以柄，北京政府的有关令文均秘而不宣，"文内所示各节可传该商号等到署面谕，不必形诸公牍"⑤。

"善后借款合同"签订后，中国盐政的主导权操诸外人之手，洋员把持的盐务稽核总所凌驾于北京政府之上掌握盐税的征收、存储和提用之权，北京政府只

---

① 长芦盐运使详财政部查复芦借款合同并无拘束发给引票规定，1915年6月29日，长芦盐务档案680—7—1435。

② 同春号禀长芦盐运使遵饬依限筹复，1915年5月27日，长芦盐务档案680—8—2。

③ 财政部密饬，第564号，1915年6月21日，长芦盐务档案680—8—2。

④ 盐务署密饬，第540号，1915年6月15日；盐务署密饬第620号，1915年7月7日，长芦盐务档案680—8—2。

⑤ 盐务署运销厅致长芦盐运使密函，1915年6月21日，长芦盐务档案680—8—2。

能仰承外国银行团和稽核总所洋会办的鼻息，得到有限的所谓"盐余"，并且还不时会遭到刁难和截留。然而"国家岁入固以盐课为大宗，域内富民亦以盐商为巨擘"①，财政上不时之急需迫使北京政府不得不背着外国人，利用手中尚存的盐政权，以保障或给予盐商一定的特殊权益为交换，暗地里向盐商索取报效、借款、公债等各种变相形式的盐税，而盐商也往往借机提出种种附加条件，抵制或消弭由改革带来的对于他们既有特权的冲击。长芦旧商认缴巨额报效的"回报"，就是北京政府承诺保障他们的"命产"——引岸，放弃此前的长芦引岸开放计划。这无疑会增添长芦盐务盐税的改革阻力。应该说，此后长芦引岸开放计划的搁浅与此有着紧密的联系。

第四节　收现与卖现

清末民初，因为社会动荡，战事频仍，对经济领域的生产、流通造成了极大的破坏和冲击，特别是对商业、金融业影响尤甚。市场起伏不定，物价飞涨，银市变幻，风潮迭起，这些都给长芦盐税的征收与管理不时造成巨大影响。1916年发生的中国银行和交通银行挤兑风潮就是其中的一次。其间，官与商围绕银行停止兑现后，盐税只收现金，卖价是否亦准收现的矛盾展开了一场利益上的纷争。

中国银行、交通银行是北京政府时期具有国家银行性质的两家银行，两行所发纸币作为通用流通货币行使，推行全国。1915年年底至1916年年初，袁世凯紧锣密鼓地复辟"帝制"，军政费用急剧增加，使本来就已困窘拮据的财政更加捉襟见肘，雪上加霜。于是，北京政府迫令中国银行和交通银行提供巨额垫款，大量增发钞票充作军费。中国银行先后向北京政府贷款2200余万元，发行钞票4600余万元；交通银行向北京政府垫款3800余万元，发行钞票3680余万元②。结果引发通货膨胀，社会上对中、交两行所发钞票的信心遂呈现动摇之势。此后由于军队以"不相信纸币"为理由，要求发给现洋，北京政府又挪用中、交两行的发行准备金，使两行的现金库存几近枯竭。消息外传，人心恐慌，北京政府

① 财政部特饬，第271号，1915年4月3日，长芦盐务档案680—7—1435。
② 姚会元：《中国的货币银行（1840—1952）》，武汉测绘科技大学出版社1993年版，第70页。

信用扫地，全国各地不断发生用中、交两行钞票挤兑银元和提取存款的风潮。为遏制风潮，保存有限的现银，1916 年 5 月 12 日，北京政府国务院一面通令全国"所有中、交两行已发行之纸币及应付款项暂行停止兑现付现"，一面又严令"如有官商军民人等不收该两行纸币，或授受者自行低减折扣等情，随时严行究办"①。此令一出，立即在社会上引起轩然大波。人民因手中所持中、交两行纸币"钱已不钱"，纷纷抛购商品，商家却惧亏赔而拒收，市场顿时交易停滞，陷于混乱。长芦盐区的京、津市场受祸尤巨。"纸币停兑影响不仅盐务，而以盐务受害为最甚。"②

中国银行和交通银行挤兑风潮发生前，两行发行的纸币信用较为稳固，在长芦盐区市场上"远近流通，商民称便"。长芦盐区各岸大宗食户买盐多用中、交两行纸币，普通小户人家买入零星盐斤虽使用制钱、铜元，而盐商对于"零星卖进之钱积有成数易洋解津亦系纸币"③。至于长芦盐商缴纳税款亦均用两行所发纸币，长芦稽核分所亦视之与现洋同等价值予以收受④。然后再由"收款银行"中国银行兑现随时拨汇"解款银行"汇丰银行⑤。北京政府停兑令发出后，长芦盐区盐斤的运销交易不可避免地遭受到了巨大冲击。中国银行作为指定盐税收款银行，虽然遵照北京政府停兑令照常收用中、交两银行钞票，但为了保障盐税收入不受折损，维护外国债权人的在华权益，北京稽核总所电饬长芦分所，盐商交纳税款时必须使用现金，不准收受中、交两行纸币。长芦稽核分所当即通知中国银行，因为"存款银行（汇丰银行）不肯一律收用"纸币，所有盐款必须兑现汇拨⑥。

一方是北京政府严令银行停兑，盐商卖盐仍须收受纸币。"院令停止兑现，

---

① 国务院令，1916 年 5 月 12 日，参见"盐税一律收缴现金卷"，长芦盐务档案 680—8—187。

② 长芦盐运使详盐务署地方禁运现洋出境及阻止售现大碍盐税，1916 年 6 月 14 日，长芦盐务档案 680—8—187。

③ 纲总邹廷廉等禀长芦盐运使纸币功令颁布盐款万难推行，1916 年 5 月 18 日，长芦盐务档案 680—8—187。

④ 长芦稽核分所致盐运司函，1914 年 5 月 30 日，长芦盐务档案 680—7—630。

⑤ 长芦盐运使密电盐务署、财政部奉院令纸币停止兑现商情惶惑，1914 年 5 月 16 日，长芦盐务档案 680—8—187。

⑥ 长芦稽核分所函呈总所关于盐税应否收用纸币请示办法，1916 年 5 月 16 日，长芦盐务档案 680—22—241。

此后以纸币买盐者必将日见增多，如果不收，人民势将群起为难，且有违功令。"① 另一方是稽核方面盐税只收现金，长芦盐商陷入进退两难的境地。以致"各商售卖盐价易现回镖为不得已之举"。然而，雪上加霜的是，中、交两行挤兑风潮发生及北京政府停兑令发出后，长芦直、豫两省地方当局为稳定本省金融，严禁运送现金出境。如河南省巡按使田文烈通令各属严禁大宗现金出境，规定"查无本巡按使护照者一律扣留"②。以致"南引五十余岸商情惶惑"③，运销停滞不前。长芦盐商因此叫苦不迭。"直、豫各县均以奉本省长官饬知，售现须暂缓实行，现银不准出境，在地方有司为维持本地金融，保全市面秩序杜人藉口起见，亦有不得已之苦衷，而纲商望梅止渴，画饼充饥，遂无法以交税。"④ 虽然北京财政部、盐务署从中协调，数次致电田文烈，要求对于盐商运解现金赴津交税弛禁放行，但都遭到断然回绝。田文烈在复财政部的电文中称："豫纲所运现款不过收诸市面，并无特别来源，而月输巨额一去不返，若任其源源漏出，纸币无穷而现金有限，转瞬即有金尽之患，彼时该商仍属不了，而豫省所受之恶影响则已不可收拾。""国家财政重在流通，若纸币久不兑现，则地方破坏终无所逃，毋宁稍留现金，冀可苟延时日，且系遵照国务院封存之令办理。"他还对盐税拒收纸币，只收现金的做法提出了质疑："中国银行与盐务同隶大部，以同统系之机关，不用同统系之纸币，更何以昭示商民。"⑤ 实际上，北京政府何尝不希望盐税收受纸币，只不过是慑于列强和外国银行团的压力不敢提出异议罢了。田文烈又何尝不知道其中利害，亦不过是明知故问而已。但无论如何，芦盐商却因此更加陷入进退维谷的困窘境地。为了维护自身利益，长芦盐商奔走呼号，一面表示盐税关系外债，愿意"顾全外交大局勉认缴现"，一面痛陈银行停止兑现后盐商的艰窘境况。"存者无处易，收者日益多"，盐税责令缴纳现金，无异于塞源挹流，竭泽而渔。坚请"税既纳现，卖亦当准收现，庶保税款而维醝纲"⑥。

---

① 纲总邹廷廉等禀长芦盐运使纸币功令颁布盐款万难推行，1916 年 5 月 18 日，长芦盐务档案 680—8—187。

② 河南巡按使公署咨长芦盐运使仍禁现金出境，1916 年 6 月 7 日，长芦盐务档案 680—8—187。

③ 纲总邹廷廉等禀长芦盐运使豫省不准现洋出境国税民食两有妨碍恳请速行弛禁，1916 年 5 月 19 日，长芦盐务档案 680—8—187。

④ 长芦盐运使详盐务署地方禁运现洋出境及阻止售现大碍盐税，1916 年 6 月 14 日，长芦盐务档案 680—8—187。

⑤ 河南巡按使公署咨长芦盐运使仍禁现金出境，1916 年 6 月 7 日，长芦盐务档案 680—8—187。

⑥ 长芦盐运使密电盐务署盐商要求收现售现以维醝纲，1916 年 5 月 20 日，长芦盐务档案 680—8—187。

"盐商卖价应否收现当以税款为断,现在收税既要现银,则卖盐不能不请部署主持准其收现。"① 同时,长芦盐商还采取了消极抵制的举措,自 5 月 16 日起"率不纳税以为抵制"②。

对于长芦盐商的吁请,长芦盐运使和长芦稽核分所均认为"商人慨愿筹现缴税,若再不准卖现,无异于自绝税源"。"责商缴现而不准卖现,为事实上所办不到。审时度情,不能不准。"③ 北京政府既无法责令稽核系统征收盐税时收受纸币,答应长芦盐商的"卖现"要求,又害怕引起连锁效应,越发不可收拾,打击已经跌至谷底的政府权威和信用。只好硬着头皮坚持"银行团要求盐税非收现金不可,售盐仍行收受纸币为要"④。对于盐商所称卖盐收受银行钞票亏赔甚巨之说,则谓芦商卖盐每包获利达 2 元 6 角 6 分,按每包缴税 11 元,虽因收受钞票每元亏折 1 角,每包获利仍有 1 元 6 角 6 分,"所有该商请准售盐不收银行钞票一节碍难照准"⑤。对于盐商抵制盐税"收现"的行动,则软硬兼施,迫其就范。声称盐务稽核总所因为自 5 月 16 日后未收到芦商缴到税款,"丁会办因而坚持破引之议"。"宜剀切晓谕使其缴纳现金,则今日破引之议或可免议。"⑥ 北京稽核总所则丝毫不为所动,饬令长芦分所在未得总所明令之前不得收受中、交两行纸币。只是后来考虑到沿海各处渔户及贩商贫苦者实居多,征收鱼盐硝卤税款时势难迫令缴纳现款,而且为数不多,才命令长芦于征收鱼盐硝卤税等款以及鱼盐售价时,可收纳中国银行发行的钞票。但也仅"以天津通用之中国银行钞票为限,其他银行所发之钞票为天津不能通用者仍勿收受"⑦。

这场官与商的利益纷争持续了两月有余,之后,随着中、交两行钞票相继恢复有限开兑才逐渐平息下来。1916 年 7 月 10 日,天津中国银行函知长芦稽核分所,自 7 月 12 日该行钞票照常开兑,但仅以中国银行在天津、直隶地方发行的钞票为限。"凡他埠本行钞票仍由出票行兑现,敝行概不代兑。"⑧ 天津交通银行

---

① 纲总邹廷廉等禀长芦盐运使据情照转仍准售现,1916 年 6 月 30 日,长芦盐务档案 680—8—187。

② 盐务署致长芦盐运使密电,1916 年 5 月 26 日,长芦盐务档案 680—8—187。

③ 长芦盐运使密电盐务署盐商要求收现售现以维醝纲,1916 年 5 月 20 日,长芦盐务档案 680—8—187。

④ 盐务署致长芦盐运使密电,1916 年 5 月 16 日,长芦盐务档案 680—8—187。

⑤ 盐务署饬,第 647 号,1916 年 6 月 9 日,长芦盐务档案 680—8—187。

⑥ 盐务署致长芦盐运使密电,1916 年 5 月 26 日,长芦盐务档案 680—8—187。

⑦ 长芦稽核分所函知盐运使征收鱼盐硝卤等税款可用天津通行之中国银行钞票,1916 年 5 月 31 日,长芦盐务档案 680—22—241。

⑧ 天津中国银行函知长芦稽核分所兑现日期,1816 年 7 月 10 日,长芦盐务档案 680—22—241。

也于 8 月 3 日恢复该行的天津钞票兑现①。但北京中、交两行钞票迟迟没有恢复兑现。直到 10 月 25 日北京中国银行才实行兑现，北京交通银行钞票亦奉令"迅筹的款以备开兑"②。即使如此，长芦稽核分所仍以"所收税款总以收款银行认作现款能拨交银行团收入盐税项下为断"为由，不肯收受北京中、交两行纸币③。

官与商围绕"收现"与"卖现"的纷争给长芦盐税的征管造成了巨大影响。首先是银行停兑，盐税收现，导致长芦盐商资金周转失灵，无法正常缴税运盐，盐税收入因此锐减。仅 1916 年 4 月和 5 月两个月的盐税收入，即较上年同期减收 100 余万元④。其次，盐税收入的减少也使得长芦盐务的正常运转受到影响。由于盐商抵制盐税"收现"，1916 年 5 月 16 日至 22 日，长芦稽核分所更是没有收到任何现款，23 日仅收到税款 8100 余元。长芦盐务各机关经费，及当时正在建筑的汉沽坨所需工料费顿时无着。经稽核总所与中国银行总行协商办法，才得由天津中国银行"由盐款项下提拨支票，均以现洋支付"⑤。

在这次官与商的纷争中，北京政府对外依附受制、软弱妥协，对内苛索聚敛、取多予少的财政经济政策暴露无遗。北京政府财政上对外债的严重依赖，使它在制定和实施财政经济政策时失去了应有的自主权，而只能屈从外国人的意志，看外国人的脸色行事。中、交两行钞票挤兑风潮发生后，北京政府一方面发布停兑令，迫令商民继续收用跌价纸币；另一方面却屈服于外国银行团的压力，责令盐商卖盐缴税须用现金，完全无视本国商民利益。无怪乎长芦盐商怨声载道，"中交两行纸币停止兑现，原限官民一律收受，而盐税独不遵行，商等第求售卖现金，庶期税款有着，全为公家非便私计，总所忽然不准，部署遽饬照办，区区困难犹未蒙恤。"⑥ 也就是说，当外国债权人的利益和本国商民利益发生不可调和的尖锐矛盾时，北京政府选择的是牺牲后者的利益。

---

① 天津交通银行函知长芦稽核分所兑现日期，1916 年 7 月 31 日，长芦盐务档案 680—22—241。

② 纲总邹廷廉等呈长芦盐运使函请稽核分所准用北京中交银行兑换券投纳盐税，1916 年 11 月 2 日，长芦盐务档案 680—7—187。

③ 长芦稽核分所函复盐运使北京中交钞票须候收款银行商妥办法方能一律收用，1916 年 11 月 9 日，长芦盐务档案 680—7—187。

④ 长芦盐运使详盐务署地方禁运现洋出境及阻止售现大碍盐税，1916 年 6 月 14 日，长芦盐务档案 680—8—187。

⑤ 盐务署饬，第 664 号，1916 年 6 月 12 日，长芦盐务档案 680—8—187。

⑥ 纲总邹廷廉等禀长芦盐运使金融恐慌商人筹款无术奉派巨额公债暂难认定，1916 年 7 月 22 日，长芦盐务档案 680—8—58。

　　改革是对现存政治、经济制度的改变，意味着各方政治、经济利益格局的重新调整，亦即权利和利益的转移与再分配。改革一方试图通过改革现存的制度，改变既有的利益分配格局；既得利益集团则对现存制度抱有强烈的需求和依赖，势必千方百计阻挠改革的进一步展开，保存和维持现有的制度安排和制度设计，以期继续获得他们的隐性制度权益。民初长芦盐税改革中，存在着代表外国银行团和外国债权人利益的稽核总所、北京政府、长芦盐商三大利益主体。掌握了改革主导权的稽核总所力图通过改革旧有盐税体制，"使中国政府能够在有效率、现代化的基础上改革行政管理，偿还大量现欠的债务"，"保障各国和欧洲投资人的利益"。① 北京政府希望通过盐税改革，增加财政收入，弥补财政上的巨大亏空，而表面上逐年增长的盐税收入也似乎与北京政府的初衷相吻合。但事实上由于盐政主权的丧失，北京政府失去了对于盐税收入的使用支配权，这不能不使它对改革心存芥蒂。而且与盐商固有的千丝万缕的利益纠葛，也使北京政府并不愿从根本上触动旧体制的根基，并导致它在某些改革问题上的瞻前顾后，敷衍反复。长芦盐商作为旧有盐税体制下的既得利益集团，与稽核总所在引制存废等改革问题上存在着尖锐对立的利益冲突关系，与北京政府则利益冲突和利益共同并存。长芦盐税改革的过程实际上也就是上述各方为了实现各自利益目标，相互牵制、相互斗争的博弈过程，博弈的核心就是找到各方都能接受的利益均衡点。北京政府出于增加财政收入的需求，盐商出于维护既得利益的需要，双方解决利益冲突的主要途径往往是彼此勾结，互相利用，通过某些形式的交换暂时找到利益的平衡。在这种情况下，主导改革的稽核总所为了换取北京政府的"合作"，使改革能够继续进行下去，在外国债权人利益和列强在华既有权益得到保障的前提下，也会适当做出妥协和让步，从而达到各方均能接受的利益均衡。从利益均衡—利益失衡—新的利益均衡，如此反复出现，演绎出了民初长芦盐税的改革历程。只不过由于强权的存在、外国势力的压迫，长芦盐商在博弈中始终处于相对劣势地位，利益有时不可避免地会受到侵凌和损害，并且随着围绕长芦盐税争夺的加剧，这种侵凌和损害就越严重。

　　长芦盐商与官方的利益冲突和博弈贯穿于北京政府时期长芦盐税改革、征收、分配的全过程，书中所述只不过是其冰山一角。此外，在盐包重量、耗斤、售盐秤码、筹措商款、摊认公债、附加税等问题上，长芦盐商与官方普遍存

---

① 转引自丁长清主编《中国盐业史》（近代当代编），人民出版社 1997 年版，第 8 页。

在着利益上的冲突和博弈。双方博弈结果及其所达到的利益均衡，实质是对长芦盐税利益的重新瓜分和再分配，是在不断牺牲、剥夺和损害长芦盐区广大食户利益的基础上实现的。长芦盐税的改革、征收和分配的每一个环节，都与盐区食户的切身利益息息相关。表面上看，官与商无不鼓吹、标榜"国税"与"民食"兼顾，但实际上盐区食户的利益常常完全被漠视。而且在专商仍然垄断食盐运销的体制下，长芦盐商得以把自身利益损失通过加价、掺杂、短秤等不法手段完全转嫁给广大食户。食户不愿购食质劣价高之盐，转而购私食私，而民间制私贩私益加猖獗，禁不胜禁，防不胜防，官盐因之短销，税收因而减少。官为保障和增加盐税收入而谋加税派捐，新一轮官商博弈因是又起。如此恶性循环，使长芦盐业难以正常发展，步履维艰。

第四章　长芦盐税率变化及历年收支

税率是计算课税对象每一课税衡量应征税额的比率，税率的增减直接关系税款收入的盈缩。《盐税条例》颁布实施前后，北京政府为了稳定和增加盐税收入，先后几次调整芦盐税率。但由于受时局、战争、自然灾变等诸多因素的影响，历年长芦盐税收入起伏不定，多寡不一，在全国盐税总收入中所占比重多有变化。而从其不同阶段的支出、流向的变化上，亦不难看出长芦盐税在北京政府财政中的地位。

第一节　长芦盐税率变化

一　《盐税条例》实施前后的税率比较

如第一章所述，清末民初的长芦盐税，包括商课、灶课、官运余利和借运报效等。由于灶课收数无多，官运余利系属官运营业盈利，寥寥无几，借运报效征自外省官、商，并非盐课且收数无定，因而长芦盐斤税率一般是仅指商课一项。长芦盐商领运盐斤，一直实行按引征课。其税科名目繁多，除随引呈缴的正课、杂课、帑利、加价、商捐等款外，还有按年或分季包交的课银、平价、余利及报效等杂款。而且各岸科则歧异，应征税目或多或少，应征银数或增或减，加之各岸引重大小不一，轻重不同，以致造成各岸税率畸重畸轻，负担不均。1913年初长芦盐运使按照一条鞭办法，归并科则，划一盐税，并呈报财政部批准，于4月1日后实施，然而归并不彻底，且丝毫没有改变各岸税负不均的现状。因此，实施《盐税条例》之前，长芦盐斤税率只能按各岸实际情形分别计算，然后再得到一个大概的平均之数。在实际计算当中，除所谓正税（即归并后的盐税）

之外，"各杂款每年岁收之数各不相同，甚难科算"①，对于何者应该包括在内，何者应该排除在外，所持标准不同，所得结果亦大相径庭。

丁长清等著《民国盐务史稿》一书中列有"全国各区盐税税率表（1910年）"，按其说明，"系根据《清盐法志》、《浙盐纪要》、《川盐纪要》等书所载盐课表数字综合整理而成，是各销区包括正课、加课、加价、盐厘、帑息以及各种杂课的总计"。其中，长芦直、豫、津、京各销岸的税率（按当地秤每百斤）依次为库平银1.02两、1.01两、0.96两、0.79两②。但经笔者查证验算，上述所列长芦各岸税率，实际上仅仅是按照《清盐法志》（长芦）所载"商课表一"③ 统计得来，而未把初次、二次平价，津武口岸报效等按年或分季呈缴的大宗税课包括在内。

稽核总所洋会办丁恩曾对《盐税条例》实施前后的长芦各岸税率分别进行计算比较，"原有长芦区域原征之各种税课，其数共计二十余种，计运销直省者，每本地库砝秤一担共征大洋二元一角八分四厘，运销豫省者，共征大洋二元二角三分七厘，运销北京城者，其税稍轻，计每担共征大洋一元八角六分四厘而已。惟运销天津者，其税稍高，每担共征大洋二元三角七分一厘"。直、豫、京、津四岸平均税率为2.164元。因此，在他看来，相对于《盐税条例》实施后的每担税率2元，"除北京一处外，凡引地区域之税则实无形减轻"④。

与丁恩的税率计算形成鲜明对比的是，1913年，财政总长熊希龄在呈大总统"拟均一盐务税率划定区域分期推行文"中，载有"第一期税率比较表"，所列长芦"原税率"仅1.38元，较之均一税率后的2元，相差0.62元⑤。至于其"原税率"如何计算得来，就不得而知了。

林振翰撰《盐政辞典》附有"各区分所平均税率比较表"，所载长芦1913年税率为1.249元⑥，显然是仅就所谓"正税"，即当年4月1日以后实行归并科则后的盐税而言。长芦稽核分所曾按长芦运署"归并科则表"进行核算：豫岸每引重607斤7两，征税库平银5两7钱6分9厘，约合银元8元7角6分9厘，每担合1元4角4分；直岸每引重602斤7两，征税库平银5两7钱5分2

① 长芦稽核分所函询盐运司历年所收各项杂款，1914年9月29日，长芦盐务档案680—7—633。
② 丁长清等：《民国盐务史稿》，人民出版社1990年版，第18—19页。
③ 参见中华民国盐务署纂《清盐法志》（长芦），第6册，第1—6页。
④ 丁恩改革中国盐务报告书，载林振翰编《中国盐政纪要》（下册），商务印书馆1930年版，第118页。
⑤ 《长芦盐务公报》第20期，1914年1月16日。
⑥ 林振翰：《盐政辞典》，全国行盐区域及税率表，中州古籍出版社1988年影印本，第11页。

厘，约合银元 8 元 7 角 4 分 3 厘，每担约合 1 元 4 角 5 分；京岸每引重 602 斤 7 两，征税库平银 4 两 4 钱 8 分 2 厘，每担约合 1 元 1 角 3 分；津岸每引重 424 斤 7 两，征税库平银 2 两 7 钱 3 分 3 厘，约合银元 4 元 1 角 5 分 4 厘，每担约合 9 角 6 分。"以上所列系仅就正税科算，至于初二次平价、一文加价、洛潼加价、口岸 汛工、铁路加价，以及各项报效杂款尚未列入。"① 四岸平均每担约合 1.245 元，正与《盐政辞典》所载之数相近。另外，据盐款总账"中华民国二年五月二十 一日至年底盐款总账"记载，1913 年 5 月 21 日至 9 月底"放盐直接所收之税额 大约平均数"为 1.403 元，10 月 1 日至年底"放盐直接所收之税额大约平均数" 为 1.137 元②，应该亦仅就"正税"而言。

如果说以上关于《盐税条例》实施前长芦税率的几种说法，或者多有缺漏， 或者语焉不详、不够明晰的话，那么长芦盐运司和长芦稽核分所的有关比较说 明，或许就可以使人清楚地看到《盐税条例》实施前后长芦税率的变化。

1914 年 1 月，长芦盐运司在"遵《盐税条例》筹议办法"呈文中，附有 《盐税条例》实施前后"长芦盐税比较表"（见表 4 – 1）。

表 4 – 1　　　　　长芦盐运司呈《盐税条例》实施前后长芦盐税比较③

税款旧额	款别		直岸	豫岸	京岸	津岸
		盐税	5.752 两	5.769 两	4.482 两	2.733 两
		初、二两次平价	约 1.1 两	约 1.1 两	约 1.7 两	约 2.5 两
		津浦铁路加价	约 1.3 两		约 1.3 两	约 0.85 两
		洛潼铁路加价		约 1.3 两		
		豫省规复一文加价		约 0.25 两		
	合计		8.152 两	8.419 两	7.482 两	7.583 两
	折合银元数		12.228 元	12.628 元	11.223 元	11.37 元
	平均每百斤税额		2.029 元	2.079 元	1.862 元	2.631 元
《盐税条例》实施后百斤税率			2 元	2 元	2 元	2 元
每百斤征税比较增减			减收 0.29 元	减收 0.79 元	增收 0.138 元	减收 0.631 元

① 长芦稽核分所函询盐运司历年所收各项杂款，1914 年 9 月 29 日，长芦盐务档案 680—7—633。
② 长芦稽核分所 1913 年 5 月 21 日至年底盐款总账，长芦盐务档案 680—22—1475。
③ 长芦盐运司呈财政部遵"盐税条例"筹议办法，1914 年 1 月，长芦盐务档案 680—7—631。

按表 4－1 中所列《盐税条例》实施之前的税率，是综合正税（即表中的"盐税"）及按年或分季包缴的初次、二次平价，津浦、洛潼铁路加价，豫省规复一文加价及津武口岸报效等杂款计算得来。据此，直、豫、京、津四岸平均税率为 2.15 元，较之《盐税条例》实施后之 2 元税率为多，与前述丁恩之计算之数相近。

1915 年 12 月，长芦稽核分所寄呈总所"民国二年与现行盐税比较表"，其中对于《盐税条例》实施前的长芦盐税税率的核算，与上述长芦盐运司之计算略有不同（见表 4－2）。

表 4－2　　　　　长芦稽核分所呈民国二年与现行盐税比较[1]

项别＼引岸	直引	豫引	京引	津引
正课	6 钱 8 分 6 厘	6 钱 8 分 6 厘	6 钱 8 分 6 厘	6 钱 8 分 6 厘
帑利	4 钱 4 分 2 厘	4 钱 4 分 2 厘	4 钱 4 分 2 厘	4 钱 4 分 2 厘
加盐正课	2 分 4 厘	2 分 4 厘	2 分 4 厘	
加盐帑利	1 分 6 厘	1 分 5 厘	1 分 6 厘	
新增加价	1.2 两	1.2 两	6 钱	
通行加价	1.35 两	1.35 两	1.35 两	1.025 两
北引加价	6 钱		3 钱	
直省加价	3 钱		1 钱 5 分	
豫省加价		6 钱		
荥工加价		2 钱 8 分		
军需复价	4 钱	4 钱	2 钱	
领告杂费	4 钱	4 钱 2 分	4 钱	3 钱 8 分
豫省归公		1 分 8 厘		
钦天监生息	4 厘	4 厘	4 厘	
平饭	2 分 5 厘	2 分 5 厘	2 分 5 厘	
各项解费	4 分 1 厘	4 分 1 厘	4 分 1 厘	

[1] 长芦稽核分所呈总所遵饬寄呈民国二年与现行盐税比较表，1915 年 12 月 17 日，长芦盐务档案 680—22—470。

续表

项别＼引岸	直引	豫引	京引	津引
缉费	4分1厘	4分1厘	4分1厘	
归补缉费	2分	2分		
平价缉私经费	2钱	2钱	2钱	2钱
岁修官道	3厘	3厘	3厘	
合计	5.752两	5.769两	4.482两	2.733两
豫省规复一文加价		0.255两		
津武口岸报效				1.856两
初次、二次平价	1.405两	1.405两	1.405两	1.405两
共计	7.157两	7.429两	5.888两	5.994两
平均每司码秤一担合银元	1.933元			
《盐税条例》实施后每担税率	2元			

表4－2中"合计"一项，实际就是前列"长芦盐税比较表"中之"盐税"，即所谓"正税"。此外，其与前列"长芦盐税比较表"最大的不同点，是在于没有把津浦、洛潼两铁路加价包括在内。"其津浦路加价等捐所以不开列在内者，缘此等捐项由运使征收后，仍由该铁路局按照款数发给商人铁路股票，是以不能视为政府捐税。且铁路加价一项，据闻并未着实缴纳。"① 豫省规复一文加价、津武口岸报效及初次、二次平价等杂款之数亦不相同，原因即在于两者的依据不同。长芦盐运司是按照各岸额销引数估算摊入，长芦稽核分所是按照1913年各岸实销盐引数平均摊入计算。如豫省规复一文加价每年由豫商包缴银6万两，按1913年豫省实销235868引，每引约合2钱5分5厘；津武口岸报效每年包缴银4

---

① 长芦稽核分所呈总所遵饬寄呈民国二年与现行盐税比较表，1915年12月17日，长芦盐务档案680—22—470。

万两，按 1913 年津岸实销 21550 引，每引约合 1 两 8 钱 5 分 6 厘；初次、二次平价每年约得 87 万两，按 1913 年直、豫各岸共实销 618969 引，每引约合 1 两 4 钱零 5 厘。

相对而言，应该说长芦稽核分所对于《盐税条例》实施前的税率计算较为接近真实税率。也就是说，《盐税条例》实施后的长芦各岸平均税率，较之该条例实施前的平均税率有增无减。不过，长芦稽核分所将津浦、洛潼两铁路加价"以不能视为政府捐税"排除在外，固然有其合理的一面。但它忽略了这样一个事实，即 1913 年 4 月以后，因为洛潼铁路奉令收并海兰干路，经河南都督呈准北京政府，将洛潼铁路加价更名为"地方行政加价"，移作地方行政费，"仍照各纲原定税率由各机关抽收迳解（河南）财政司兑收"[1]。无疑已经变成了政府捐税。因此，《盐税条例》实施之前的税率应将洛潼铁路加价计算在内。由此看来，《盐税条例》实施前后长芦各岸的平均税率大致相当，并无多大差距。

二 《盐税条例》实施后的历次税率调整

民国北京政府时期，自 1914 年 1 月 1 日实施《盐税条例》，长芦盐税实行统一税率后，长芦盐区复于 1914 年 9 月、1915 年 11 月和 1920 年 8 月三次调整盐税税率，均系奉北京盐务署和稽核总所正式命令施行。北京政府统治后期，直、豫地方当局擅自开征附加税捐而导致的税率变化不包括在内。

第一次税率调整

1914 年 8 月，第一次世界大战爆发，整个欧洲大陆硝烟弥漫，西方列强倾力于战争，暂时放松了对中国经济的侵略和压迫，对华的商品和资本输出大幅萎缩。它一方面给中国民族经济的发展提供了一个有利的环境和契机，迎来了通常被称为中国民族资本发展的"黄金时代"；另一方面却使得民初的北京政府面临更加严峻的财政困难。这是因为北京政府自成立以来，财政困窘竭蹶，只得仰赖举借外债聊以度日，而用以担保偿还新旧外债本息的关、盐两税，占到了北京政府每月财政收入的 95% 以上[2]。1913 年签订的"善后借款合同"第四款规定，将来海关每年关税收入除偿付从前担保各债务本息外，如果仍有盈余，尽可用以

---

① 《长芦盐务公报》第 6 期，1913 年 6 月 16 日。
② 贾士毅：《民国财政史》（上、下），商务印书馆 1917 年版，第 180 页。

偿还善后借款本利，"因此而盐务收入所有盈余之款应如数拨归中国政府，用以办理他项事宜"①。而在事实上，"中国政府实赖盐税余款开支行政经费"②。第一次世界大战爆发后，"海关收入骤减，经济顿形竭蹶"③，"于是前与海关洋税务司商定摊还庚子赔款暨以关税作抵各项债款息金之办法全为破坏"④。北京政府财政因此愈形窘迫。《盐税条例》实施后，长芦盐税税率的第一次调整就是在这样一种情况下发生的。

1914 年 9 月初，盐务署署长兼稽核总所总办张弧提议，因为欧洲战争，金融恐慌，国库空虚，应提前实施《盐税条例》规定的均税计划，即将原定自 1915 年 1 月 1 日起实行的加税计划，改为于当年 10 月提前实行，盐税由每担 2 元增至 2 元 5 角。"于税收实有裨益。"⑤ 但长芦稽核分所担心，如果税率加重，各岸盐商售盐价随之加增，盐税收入必受影响。"盖税重则走漏者必更加激励，而直、豫一带私制硝盐必更滋多。"⑥ 正是基于这种担忧，洋会办丁恩虽然表示赞成加税之议，但前提条件是"所加之税须由商人担负，或担负一大部分，而盐价不得藉此加增以为取偿"⑦。而正当加税之议讨论之际，长芦盐商获悉消息，争先恐后报运纳税，欲赶在加税之前，"按每担二元之率缴纳大宗盐税，藉以居寄"，节省税金。盐务署和稽核总所遂决定立即实行加税，自 9 月 23 日起，长芦直、豫、京、津各岸盐税实行每担 2 元 5 角之税。后又展缓一日，于 9 月 24 日实行，"凡商人在九月二十三日或二十三日以前禀请运盐者，准按旧率完税"。于是，在 23 日一天之内，长芦盐商共报运盐斤 1015236 担，25 日所收税款共计 2030472 元⑧。加上 23 日之前盐商报运所纳税款，9 月一个月的税款收入竟达 3498104 元之多⑨。"长芦商人此次富有资本者所得政府之利虽属不少，然此

① 南开大学经济研究所经济史研究室编：《中国近代盐务史资料选辑》第 1 卷，南开大学出版社 1985 年版，第 104 页。

② 丁恩改革中国盐务报告书，载林振翰编《中国盐政纪要》（下册），商务印书馆 1930 年版，第 52 页。

③ 长芦稽核分所函呈总所关于加税之意见，1914 年 9 月 17 日，长芦盐务档案 680—22—886。

④ 丁恩改革中国盐务报告书，载林振翰编《中国盐政纪要》（下册），第 51—52 页。

⑤ 稽核总所函长芦分所抄示总办关于盐税改革意见，1914 年 9 月 12 日，长芦盐务档案 680—22—886。

⑥ 长芦稽核分所函呈总所关于加税之意见，1914 年 9 月 17 日，长芦盐务档案 680—22—886。

⑦ 丁恩改革中国盐务报告书，载林振翰编《中国盐政纪要》（下册），商务印书馆 1930 年版，第 128 页。

⑧ 同上。

⑨ 长芦稽核分所寄呈总所二年、三年、四年税款比较表，1915 年 12 月 31 日，长芦盐务档案 680—22—896。

举亦大可塞反对加税者之口也。"① 9 月 26 日，永七属盐税税率也由原来的每担 1 元 5 角增至 2 元②。与此同时，芦盐的并销区，如晋北、口北十三属、河南汝光十四属、巩孟八县等，税率亦由原来的每担 2 元增至 2 元 5 角。借运芦盐各岸，如皖北每担征税 2 元 5 角，淮南每担征税 1 元 5 角③。

按照《盐税条例》原定的实施方案，全国盐产区、盐销区大致以淮河为界，分为两大区，淮河以北各省为第一区，淮河以南各省为第二区，1915 年 1 月 1 日以前，第一区各地方盐税每百斤定为 2 元，自 1915 年 1 月 1 日起，两大区通征 2 元 5 角之税。事实上，1914 年 1 月 1 日《盐税条例》实施之后，"除长芦、河东实行外，东三省、山东因事实困难，请展期作数次增加"，"至冬间，长芦、河东通加为二元五角"。"是均税问题虽只能行于北方，而施行期间亦参差不一。然当局之目光固专注于税则之一律，此不可谓非民国盐政之一特色。""此为去年（指 1914 年）改革中之最有价值者。"④ 可见，长芦是划一中国盐税的先行者。

第二次税率调整

《盐税条例》实施后长芦盐税税率的第二次调整，是与官运引岸的变迁密切关联在一起的。1915 年 12 月初，长芦稽核分所致函长芦盐运使，对于长芦官运引岸的变迁，曾有如下表述："去年七月间将直隶官运榷运各局裁撤后，其所遗各口运盐事宜由盐务署指令商人，予以特许证书准其配运，并闻饬令各商设立长利号作为六十一县配运盐斤之总机关，嗣又取消长利号改为同春号，不数月间复将同春号裁撤，责成芦纲公所旧商公共承运。十数月间，此六十一县配运办法迭经变动，每遇更动，盐务各方面难免各种纷扰，于盐务各界多受影响，而盐课收入关系所及尤非浅鲜。"⑤《盐税条例》实施后长芦盐税的第二次税率调整，就是在官运引岸承办权的频繁转移中完成的。

如前所述，清末时由于长芦十累商亏欠中外银行巨额借款，无力偿还，由长芦盐运使署向大清银行息借银 700 万两代为归还。而该累商等所办引岸则被收归官办，设立长芦官运总、分各局，实行官运官销，所得官运余利用以筹还大清银

---

① 丁恩改革中国盐务报告书，载林振翰编《中国盐政纪要》（下册），第 128 页。

② 同上。

③ 长芦稽核分所呈总所民国四五两年实行税率表，1916 年 12 月 14 日，长芦盐务档案 680—22—907。

④ 景本白：《一年来盐政改革之返顾》，载《盐政丛刊》，盐政杂志社 1932 年版，第 56 页。

⑤ 长芦稽核分所函盐运使关于新商运盐及芦纲公运各事，1915 年 12 月 6 日，长芦盐务档案 680—22—452。

行借款。"善后借款合同"签订后，稽核总所洋会办丁恩极力主张废除引制，取消专商，改行自由贸易。并提议以长芦为试办区，然后推及全国各盐区。因为遭到长芦盐商及各方保守势力的激烈反对，长芦引制改革改采"渐进主义"，首先将直、豫官运74县引岸自1914年7月1日起实行开放自由贸易。时任盐务署署长兼稽核总所总办张弧以开放为名，由盐务署拨发成本，组织长利号公司（又改为同春号），包办开放引岸盐销，进而转包给各散商，坐享余利。至1915年春，"素以保存旧制为目的，主张官运或专商承运办法"的周学熙接任财政总长。同年7月，同春号亦因拒认政府巨额报效而被迫禀请退办。对于长春号退办后所遗名义开放之61县引岸，周氏极力主张复归商办。并提议从承运商人所得售盐利润中酌提款项，用以归还大清银行旧欠。"盖此项区域本属官办，今归商运，在商人得于意外稍尽义务，当亦乐从。"所提款项"应为附捐，亦归入盐款项下核收，将来归还大清银行借款及支付每年租办引岸之费，即由放还政府之盈余款内支付"。稽核总所洋会办丁恩虽然认为这种办法对于开放各县人民"似欠平允"，"然中国政府欲筹还大清银行借款实属正当"，所以并未表示反对。但同时提议，在"所借大清银行之款未清还以前，长芦引岸每担2元5角之税应加至2元7角5分，声明所加之税，应取之于运商，并不准其加增售价"[1]。据此，1915年9月1日，盐务署发布饬令，撤销同春号（即长利号）对于开放61县引岸的承办权，改由芦纲商人公共承运，"直、豫两岸通纲税率每百斤加银元二角五分，共为二元七角五分，归入盐款项下列收"[2]。稽核总所亦于9月3日令饬长芦分所，自9月4日起，"运销长芦之盐斤除汝光不计外，每担由二元五角加征至二元七角五分，运销永七者则由每担二元加征至二元五角"[3]。是为《盐税条例》实施后长芦盐税税率的第二次调整。

名义上开放之官运引岸，实为同春商人的专卖区域，政府转而授之于芦纲商人，而以加增税率为条件，政府因加税而增加收入，芦纲得垄断该区域专卖权而获厚利，双方各得所需。而长芦引制改革就此宣告失败，且"整顿全国盐务计划遂因中辍"[4]。

第三次税率调整

为增加盐税收入，缓解财政上的危机，1915年11月，盐务署署长龚心湛提

---

① 丁恩改革中国盐务报告书，载林振翰编《中国盐政纪要》（下册），商务印书馆1930年版，第136页。
② 盐务署饬，第948号，1915年9月1日，长芦盐务档案680—7—1415。
③ 长芦稽核分所致盐运司函，1915年9月4日，长芦盐务档案680—7—1415。
④ 丁恩改革中国盐务报告书，载林振翰编《中国盐政纪要》（下册），商务印书馆1930年版，第137页。

议颁布《盐税修正条例》，将盐税税率由每担 2 元 5 角增至 3 元 5 角，并明定将来还可以渐次加增。洋会办丁恩认为，每担 3 元 5 角之税过重，主张每担税率不应超过 3 元。但因为政局动荡，直至 1918 年 3 月 2 日《盐税修正条例》始行颁布。该条例规定盐税税率为每百斤 3 元，理由是"改良盐法以平均税率为要义，而欲维持财政，又必须以保全现有税款为前提。按现编六年底预算，全国盐税收入（除杂收入）为九千二百七十万元有奇，以全国销盐年额三千三百四十余万担平均计算，每百斤已在二元七角以上，若仍按二元五角课税，则于税收必大有短绌，故改为每百斤课税三元，藉裕收入"①。但没有规定具体实施时间，而且其时中国已经陷入军阀割据混战、省自为政的局面，地方当局干涉盐务，滥征附加税捐，乃至截留盐税日多一日。"无论已宣告独立与未宣告独立之各省，对于中央盐务机关所令各节，不肯遵照办理，故所有由民国二年至民国三年间所举行之整顿办法，均有破坏之虞。"② 1921 年 8 月，长芦盐税税率再度调整，实行每担征收 3 元之税，其原因并非《盐税修正条例》之实施，而是起因于 1920 年直隶开征芦盐食户饷捐案。

1920 年 7 月爆发的直皖战争，历时仅仅五天，便以皖系军阀败北，直、奉两系军阀联盟胜利而告终。战争硝烟尚未消散，7 月底，直系军阀首领曹锟之弟、直隶省长曹锐便借口"直隶预算收支相抵本自不敷"，而"军务猝兴，需饷万急"，悍然宣布开征芦盐食户饷捐。"查食盐一项为尽人日用所必需，今就食盐之户摊征饷捐，每盐一斤，捐制钱六文，名曰食户饷捐，由商人于发售盐斤时照数代收，并责成各该商于报运请照时先将饷捐垫交贵公署，按月拨解财政厅兑收。凡在芦滩筑运之盐一律照此办理，俟本省预算另行筹有确实底款，再行酌予停止。"③ 此后，经过与芦纲商人讨价还价，饷捐加价改以洋码计算，每斤加价 4 厘，每包 400 斤共加价 1 元 6 角。其中，商人提扣 2 角，其余 1 元 4 角尽数归入省政府饷项，并于 8 月 8 日起实行④。

长芦稽核分所奉总所饬令紧急向直隶省长曹锐提出抗议、施压，指出直隶开

---

① 长芦盐运使训令丰财场奉发修正盐税条例，1918 年 3 月 13 日，长芦盐务档案 680—16—390。
② 丁恩改革中国盐务报告书，载林振翰编《中国盐政纪要》（下册），第 104 页。
③ 直隶省长致长芦盐运使公函，1920 年 7 月 30 日，长芦盐务档案 680—8—552。
④ 纲总邹廷廉等呈，1920 年 8 月 4 日；直隶省长致长芦盐运使公函，1920 年 8 月 6 日；纲总邹廷廉等呈，1920 年 8 月 11 日；直隶省长致长芦盐运使公函，1920 年 8 月 13 日，长芦盐务档案 680—8—552。

征盐斤食户饷捐，既与当年 2 月 5 日大总统所发之命令①相抵触，也违背"善后借款合同"之规定，"现各国公使关于此项问题正拟对付办法"，要求立予取消。遭到曹锐强硬回复："食户饷捐办法，值军事戒严期内，所有一切行政不得不受其范围，以维现状。""此次筹办食户饷捐绝非加税可比，商民亦甚乐输，与本省经济地方治安均有重大关系，断难中止。"②为迫使直隶当局取消这一命令，在稽核分所进行交涉的同时，英、法、日、俄各国驻津领事会同向直省当局提出抗议、交涉，英、法、日各国公使则在北京向北京政府外交部施压，提出"中国多数省份盐务已为该官长违法干预，而中央更推广至直隶，颇损对外信用"。要求北京政府出面干预。在外交重压之下，盐务署不得不从中协调、斡旋，"设法补救"。1921 年 4 月，盐务署提出，将直、豫两岸盐税每担加税 2 角 5 分，"即以此项加收之款，按月由长芦分所如数核拨运使转解，仍于每月放还财政部盐余项下由银行团照数扣除，作为中央拨给该省之协款"。但这一办法当即遭到英、法、日各国驻华公使的强烈反对，"认为若履行此政策，将来其他地方官欲照直隶省长之办法时，中国政府不能不准照直隶成案办理"，则局面将一发不可收拾。"此项成案顾服各外国债权人以及中国政府之利益，不应成立之处无待决论。"因为无论是直隶现行办法，还是盐务署加税办法"均属侵害以盐税为抵押借款于中国政府者之利益"③。此后，又迭经各方交涉、讨价还价，至 7—8 月始达成妥协。即：食户饷捐应于 8 月 1 日一律取消，同时直、豫各引岸，以及其他行销芦盐各地之盐税，每担均加增至 3 元，永平七属每担盐税加增至 2 元 7 角 5 分；加税亦不准加价；食户饷捐取消后，各县盐价应同日照数核减，"以未加食户饷捐以前之价格为合法"；为恤商起见，自加税之日起，每担准特别加耗 5 斤（后改为 6 斤）。同时，"为内外相维起见"，自饷捐取消、实行加税之日起，以一年为限，每月拨给直隶协款 12 万元，但其起始 3 个月，每月特别加拨 2 万元，每月14 万元，三个月后即减为 12 万元；协款按月由长芦稽核分所就近核拨，以资便利。至于"实行加税办法，以直隶省长所征食户捐是否确实取消为断，于未经取

---

① 1920 年 2 月 5 日大总统令："盐税关系外债，前经明定条例，不得于正税之外以他项名目加征此项收入，并经全数作为善后借款担保尤应专款存储，用符原约，迩来各省闻有截留盐款及私加盐价之举，虽属一时权宜之计，究与原定办法歧异，于国家信用影响甚巨，以后无论如何需要，不得再将盐款截留，并不得将食盐擅自加价，以维醒纲而保国信。"载《政府公报》第 1431 号，1920 年 2 月 6 日。

② 长芦稽核分所函盐运使奉总所急电请速取消食户饷捐一案，1920 年 8 月 13 日；长芦盐运使复函，1920 年 8 月 14 日；直隶省长致长芦盐运使函，1920 年 8 月 14 日，长芦盐务档案 680—22—552。

③ 盐务署训令，第 645 号，1921 年 4 月 21 日，长芦盐务档案 680—22—554。

消以前即不能实行加税办法"①。但长芦盐运使提出，自 8 月 1 日实行加税，奉文为期过迫，呈请盐务署转商稽核总所，并经与长芦稽核分所磋商，改定 8 月 21 日为加税实行之期②。

直隶开征芦盐食户饷捐案，是自民初《盐税条例》颁布实施以来，地方当局在长芦盐区第一次公开征收食盐附加税捐，也是直、豫地方当局力图分享盐税、公然干涉长芦盐务之始。

三　对长芦盐税率调整的认识和评价

长芦盐税率的历次调整，纯粹以增加或保障盐税收入、满足政府财政支出需要为出发点，虽然在一定程度对缓解北京政府的财政危机，起到了一定的积极作用，但它背离了税收的适度原则，不可避免地带来了诸多消极负面影响。

税收是国家财政收入的基本来源，满足财政需要是税收的直接目标和首要职能。如我国古代理财家提出的"量出以制入"原则，要求根据国家财政支出的需要，来制定税收政策，筹集税赋收入，就是将满足国家财政需要作为税收的首要原则。19 世纪德国经济学家阿道夫·瓦格纳（Adolf Wagner）提出的四大税收原则，更是明确把财政原则置于首位，并将之分为充分原则和弹性原则两个方面。其中，充分原则，就是要求税收应以能够满足政府财政开支需要为第一要义，政府在选择、开征税种时应以税源充沛、收入可靠为标准；弹性原则，则是进一步要求税收应具有良好的增收机制，能够在财政支出增加或其收入减少时，确保税收收入相应增加，弥补缺口。当然，仅从满足财政支出需要的角度考虑税收政策和原则，固然有其合理性的一面。但是，它却忽视了现实经济提供的可能性。因为国家财政支出需求具有刚性的一面，存在着无限扩张的动力，如果税收一味地以满足财政支出需要为目标，势必导致财政支出的过度膨胀。同时，如果单纯以满足国家财政需要为目标，还容易带来过大的增税压力，使税负不断过重，从而超出现实经济的承受能力。因此，政府制定税收政策时，还应该遵循适度原则，兼顾财政需求与现实可能性，做到取之有度，税负适中，即使税收能够满足正常的财政支出需要，又能与社会经济发展保持协调、同步。盐是人们每天生活中不可或缺的必需品，消耗量极大而弹性极小，盐税因此无疑是一种稳定

---

① 盐务署训令，第 1296 号，1921 年 7 月 28 日；长芦稽核分所函盐运使奉令加税二角五分取消食户捐各节，1921 年 8 月 6 日；盐务署训令，第 1372 号，1921 年 8 月 9 日，长芦盐务档案 680—22—639。

② 长芦盐运使致盐务署运销厅函，1921 年 8 月 13 日，长芦盐务档案 680—22—639。

而可靠的财政收入来源。北京政府为增加财政收入，几次提高长芦盐税率，如果从税收必须以保证国家财政支出需要为首要原则的角度来看，似乎无可厚非。而且北京政府似乎也考虑到了长芦盐区经济落后，人民生活贫困，购买力有限的经济现实，以"国税""民食"兼顾，加税而不加增售价相标榜。声称盐税率的提高只是加重盐商的负担，对普通的广大食户并无影响。并且还颁布了"取缔芦商售盐规则"，规定对长芦盐商售盐时短秤、掺杂、私自加价等弊病进行查禁①。但事实却并非如此。长芦盐运销实行的是专商引岸制，在这一制度下，官授商以盐专卖权而征税于商，盐税表面上征自盐商，实则征自普通的广大食户。盐商将因为税率提高而增加的负担，通过掺杂短秤、私自变相加价等手段转嫁给了广大普通食户，导致盐价不断增加，远远超出了普通食户的经济承受力。食户因此不得不转而购食质劣价低的土盐和私盐。"以人民有限之负担能力，而供军阀无穷之滥税之滥费，其结果使人民逃避重税，购食私盐，以致官盐销额逐年减少。"②这从长芦盐区官盐销额呈下降趋势，私盐屡禁不止，甚至越禁越多的事实中，便可以得到证明。

另外，值得一提的是关于长芦精盐税率的调整。民族资本主义精盐业是在民初长芦盐务改革中诞生的一个新生事物。1914年3月北京政府颁布《制盐特许条例》，其中明确"盐制造者"包括"为精制盐或再制盐者"③，为精盐业的产生创造了条件。1914年7月，景学钤联合实业家范旭东禀请在盐产丰富、交通便利的塘沽设立精盐厂，用新式机械制造纸包粉盐及砖盐，行销通商各口岸，以对抗进口不断增加的洋盐，"以冀挽回利权于万一"。并呈请援照"从前棉纱厂、面粉厂创办之始均有减免税厘成案，准予试办，三年内减轻半税"。很快获盐务署批准，但减免税厘的请求未得获准④。中国第一家精盐公司——久大精盐公司由此创立。在经过近一年半时间的筹备、建设后，1915年12月，久大精盐公司开始生产精盐⑤，禀请运销出售。1916年7月，盐务署制定"久大精盐公司运销缴税章程"，规定了久大精盐运销办法及应缴税率：运销地点以全国通商口岸为

① 稽核总所函寄长芦分所盐务署取缔长芦盐商售盐规则并条示各节，1915年10月6日，长芦盐务档案680—22—470。
② 贾士毅：《民国续财政史》（二），商务印书馆1933年版，第190页。
③ 长芦盐运使伤发制盐特许条例，1914年7月11日，长芦盐务档案680—16—242。
④ 景学钤等禀长芦盐运司创办久大有限精盐公司请核准立案，1914年7月；盐务署批，1914年7月24日，长芦盐务档案680—7—1077。
⑤ 财政部盐务署、盐务稽核总所编：《中国盐政实录》，1933年，载沈云龙主编《近代中国史料丛刊》（三编），第88辑，台湾文海出版社1999年影印本，第1194页。

限，每年所制精盐以 3 万为限；公司所制精盐于原盐购入时应照长芦产地现行税率每百斤缴税 2.75 元；销盐之处如有税率高于长芦者，应按销地税则补足始得起运。考虑到百斤普通之盐仅能制成 70 斤精盐，"是百斤精盐等于 140 余斤普通盐"，其百斤精盐税税率实际超过 3 元，为扶持和奖励新式工业，避免久大精盐公司亏赔，盐务署规定，久大公司"将来补缴销地税时，所缴产地税应按实需之数核扣，以免亏累而资奖励"①。1917 年，久大精盐公司又获准自置盐滩、扩建新厂，新厂制造精盐所用生盐由自置盐滩生产。"新厂精盐名曰由卤制造，实则即用免税之生盐也。"② 产销因此蒸蒸日上。应该说，民族资本主义精盐业的产生和发展，作为民初盐务改革的一个重要成果，既是盐业生产方式的变革，又是对运销环节封建专商垄断制度的极大冲击，是民初盐务改革、中国盐务近代化的一个重要方面③。北京政府最初虽然没有给予久大精盐公司减免税厘的优惠，但终究还是在税率、建厂及运销方面给予了有限度的奖励和扶持，对于促进这一新式民族资本主义工业的发展起了一定作用。

四　各产盐区税率比较

按照《盐税条例》规定的均税方案，自 1915 年 1 月 1 日起，全国各产盐区实行统一税率。但实际上由于南、北两大区税率差距过大，加以时局变幻莫测，自 1914 年 1 月 1 日《盐税条例》实施后，均税方案仅陆续在北方的长芦、河东、山东、东三省等少数产盐区得以实行，而且"施行期间亦参差不一"。1918 年 3 月北京政府虽又曾颁布过《盐税修正条例》，但其时中国已经再度陷入军阀割据局面，因此直至北京政府倾覆也未能实行。因此，就全国而言，盐税税率依然畸重畸轻，分歧不一。这从表 4 - 3 中即可见其一斑。

表 4 - 3　　　　　　　各产盐区平均税率比较（1914—1922）④　　　　单位：元

年份	奉天	长芦	山东	河东	两淮	两浙	福建	广东	云南	四川
1914	1.208	2.054	1.470	1.656	0.857	1.378	0.505	1.768	3.511	0.784
1915	2.000	2.451	2.386	2.000	1.674	1.860	0.722	2.500	3.283	1.218
1916	2.000	2.704	2.394	2.500	1.743	1.864	1.000	2.500	3.414	1.593

① 盐务署饬，第 848 号，1916 年 7 月 23 日，长芦盐务档案 680—7—1077。
② 长芦沿革稿，1924 年，长芦盐务档案 680—22—3。
③ 陈争平：《民国初年的盐务改革》，《中国经济史研究》1994 年增刊。
④ 林振翰《盐政辞典》，各区分所平均税率比较表，中州古籍出版社 1988 年影印本，第 11 页。

年份	奉天	长芦	山东	河东	两淮	两浙	福建	广东	云南	四川
1917	1.995	2.692	2.387	2.500	1.796	2.008	1.000	1.904	3.378	1.606
1918	1.988	2.616	2.160	2.500	1.818	2.139	1.125	1.926	3.312	1.708
1919	1.994	2.765	1.922	2.500	1.632	2.074	1.734	1.867	3.319	1.747
1920	1.990	2.807	2.071	2.500	2.556	2.106	1.731	1.866	3.292	1.867
1921	1.992	2.869	1.928	2.500	2.591	2.617	1.609	1.838	3.291	1.787
1922	1.993	3.009	1.495	2.500	2.515	2.130	1.772	0.722	3.339	1.870
历年平均	1.907	2.663	2.024	2.351	1.909	2.02	1.244	1.877	3.349	1.576

　　由表4-3可以看出，各产盐区平均税率悬殊，最低者为福建，最高者为云南，两者税率相差2元还多。而均税方案实施最好的当属河东区。长芦区税率仅次于云南，居第二位，高出历年全国平均税率0.6元左右。由于长芦区盐税率实际上并未完全统一，不仅长芦"本区"的直、豫引岸和永七属各岸税率不同，而且"外运"盐斤，包括并销区、借运、久大精盐等，税率不尽一致，而各年所放盐数亦多寡不一，因此历年芦盐平均税率或高或低，变动不居。但总体来看，伴随着税率的历次调整，芦盐税率都远远高出全国平均税率。

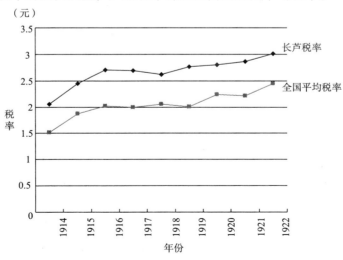

图4-1　1914—1922年长芦税率与全国平均税率比较

第二节　长芦历年盐税收入比较及原因分析

一　芦盐运销概况

盐税属于一种消费税，表面上征自盐商，但实际上取之于盐销区的广大食户。北京政府时期，芦盐的运销区域分为"本区"和"外运"区域。"本区"系指芦盐专销区域，主要包括直、豫长芦引岸和永七属各岸。为了督促各区盐销，保障盐税收入的稳定，1914 年 11 月，盐务署制定了"销盐考成条例"。1915 年5 月，又根据考成条例核定了"销盐比较年额"，长芦直、豫各引岸年销额定为350 万担。1916 年 3 月，因加入永七、口北每年应销额数，改为 386 万担。1917年 10 月，因口北芦盐滞销，且口北并非芦盐引地，盐务署又将长芦年销售额削减为 383 万担，其中，芦纲各岸应销 3509160 担，永七各岸应销 320840 担，自1918 年起执行①。"外运"区域则包括芦盐与其他盐产的并销区域、芦盐借运区域和精盐运销区域。其中，并销区域包括河南汝光 14 县（始为借运，后改为芦淮并销，年定销额 48 万担）、巩孟八县（又称襄八，始为借运，后改为芦潞并销）、晋北（始为借运，后改为芦潞蒙并销）、口北（清末曾一度改为长芦引岸，民初改为芦蒙并销）等销岸。芦盐借运区域包括皖、鄂、湘、赣等长江沿岸各销地。精盐运销区域最初仅限于中外条约中规定的通商口岸，用以抵制洋盐入口，以后又先后请准运销晋北自由商岸和淮盐长江沿岸各省区，每年限定销额亦不断增加，最初仅为 3 万担，1917 年改为 9 万担，以后又陆续增加至 32 万担。1924年以后更达 48.5 万担、60 万担②。

以上是长芦食盐运销的大致情形。此外，芦盐的运销还包括实业用盐、鱼盐及盐附产品皮硝、卤块、虾油酱等。实业用盐，一系永利制碱公司用盐，工厂设于塘沽；二系中国漂白粉厂用盐，工厂设于天津。鱼盐，系专供沿海渔户，主要被用来腌鱼之用；皮硝，多运销于津沪及关内关外各处，用来制造熟皮鞣化物件

---

① 参见林振翰编《中国盐政纪要》（上册），商务印书馆 1930 年版，第 102 页；盐务署训令，第 1535号，1917 年 11 月 3 日，680—8—95。

② 长芦各岸近年销盐比较，长芦盐务档案 680—8—95；长芦沿革稿，1924 年，长芦盐务档案 680—22—3。

及为药品中之泻剂。卤块，多运销于东三省及直隶北方等处，主要为点制豆腐之用。虾油酱，则系供沿海渔户腌虾所用之盐[1]。相对于食盐而言，它们在整个芦盐运销中所占比重很小。

由于受时局变化、税率调整和自然等因素的影响，历年芦盐供销各岸盐数起伏不定，总体上以运销直隶各岸为最多，河南各岸次之，以下分别为巩孟八县、汝光14县、久大精盐销岸、永平七县、晋北等处。以1920—1923年4年间的芦盐运销为例，每年各岸平均所占比例依次为，直隶43%，河南18%，巩孟八县14%，汝光14县8%，久大精盐销岸6%，永平七县5%，晋北2%，鱼盐2%，长江沿岸借运1%，口北5‰，实业用盐5‰[2]。

如果按照长芦各岸每年人均食用盐数计算，每人每年平均食盐约合10斤零6钱。再进一步以各岸销额分别平均计算，则每人每年食盐数目则由6斤7两8钱至31斤3两不等。约计河南销岸每人每年食盐6斤7两8钱，直隶每人每年食盐7斤4两6钱，永平七县每人每年食盐13斤2两3钱，汝光14县每人每年食盐15斤2两6钱，巩孟八县每人每年食盐31斤3两。食盐数目高者为汝光14县和巩孟八县，最高达31斤2两，低者为直、豫引岸，最低仅为6斤7两8钱[3]。人均食盐数目相差竟然如此之巨，其原因在于"襄、汝两处与高税之鄂岸毗连，故其盐多侵邻岸。即豫岸鄂西两处亦多有襄八与汝光之食盐侵入"[4]，故其销额特别增加。特别是巩孟各县"多与芦岸接壤，其运往之盐尤非经过芦岸不可，沿途飞洒，随处侵灌"，1921年销售额达68担，1923年销售额近80万担。以"区区八邑销地，又有潞盐竞销，竟能销此巨额，其故可想"。而直、豫两省地多卤碱，盛产硝盐，"随刮随生，层出不穷"，冲销官盐。更加以天灾、兵祸，"各县食户流离失所，逃死不遑，即使有盐亦乏销路，以致每月额定销数因之骤减"[5]。

表4-4为1914—1923年芦盐运销增减数目比较。

---

① 长芦沿革稿，1924年，长芦盐务档案680—22—3。
② 同上。
③ 同上。
④ 长芦分所呈总所芦盐产销增减情形，1925年1月28日，长芦盐务档案680—22—1010。
⑤ 长芦盐运呈盐务署民国十二年长芦销盐收税务数，1924年1月21日，长芦盐务档案680—8—95。

表 4 - 4		1914—1923 年芦盐运销增减数目①		
销岸	1914—1918 年每年平均销额（担）	1919—1923 年每年平均销额（担）	增销数目（担）	减销数目（担）
直隶	2362551	2189949		172602
永七	306129	307035	906	
河南	1196179	990993		205186
汝光	486521	469249		17272
襄八	79173	612890	533717	
口北	36674	4258		32416
沿江四省	1020253	176366		843887
久大公司	34551	305490	270939	
实业用盐		1600	1600	
晋北	52701	109778	57077	
鱼盐	117947	109185		8762
统计	5692679	5276793	864239	1280125
副产品	165480	217193	51713	

由表 4 - 4 可以看出，1914—1923 年，芦盐销量减少的依次为沿江四省、河南、直隶、汝光、口北等销岸，以及鱼盐；销量增加的有襄八、久大公司、晋北等销岸，以及实业用盐和副产品。以增抵减，芦盐运销总量有所下降。

至于各岸应征税率，则随《盐税条例》实施前后的历次税率调整而变化。至 1921 年税率调整后，长芦引岸、襄八、汝光、口北等处，每担食盐税洋 3 元，永七属每担 2 元 7 角 5 分。他区借运芦盐，则按照各该岸原定税率征收。久大精盐公司旧厂所用生盐每担税洋 2 元 2 角 5 分，制成精盐运往销岸时，再按照各该岸税率与 2 元 5 角之差数，按九折补税；其新厂所制精盐则系按照各销岸之税率缴税。实业用盐、鱼盐及附产品的销额，相对于食盐销额虽然为数不多，但均须按照既定税率缴纳税款。实业用盐每担 2 角，鱼盐每担 5 角，卤块每 800 斤税洋 9 元 5 角，皮硝每担 7 角 2 分，虾油酱每担 3 角②。1914—1918 年，长芦盐税收入每年平均 12655597 元。1919—1923 年，每年平均盐税收入增至 15170590 元，但放盐数则由 5692679 担，减至 5276793 担，而盐附产品由 165480 担增至

---

① 长芦沿革稿，1924 年，长芦盐务档案 680—22—3。
② 同上。

217193 担。其中，发放直、豫两省引盐明显减少的一个重要原因，是"自民国十年起加给盐商路耗每担六斤半，每年发于河南引地者计五万五千二百七十八担，于直隶引地者十七万一千九百七十一担。又运销襄八之盐虽日见锐增，实则约十一万四千担倾销河南芦纲引地"①。

二　历年盐税收入变化及其原因

北京政府时期，自民初《盐税条例》实施以后，长芦盐税收入总体上可以分为两个阶段。第一阶段：1914—1923 年。长芦盐税收入大体上呈稳定增长态势，至 1923 年最高达 1700 余万元②，平均每年收入近 1400 万元。究其原因，一方面是盐税改革以后，盐税的征收与管理制度日益严密、规范和完善，堵塞了以往盐商偷运私售、偷税漏税、拖欠税款的种种弊病，最大限度地防止了经管税收人员假公济私，亏短盐款等行为的发生，保证了各项盐务收入完全归入稽核系统掌管的盐款项下。另一方面则是税率的不断加增，由每担 2 元，先后增加至每担 2 元 5 角、2 元 7 角 5 分、3 元，使得在放盐数没有增加甚至下滑的情况下，盐税收入不降反增。

除了以上两个原因之外，这一阶段长芦盐税收入的增长，还与久大精盐产销的日见发达息息相关。表 4 - 5 是 1916—1923 年久大精盐公司精盐的产销数目。

表 4 - 5　　　　　　　1916—1923 年久大精盐公司精盐产销数目

年　份	产盐数（担）	实销数（担）
1916	452	452. 22
1917	12895	12357. 42
1918	83129	79438. 44
1919	155292	157105. 09
1920	260271	242378. 14
1921	320821	308827. 54
1922	408106	409694. 64
1923	459560	420995. 40

资料来源：财政部盐务署、盐务稽核总所编：《中国盐政实录》，1933 年，载沈云龙主编《近代中国史料丛刊》（三编），第 88 辑，台湾文海出版社 1999 年影印本，第 1196—1200 页。

① 长芦沿革稿，1924 年，长芦盐务档案 680—22—3。
② 中华民国十二年（1923）一月一日至年底盐款总账，长芦盐务档案 680—22—1189。

与精盐的产销两旺相对应，久大精盐公司所纳精盐税款逐年快速增长，特别是在 1920 年新厂建成投入生产以后，所纳精盐税款更是成倍增长，成为长芦盐税收入的一个重要增长点。

表 4 - 6　　　　　　　　　　1918—1923 年久大精盐税额及所占比例

年　份	精盐税额（元）	在长芦盐税收入总数中所占比例（%）
1918	279543	1.96
1919	530453	3.6
1920	1082334.75	8
1921	1136214.56	7.78
1922	1756921.5	11.21
1923	1657870	9.65

资料来源：财政部盐务署、盐务稽核总所编《中国盐政实录》，1933 年，载沈云龙主编《近代中国史料丛刊》（三编），第 88 辑，台湾文海出版社 1999 年影印本，第 1184 页；长芦沿革稿，1924 年，长芦盐务档案 680—22—3；长芦各岸近年销盐比较，长芦盐务档案 680—8—95。

当然，1914—1923 年长芦盐区发生的一系列天灾人祸，如 1916 年的倒袁护国战争和金融风潮、1917 年的水灾、1920 年的旱灾及直皖战争和直隶开征食户捐案，以及 1922 年的第一次直奉战争等，对长芦盐税收入造成了一定的冲击和影响。但总的来说，没有对长芦盐税征管体制造成严重打击和破坏，盐务稽核系统的地位和权威仍然得以维持，各项改革亦尚能渐次进行，从而保证了盐税收入的增长。

第二阶段：1924—1927 年。长芦盐税收入呈快速下降趋势，至 1927 年盐税收入仅为 800 万元左右[1]，尚不及收入最高年份的一半。其直接原因，1924 年冬第二次直奉战争的爆发使长芦盐务受到了空前严重的冲击，并从此卷入了日益激烈的军阀混战旋涡。直、奉、晋、冯等各派军阀分化离合，为争夺直、豫地盘明争暗斗，战事连绵，纷争不已，长芦盐区因此被各方势力分割占领，陷入了四分五裂的局面。"长芦所辖行盐区域直、豫各岸原为 185 县，其中豫省 53 县，先为各方军队分割占有，继为冯军窃据，对于盐务行政筹款各事已均不能行使职权。

---

[1] 财政部盐务署、盐务稽核总所编：《中国盐政实录》，1933 年，载沈云龙主编《近代中国史料丛刊》（三编），第 88 辑，台湾文海出版社 1999 年影印本，第 1185 页。

此外，京榆一带各岸现为奉军三四方面军团部管辖者，计又为三十二县……对于盐务行政亦实难指挥一致。再除直南红枪会扰乱范围及晋军暂驻各县，是长芦行盐区域，现在仅余不足百县。"[1] 长芦各岸盐运盐销因此受阻，常常陷入停顿。同时，各派军阀为了扩充实力，筹措军饷、政费，大肆搜刮当地人民，无限度地滥征附加税捐。盐税成为他们格外重视和争夺的目标，并且愈演愈烈。先是产销饷捐、军事特捐等附加税接踵而来，继而军阀截留盐款，风波迭起，民初盐税改革以来形成的征管体制遭到了极大破坏，盐税收入因此逐年快速下滑。

以上是从总体上对北京政府时期长芦盐税收入状况的观照。如果从历年长芦盐税收入变化来看，则表现为多有起伏。表4-7和图4-2是1914—1927年长芦历年盐税收入比较及图示。

表4-7　　　　　　　　　　1914—1927年长芦历年盐税收入比较

年份	长芦运署统计数目		盐款总账数目			
	放盐数（担）	实收税款（元）	放盐数（担）	应收正税（元）	应收杂税（元）	实收总额（元）
1914		12065850	5794605			12697582
1915		12630549	5152560	12630104	45151	12675255
1916	4441584	12253218	4551384	12308118	423588	12668920
1917			4092964	11020157	204689	11225435
1918	5351372	14222825	5466272	14302501	193401	14226338
1919	5228068	14519907	5287468	14618863	244791	14748704
1920	4652741	13074014	4743141	13314659	184848	13610492
1921	487023	14029697	5005172	14357859	242053	14722076
1922	5022076	14874336	5133076	15444453	226203	15876706
1923	5493577	16287845	5621652	16921258	247913	17176624
1924	4398816	13100843	4577270	13686239	197554	13853793

①　长芦盐运使呈直隶督办褚玉璞本年以来芦纲现状及经筹款项情形，1927年9月1日，长芦盐务档案680—9—37。

续表

年份	长芦运署统计数目		盐款总账数目			
	放盐数（担）	实收税款（元）	放盐数（担）	应收正税（元）	应收杂税（元）	实收总额（元）
1925	4455903	13804104	4741111	13913891	255963	14199855
1926	3416588	10492696	3720108	10578575	181215	10759789
1927	2671526	7941389				

资料来源：长芦盐运使函直鲁财政调查员近三年盐税收支实数，1917年1月12日，长芦盐务档案680—8—231；长芦各岸近年销盐比较，长芦盐务档案680—8—95；盐款总账，长芦盐务档案680—22—1475、680—22—1059、680—22—1065、680—22—1068、680—22—1072、680—22—1076、680—22—1093、680—22—1189、680—22—1375。

表4-7中所谓"长芦运署统计数目"，系每年初长芦运署呈送盐务署的上一年"销盐收税各数表"中所载数字。与稽核总所编核的"盐款总账"中的所载统计数字相比较，由于长芦运署未将每年所放鱼盐数及应收杂税统计在内，所以"放盐数"及"实收税款"明显偏少。

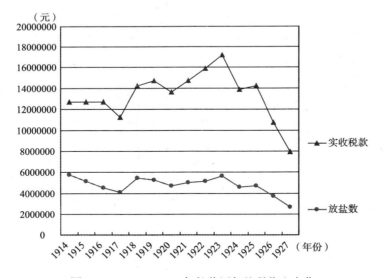

图4-2　1914—1927年长芦历年盐税收入变化

从表4-7及图4-2中可以看到，1914—1917年盐税收入逐年递减。期间，如果说《盐税条例》的实施使长芦盐税收入较前有了明显增长，那么，此后的两次税率加增为什么没有使税收增加反而减少？究其原因有以下几点。其一，

1914年9月税率加增之前，"曾有大多数盐斤由各商按照旧税率预为纳税存坨"①，翌年始行筑运，实际上等于预缴了部分来年税款。其二，长芦盐运使为了使销盐数达到盐务署规定的销盐比较年额，常常于年终令盐商预提多报，寅食卯粮。"长芦销盐，考其实数，每年只能销八十四五万包，民国三年李前运使在任，于阳历年终嘱商预提多报约有九万九千余包，故民国三年销盐甚多，其实寅去卯粮，已占来年销额，不能视为正数。民国四年商人以有上年存盐，报运较少，不能如三年之额，前运使又仿三年办法于年终嘱商预报，故其数亦多。然至是陈陈相因，侵占后年销数，愈占愈多，至六年份则因水灾之故，特别减少。"其三，受1916年的金融风潮冲击。1916年因为中国、交通两银行钞票停止兑现，长芦稽核分所遵奉总所函饬盐税只收现洋，"自民国五年五月十六日起至八月十二止，因所有盐税不收中国银行钞票，及由五月十六日起至八月三日止不收交通银行钞票，故五年所收税款大为减少。自五年五月十六日（似应为八月十二日）起，所有税款仍未收用北京中国银行总行及交通银行总行所发行之钞票"②。其四，受战争、水灾影响，芦盐运销受阻。1916年护国战争和1917年护法战争期间，"直、豫两省正当其冲……直、豫两岸输运盐斤以火车为大多数，军兴以来，火车运送军队，装盐之车寥寥无几。而六年大水为患，停运数月，水陆运道既已断绝，几至无法可设。厥后，盐车终不能源源相济，每日仅能运二三十车不等"。其五，直、豫两省硝池林立，贩私盛行。"直、豫两省地多斥卤，居民随处淋晒，极为便易，缉私营队跟踪铲除，终以地广人单，不敷分布，此处方将盐池平媒，而彼处又复设立，仆之道途，实有鞭长莫及之势。五、六两年缉私营在直、豫两岸，计平毁硝池数万余座，而内黄、开封硝民聚众抗拒，至今仍无良好办法。今年各县人民又以灾寝之后无可聊生，贩私一途又成蜂起，虽经饬营严缉，究未便过于操切以酿地方风潮。"③ 而食私贩私的根源则更在于"惟现以施行专运专卖之制，官盐之价较前为昂，而所售之盐又多潮湿不洁，且尤不免短斤之欺骗，凡此弊端皆足直接鼓励人民购用私盐"④。此外，1916年以后，长芦稽核分所遵奉总所关于"除淮南、淮北盐斤不敷畅销外，芦盐不得借运与淮南、淮北"⑤ 的饬

---

① 长芦稽核分所寄呈总所二年、三年、四年税款比较表，1915年12月31日，长芦盐务档案680—22—896。

② 长芦稽核分所寄呈总所民国四五两年运销收支比较表，1917年1月9日，长芦盐务档案680—22—907。

③ 长芦盐运使函复稽核分所近年销数减少原因，1918年6月20日，长芦盐务档案680—8—407。

④ 盐务署训令，第1158号，1918年8月9日，长芦盐务档案680—8—407。

⑤ 长芦稽核分所寄呈总所民国四五两年运销收支比较表，1917年1月9日，长芦盐务档案680—22—907。

令，沿江四省借运芦盐大为减少，也是税收减少的一个重要原因。

1918 年和 1919 年，局势相对较为平稳，盐税收入因此得以恢复增长。但好景不长，至 1920 年，长芦区域先是遭遇大面积春旱，继之 7 月间直皖战争发生。在此前后，"京汉、京奉两路车辆均归军用，运销阻滞"。战火未尽熄灭，"直、豫一带又复亢旱成灾，赤地千里，人民流离失所，食盐之户十室九空，为数十年来未有之巨灾"①，运销各县食盐因而锐减。"又兼各路火车多作灾区运粮之用，致运盐车辆愈形竭蹶，故去年（1920 年）盐税就直隶一省而言，已短绌一百四十九万一千四百九十元之谱。"② 加之 8 月间直隶开征食户饷捐，长芦盐价每百斤增加 4 角，"以故邻省贱价私盐乘机充斥长芦各境，而贫民以其价廉乐于购用，官盐因而不得畅销"③。因此，1920 年长芦盐税收入较之前两年又大幅下降。

1921—1923 年长芦盐税收入又复恢复增长。其间虽曾发生金融恐慌（1921 年）、第一次直奉战争（1922 年）和商灶纷争（1923 年），使芦盐运销受到影响④，但得益于 1921 年税率的加增，久大精盐公司精盐供不应求，产销两旺，所纳精盐税款大幅增长，长芦盐税收入仍呈增长态势。

1924 年第二次直奉战争的爆发，成为长芦盐税收入的重要转折点。此后，直、豫一带军阀混战，几无宁日，芦盐运销区域烽火弥漫，交通梗阻，运盐维艰，经常陷于完全停顿。加以兵匪肆意劫掠，盐商"于引岸营业益咸视为畏途"，多有停运歇业者，各岸盐销因此日趋停滞。1924 年，永七各岸因接近战线运销全停，芦纲引岸较额定销数短销 70 万担，巩孟八县较上年短销 27.6 万余担，汝光 14 县较上年短销近 7 万担，久大精盐短销 2.4 万余担。1925 年，芦纲较额定销数短销 41 万担，汝光 14 县较上年短销近 21 万担，巩孟各县较上年短销近 11 万担，久大精盐短销 21.5 万担。1926 年，芦纲较额定销数短销 137 万余担，汝光 14 县短销 37.7 万余担，巩孟各县较上年短销 17 万余担，久大精盐短销 31.5 万余担。1927 年，芦纲较额定销数短销 178.5 万余担，几近额销半数；巩孟各县较上年短销近 16 万担，仅销盐 12 万余担，较之 1923 年的 80 万担最高销数，相差数倍；久大精盐短销 34 万余担；汝光 14 县运销则完全停止⑤。长芦

---

① 长芦盐运使呈送盐务署九年销盐收税表，1921 年 1 月 12 日，长芦盐务档案 680—8—95。
② 长芦稽核分所呈复总所民国九年分盐税征收短绌原因，1921 年 3 月 24 日，长芦盐务档案 680—22—924。
③ 同上。
④ 长芦各岸近年销盐比较，长芦盐务档案 680—8—95。
⑤ 同上。

盐税收入因此逐年锐减。

三　长芦盐税在全国盐税收入中的比重

民国时期，芦盐（长芦）、淮盐（两淮）、奉盐（东三省）、川盐（四川）、东盐（山东）、粤盐（广东）、潞盐（山西）、浙盐（两浙）、闽盐（福建）、滇盐（云南）并称为十大盐区，盐税收入的绝大部分亦来源于这些盐区，占全国盐税总收入的97%以上[1]。其中，在历年全国盐税总收入中所占比重平均超过5%的，有淮盐、芦盐、奉盐、川盐、粤盐、浙盐六盐区，它们的盐税收入之和占全国盐税总收入的85%以上。表4-8是该六盐区历年盐税收入在全国盐税总收入中所占比重。

表4-8　　　　　1914—1927年长芦等六盐区盐税收入所占比重比较　　　　（元,%）

年份	全国盐税总收入	淮盐	奉盐	芦盐	川盐	粤盐	浙盐
1914	68483	30.53	8.68	18.75	8.99	10.45	5.52
1915	80503	33.84	8.43	16.21	8.62	10.39	5.45
1916	81064	34.66	8.83	16.35	12.68	8.62	5.59
1917	82245	24.15	10.02	14.24	12.13	11.1	6.47
1918	88392	29.86	12.18	16.73	11.96	9.16	6.8
1919	87823	30.45	11.8	17.24	12.16	7.62	7.35
1920	90052	32.74	9.21	15.5	13.27	7.2	7.4
1921	107495	29.55	15.38	13.58	10.35	9.47	6.28
1922	109011	28.00	14.49	14.37	11.28	9.63	6.35
1923	109118	30.02	15.49	15.73	10.92	5.36	6.65
1924	105401	29.84	16.79	13.17	11.92	6.36	6.64
1925	113818	34.33	16.82	12.46	9.07	6.73	6.6
1926	114152	34.27	24.92	9.46	10.17	—	6.79
1927	119638	33.48	28.17	6.89	11.79	—	6.97
平均所占比重		31.12	14.37	14.33	11.09	8.51	6.49

资料来源：历年全国盐税收入分区统计表，载南开大学经济研究所经济史研究室编《中国近代盐务史资料选辑》，第4卷，南开大学出版社1991年版，第266—273页。

---

[1]　参见丁长清等《民国盐务史稿》，人民出版社1990年版，第105页。

由表4-8可以看出，民国北京政府时期，长芦历年盐税收入在全国盐税总收入中平均所占比重超过14%。1914—1920年平均所占比重则超过16%，仅次于淮盐，芦盐、淮盐合计所占比重达48%左右。1921年以后，奉盐所占比重逐渐增加，1924年以后升至第二位。芦盐所占比重则呈逐年下滑趋势，特别是在1924年以后更是加速下滑。到1926年、1927年，芦盐所占比重先后被川盐、浙盐超过，下滑至第四位、第五位。

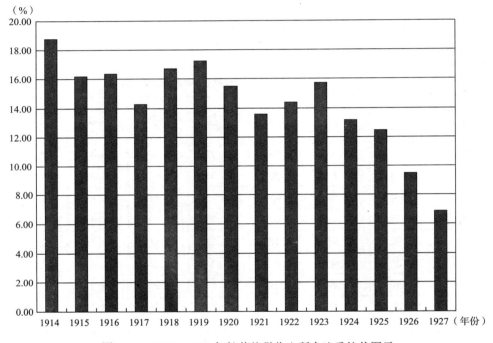

图4-3　1914—1927年长芦盐税收入所占比重柱状图示

当然，上述关于长芦盐税收入在全国盐税总收入中所占比重的考察，只是表面上的，单纯就长芦历年盐税收入数与全国各盐区盐税收入总数之间的比例而言。至于长芦盐税究竟在北京政府时期的财政中居于何种地位，则尚需对其支出、流向做进一步的分析。

第三节　长芦盐税的流向分析

民国初年，长芦盐税的收支管理实行的是清末以来形成的一套专款专收、专款专储和专款专用的收支管理体系。"表面上虽为中央集权，实际则为地方分权也"。除支出盐务各机关经费外，盐税收入首先是用于支拨直隶省兵饷及各项行政经费，其次是呈解中央各机关经费和借、赔各款的额定之数。随着盐税改革的进行，特别是外人控制的盐务稽核系统的创设、完善和盐税权的移交，所有盐税的征收权及盐款管理、存储、提用之权悉为外人掌控。"收解盐款暂行章程"明确规定，所有盐务收入应悉数缴存收款银行，归入中国盐款账内。各区盐务机关经费，须由稽核总所总会办核准、规定数目，由分所按所定数目每月从盐款账内签发。此外所余之款，即"盐税净款"，则应由收款银行移存于各外国银行团，以便偿还盐务担保之各项债款。也就是说，各盐区所收盐税的支出和流向有两种，一是盐务经费的支出，二是解交团银行的"盐税净款"。长芦作为民初盐务改革中"所有盐区中管理最好的"① 盐区，上述规定得到了较好的执行。

一　盐务经费

长芦的盐务经费，主要是指长芦各盐务机关经费。盐务机关经费包括俸给费和办公费两项。俸给费系指薪俸工资，办公费则包括常年经费、旅费、杂支以及随时发生之一切支款在内。需要特别注意的是，与其他盐区的盐务经费支出不同，长芦盐务经费除支出本区盐务经费以外，还要担负中央盐务机关盐务署及稽核总所的经费支出。

（一）长芦本区盐务经费

民国初年，由于收支管理系统的紊乱失范，长芦盐区盐务经费支出并不循章办理，浮冒滥支，任意挥霍盐款的现象比比皆是。盐税改革之初，盐款账目未经改归长芦稽核分所管理之前，虽然规定实行盐税收支预算，但盐务经费支出仍然居高不下。以长芦盐运使署呈报财政部的1913年7月2日至1914年6月3日盐款收支预算为例，盐税各项正杂收入合计为6225628元，各盐务机关经常、临时经费支出合计达850015元，占到了预算总收入的13.65%，"为数太过"②。随着盐税改革的进行，盐款账目改归长芦稽核分所管理以后，盐务经费的支出日益制度化、严密化，盐务经费支出与盐税收入比大幅下降。

长芦盐务机关组织分为稽核、行政、缉私三部分。截至1923年，稽核方面，

① 刘经华：《民国初期各大盐区改革绩效分析》，《中国经济史研究》2002年第4期。
② 稽核总所丁会办对于长芦盐务意见书，1913年，长芦盐务档案680—22—1055。

分所以下有两支所、十放盐处。行政方面，运使以下有三场署、一查验处、五滩坨务局、三滩务局、二坨务局。行政、稽核会同管辖机关有两实业用盐监视处、两硝卤局、九虾油酱税卡、七鱼盐局。缉私方面，统领以下有步兵三营、马兵两营、巡轮两艘、巡船六艘。统计长芦各机关员司、缉私兵、卫兵、仆役等共 3192人，如表 4 - 9 所示。

表 4 - 9　　　　　　　　　长芦盐务各机关员额人数①

机关	员司	缉私兵	卫兵	夫役	仆役	人数总额
缉私营	180	2142			376	2698
分所	117		19	11	26	173
运署	113				101	214
共管机关	53				54	107
统计	463	2142	19	11	557	3192

表 4 - 10 是 1916—1923 年长芦各盐务机关经费支出数目及所占盐税收入比例。

表 4 - 10　　　　　1916—1923 年长芦各盐务机关经费支出数目比较

年份	盐务行政系统经费（元）	盐务稽核系统经费（元）	盐务缉私经费（元）	经费总数（元）	所占盐税收入比例（%）
1916	125795	86554	380995	593344	4.68
1917	121079	90237	378990	590306	5.26
1918	127097	96028	377826	600951	4.22
1919	147761	111451	371819	631031	4.28
1920	121697	131965	381528	635190	4.67
1921	118846	126335	379990	625171	4.25
1922	119684	137175	379448	636307	4.01
1923	126676	160312	382197	669185	3.9

资料来源：盐款总账，长芦盐务档案 680—22—1059、680—22—1065、680—22—1068、680—22—1072、680—22—1076、680—22—1093。

---

① 长芦沿革稿，1924 年，长芦盐务档案 680—22—3。

据 1923 年长芦稽核分所编写的"长芦沿革稿"统计，长芦三部分机关经费，每年平均共需 644456 洋元，约居税收的 4%。其中，缉私营队用费占全部经费 57.5%，稽核所机关居 22.5%，运署机关居 20%[1]，基本与表列数据吻合。

一个税种的征收成本与实际税收之比的高低，很大程度上代表了所谓的"税收经济效益"，即以最少征收费用支出获得最大的税款收入。以上长芦本区盐务机关经费实际上就是盐税的征收成本。盐务机关经费由原来占盐税收入的 13% 以上缩减至 4% 左右，无疑符合了税收的经济效益原则。但是如果再进一步审视长芦稽核、行政、缉私三部分机关的盐务经费，就会发现它们之间存在着巨大的落差和分配上的双重标准。外人控制的盐务稽核系统实行的是优俸养廉，其待遇之优厚为盐务行政、缉私机关员司所不能比。以长芦盐运使为例，其每月薪俸为 600 元[2]。与之相比，长芦稽核分所经协理的月俸则是 800 元，且额外另有各种名目的加俸、津贴等收入，"有倍于薪额者"[3]。再从以上 1916—1923 年长芦各机关经费支出的增减变化中来看，1916 年长芦稽核系统经费开支只有 86554 元，以后逐年递增，至 1923 年已达 160312 元。而同期内长芦盐务行政系统和盐务缉私经费并无明显变化，且多数年份反较原额有所减少。当然，也正是盐务稽核系统的高薪养廉，再加上严格的制度约束，才保证了盐税稽征和管理的廉洁和高效，逐步降低了盐税的征收成本。

长芦本区的盐务经费支出，除了各盐务机关人员薪饷及办公行政经费外，还有其他经费支出，主要是盐务改革中公家购建物产、建筑盐坨、修理运盐河道、裁废各场盐滩发给灶户恤金等诸项费用的开支，均由长芦盐款项下开支。1913—1923 年共计支出 1044307 元[4]，其中 1916—1923 年支出 853510 元[5]。

（二）盐务署及稽核总所经费

1913 年 1 月，北京政府为了整顿盐务，将盐政管理权收归中央直接管理，在财政部内设立盐务筹备处，作为综理全国盐务的专门机关。其常年经费指定由长芦运库认拨。长芦盐运司应允每年认解银 3 万两，按月呈解财政部转发盐务筹备

---

[1] 长芦沿革稿，1924 年，长芦盐务档案 680—22—3。

[2] 财政部核定盐运使月俸公费指令，《长芦盐务公报》第 2 期，1913 年 4 月 16 日。

[3] 蒋静一：《中国盐政问题》，台北正中书局 1936 年版，第 84 页。

[4] 长芦沿革稿，1924 年，长芦盐务档案 680—22—3。

[5] 盐款总账，长芦盐务档案 680—22—1059、680—22—1065、680—22—1068、680—22—1072、680—22—1076、680—22—1093。

处应用。不久，因长芦盐税折收银元，改为每年拨解银元 4.5 万元，仍按月分解①。同年 6 月，财政部又电令长芦盐运司，所有盐务筹备处和盐务稽核造报所每月经费共计 1.6 万余元，改由长芦所收盐款项下照数解拨②。1913 年 9 月以后，盐务筹备处改设为盐务署、稽核造报所改称稽核总所，所需各项经常、临时经费仍由长芦盐运司于所收盐款项下拨解。长芦运库裁撤、盐款移交长芦稽核分所管理后，则由长芦稽核分所负责拨解，且数额逐年增长。表 4 – 11 是 1915—1926 年长芦历年拨解盐务署及稽核总所经费数目。

表 4 – 11　　　　1915—1926 年长芦拨解盐务署及稽核总所经费数目比较

年份	拨解盐务署、稽核总所经费（元）	占长芦盐税收入比例（%）
1915	413413	3.26
1916	409647	3.23
1917	431456	3.84
1918	458007	3.22
1919	541155	3.67
1920	811661	5
1921	964546	6.55
1922	828309	5.22
1923	1120645	6.52
1924	—	—
1925	1073663	7.56%
1926	1130912	10.51%

资料来源：财政部财政调查处编：《各省区历年财政汇览 民国十六年 山东省 直隶省（四）》；盐款总账，长芦盐务档案 680—22—1059、680—22—1065、680—22—1068、680—22—1072、680—22—1076、680—22—1093、680—22—1189、680—22—1375。

从表 4 – 11 可以看出，盐务署及稽核总所的经费在长芦盐税收入中占据相当大的比重。1915—1919 年，所占比重维持在 4% 以下，1920 年以后则超过了长芦

---

　① 长芦盐运司函复盐务筹备处允为筹款接济，1913 年 3 月 1 日；长芦盐运司函复盐务筹备处认解经费，1913 年 4 月 17 日，长芦盐务档案 680—7—724。

　② 财政部电，1913 年 6 月 21 日，长芦盐务档案 680—7—724。

本区盐务经费支出，占到了长芦盐税收入的 5%—10% 以上。每月拨解盐务署及稽核总所的经费，1915 年为 40 万余元，至 1923 年以后增加到了 100 万元以上，成为长芦盐区的巨大负担。盐务署和稽核总所作为北京政府两个举足轻重的机关，经费完全仰给于长芦盐税，从一个侧面反映了长芦盐税对于北京政府财政的重要性。而北京政府庞大的政费支出由此亦可见其一斑。

二　解交银行团"盐税净款"

按照"善后借款合同"及"收解盐款暂行章程"规定，各盐区所收盐税除支出盐务经费以外，所余"盐税净款"均须解交外国银行团，优先用来偿还盐务担保之各项债款，待偿还各项债款后，剩下的所谓"盐余"方可由银行团拨还中国政府应用。事实上，经过民国盐税改革后，全国盐税收入逐年递增，除偿付盐税所担保的各项债务外，由外国银行团拨还的"盐余"，成为北京政府财政上较为稳定的收入来源。考察和分析长芦盐区历年解交外国银行团"盐税净款"的数额及其所占比重，有助于我们认识长芦盐税在民国北京政府财政中的地位。

长芦盐区 1913—1927 年每年平均盐税收入 1200 余万元，除支出本区盐务经费和盐务署、稽核总所经费外，平均每年解交外国银行团"盐税净款"1000 余万元，这是北京政府用以偿还各项债款并获得"盐余"的重要来源。表 4 – 12 是 1913—1927 年长芦历年解交银行团的"盐税净款"数目。

表 4 – 12　　　　1913—1927 年长芦解交银行团的"盐税净款"数目

年份	长芦解交之数（元）	各区解交总数（元）
1913	3445313	11471243
1914	12030241	60409676
1915	11511471	69277536
1916	11845730	72440560
1917	10677588	70627250
1918	13330000	71565520
1919	13920000	80606503
1920	12748840	79064103
1921	13570000	77987838
1922	14861820	85789050

年份	长芦解交之数（元）	各区解交总数（元）
1923	16240000	79545102
1924	11820000	70544476
1925	12580000	73634425
1926	8964600	64287618
1927	6352211	51069920

说明：表中 1927 年"长芦解交之数"，应由当年长芦盐税收入数减去盐务经费支出数得来。但由于档案中没有 1927 年长芦盐务经费支出数，故仍以 1926 年支出之数为参照。

资料来源：盐款总账，长芦盐务档案 680—22—1475、680—22—1059、680—22—1065、680—22—1068、680—22—1072、680—22—1076、680—22—1093、680—22—1189、680—22—1375；南开大学经济研究所经济史研究室编《中国近代盐务史资料选辑》第 1 卷，南开大学出版社 1985 年版，第 450 页；历年全国盐税收入分区统计表，见南开大学经济研究所经济史研究室编《中国近代盐务史资料选辑》第 4 卷，南开大学出版社 1991 年版，第 266—268 页。

表 4 - 12 中 1913 年长芦解交盐税款仅为 344 万余元，却占到了各盐区解交总数的 30% 以上。这一方面是由于是年"善后借款合同"刚刚签订不久，外国人主持下的盐税改革尚未完全展开，盐款的收解亦仅限于 5 月 21 日至年底的盐税收入。另一方面也是由于全国盐政尚未统一，多数盐区对于"善后借款合同"中有关收解盐款的规定或敷衍，或不肯施行，只有长芦等少数盐区尚能大体上循章照办。1914 年以后，随着各项盐税改革措施的实施和收解盐款制度的完善，长芦每年解交外国银行团的盐税款猛增至 1000 万元以上，但在各盐区解交总数中所占比例总体上却呈下降趋势，平均约占 17%（见图 4 - 4 示）。

然而，如表 4 - 12、图 4 - 4 所示，只是表面上的数据而已，并不是完全真正的实际数额，也不能完全反映出长芦解交"盐税净款"所占真实比重。事实上，仅仅是在 1914 年和 1915 年中，各盐区能够真正按照"收解盐款暂行章程"的规定向外国银行团解交盐款。自 1916 年袁氏政权垮台之后，北京政府权威日益衰微，中国陷入军阀割据混战的局面，为筹措军政各费，各地军阀纷纷开始截留部分盐税，并且愈演愈烈。"上而自督军巡阅使，下而至旅师营长，苟有兵符在握、地盘割据者，无不将所管区域内之盐税予取予求。"[1] 截留数额也越来越巨，直

---

[1] 田斌：《中国盐税与盐政》，上编，江苏省印刷局 1929 年版，第 66 页。

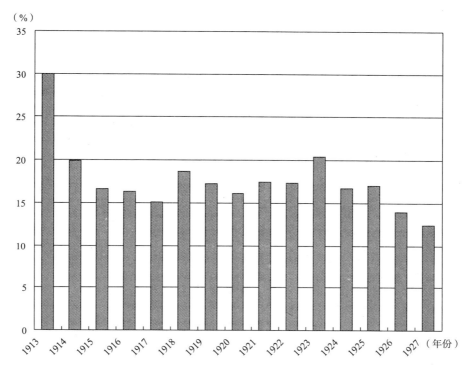

图 4 - 4　1913—1927 年长芦长芦解交银行团"盐税净款"所占比例

至完全截留。各省军阀截留之数虽然仍被统计于各盐区解交外国银行团盐款内，但实际上已被外国银行团从应放还中国政府的"盐余"款中扣除、抵充①。也就是说，表 4 - 12 中之"各区解交总数"包含了各省军阀截留之数，并非各盐区解交外国银行团的实际盐款数目。

　　直隶省由于地处特殊的地理、政治环境，自始至终没有对长芦盐税实行完全截留。并且在绝大部分时间里，盐税收入除盐务经费外的"盐税净款"均能如数解交银行团。1920 年直隶食户饷捐案发生后，稽核总所曾许以自盐款项下每月拨付直隶省协款 10 万元，以换取直隶当局取消该饷捐；1925 年 5 月，稽核总

　　① 各省军阀截留之盐税款有两种：一种是"奉准截留"，即"经中央政府核准由地方长官留用之盐税"，实际是经外国银行团抗议无效，由盐务稽核总所与各省当局协议，将扣除盐务经费以外之"盐税净款"一部或全部任各省提用；另一种是"自行截留"，即"各省长官并军长自由提用之盐税"，也就是各省当局以武力强行提用之盐税。参见 1916 年以后"盐款总账"中"存入银行团并提用之盐税比较表"，长芦盐务档案 680—22—1059、680—22—1065、680—22—1068、680—22—1072、680—22—1076、680—22—1093、680—22—1189、680—22—1375；南开大学经济研究所经济史研究室编《中国近代盐务史资料选辑》第 1 卷，南开大学出版社 1985 年版，第 375 页。

所又曾以每月自盐余项下拨付直隶省 10 元协款，以换取直隶军阀当局不干涉长芦盐务的保证①。然而，在现有档案中笔者没有找到双方拨、收此项协款的记录，因此，上述协款是否真正实行拨付，尚有待进一步查证。1926 年 5 月以后，直隶军阀当局公然企图截留盐款，稽核总所不得不自盐款项下每月拨付直隶省 30 万元协款以为妥协，且双方历次拨、收协款事件均有案可稽。而其时，绝大多数省份已经对盐税实行完全截留，"惟直隶、山东两省尚以税款一部分解交银行团"。至 1928 年，则"仅直隶解款一部分"②。长芦盐税由此成为"盐税偿付外债之唯一保障"③。1926 年 5 月，长芦稽核分所致函长芦盐运使："奉总所电，盐税抵还外债，而现在仅余长芦税款为外债惟一之担保品……长芦盐税既为国信所关，亟宜慎重。"④ 综上可知，1916 年后长芦解交外国银行团之盐款所占比重，实际要高出许多。

表 4 – 13 是 1916—1927 年长芦与各区实际解交外国银行团盐款的比较。

表 4 – 13　　　　1916—1927 年长芦与各区实际解交外国银行团盐款比较

年份	长芦解交之数（元）	各省截留之数（元）	各区实交之净数（元）
1916	11845730	11867529	60573031
1917	10677588	7496942	63130308
1918	13330000	15635864	55929656
1919	13920000	26341208	54265295
1920	12748840	23911811	55152292
1921	13570000	18414095	59573743
1922	14861820	31668450	54120600
1923	16240000	30207249	49337853

① 稽核总所复示长芦分所关于盐运滞塞已请盐务署转呈执政饬令交通部设法拨备车辆，1925 年 5 月 19 日，长芦盐务档案 680—22—1368。

② 参见"北洋军阀政府时期历年各省截留盐税情况表"，南开大学经济研究所经济史研究室编《中国近代盐务史资料选辑》第 1 卷，南开大学出版社 1985 年版，第 375 页。

③ 1926 年 5 月 26 日盐务稽核总所代理会办宓以德致银行团代表，报告与褚玉璞会谈经过函，载南开大学经济研究所经济史研究室编《中国近代盐务史资料选辑》第 1 卷，南开大学出版社 1985 年版，第 408 页。

④ 长芦稽核分所致盐运使函，1926 年 5 月 26 日，长芦盐务档案 680—8—1250。

年份	长芦解交之数（元）	各省截留之数（元）	各区实交之净数（元）
1924	11820000	33466576	37077900
1925	12580000	33029661	40604764
1926	6724600	47671782	16615836
1927（1—10月）	3652211	46450467	4619453

说明：1. 1926 年，稽核总所先后自盐款项下实际共拨付直隶省协款 224 万元，1927 年实际共拨付直隶省协款 270 万元。表中所列 1926 年和 1927 年"长芦解交之数"，即系分别减除以上两数所得。2. 按照南开大学经济研究所经济史研究室编《中国近代盐务史资料选辑》第 1 卷所载，1926 年"惟直隶、山东两省尚以税款一部分解交银行团"，而当年"长芦解交之数"为 6724600 元，山东当年解交银行团之数为 818835 元（盐款总账记载），两者之和仅为 7543435 元，与表中 1926 年"各区实交之净数"16615836 元，相差甚远。

资料来源：盐款总账，长芦盐务档案 680—22—1475、680—22—1059、680—22—1065、680—22—1068、680—22—1072、680—22—1076、680—22—1093、680—22—1189、680—22—1375；长芦盐运使呈报褚总司令九月份下半月协款业已拨交，1926 年 10 月 5 日，长芦盐务档案 680—8—1250；长芦盐运使电呈褚总司令十五年十一月至十六年三月协款收支各数，1927 年 4 月 11 日，长芦盐务档案 680—8—1253；长芦盐运使呈直隶褚督办十六年四月至六月份经收协款收支各数，1927 年 8 月 17 日，长芦盐务档案 680—8—1253；长芦盐运使呈直隶褚督办十六年八九两月分经收协款收支各数，1927 年 10 月 12 日，长芦盐务档案 680—8—1253；长芦盐运使呈直隶褚督办十六年十月至十二月经收协款收支各数，1928 年 1 月 6 日，长芦盐务档案 680—8—1253；南开大学经济研究所经济史研究室编《中国近代盐务史资料选辑》，第 1 卷，南开大学出版社 1985 年版，第 375、450 页。

从图 4 - 5 中可以清楚地看到长芦解交外国银行团盐款实际所占比例。

对于财源枯竭、财政濒临破产的北京政府而言，外国银行团掌握的中国盐款既是偿还盐务担保之各项债款，维持"国信"的保障，也是北京政府赖以维系生存、得过且过的重要财政支柱。由银行团控制、拨还的"盐余"是北京政府唯一可靠的大宗财政收入来源。1919 年 3 月，财政总长龚心湛在呈文中哀叹："迨至近年，国家多故，各项税收因之亏短，而临时军费日见增加，以致收支相抵，不敷甚巨。……而中央每月收入关税既担保债息，解款则纷请截留，所恃以应付者，仅盐余一项，平均每月约得三四百万元。此外，中央直接收入如烟酒、印花、官产等项每月解部者不及百万，以三四百万之收入抵一千五六百万之支

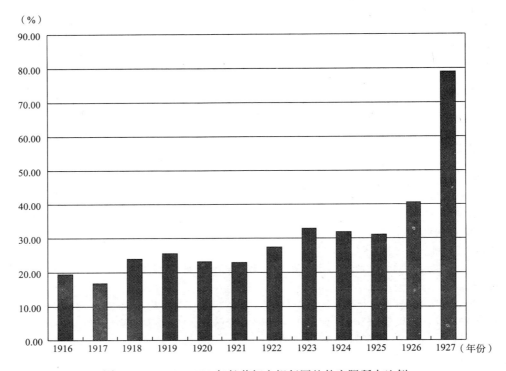

图 4 - 5　1916—1927 年长芦解交银行团盐款实际所占比例

出，其何以支持。"① 1926 年以后，在各地竞相截留盐税的情况下，北京政府所
得盐余更属寥寥无几。1926 年 7 月 30 日，财政部向各省发出通电："查历来中
央政费，尚赖一部分之盐余周转应付，虽属捉襟见肘，尚可剜肉补疮，不料上年
军兴，中枢失驭，各省区留用盐税，几致悉索无余。中央收入益短，外人责难频
来，危险情形，不可思议。现值国基重奠，来轸方遒，一切设施，胥关视听。善
后借款一项，为民国外债之大宗，盐税抵偿，尤为注重。若非速谋挽救，由部收
回，在计曹固不能为无米之炊，在外人尤不免有违约之责。大信一隳，国孰与
立？固不独庶政进行悉归泡影也。"② 由此观之，长芦在各盐区实际解交银行团盐
税款中所占比例的不断增长，虽然尚不足以说明长芦盐税在整个北京政府财政中究
竟占据了怎样的比重，但长芦盐税在北京政府财政中的重要地位却是不言而喻的。

---

① 财政部训令，第 367 号（附财政总长呈），1919 年 3 月 4 日，长芦盐务档案 680—8—456。
② 转引自国家税务总局组织编《中华民国工商税收史》（盐税卷），中国财政经济出版社 1999 年版，
第 66 页。

第五章　军阀对长芦盐税的争夺

1916 年以后，北洋军阀四分五裂，各派系军阀倚仗各自军事实力的大小，或盘踞北京，以合法的中央政权自居，或拥兵自重，割据一方，你争我夺，混战不已。而军阀军事实力的大小，归根结底是要看它是否占有足够大的地盘，是否能够源源不断地提供足够的财力、物力，用以供养庞大的军队和支持巨大的战争消耗。于是，各盐区相对稳定的巨额盐税收入自然成为各派系军阀觊觎、争夺的目标，压榨盘剥，横征暴敛。长芦盐区地处京畿地区，向来是各派系军阀的必争之地，而不断增长的长芦盐税收入无疑也是军阀们极力争抢和掠夺的对象。

第一节　军阀政治与长芦盐税

军阀政治是民国政治体系的最大特色之一。武力与国家权力紧密结合，政治完全沦为军阀手中的玩偶和工具。"政客借实力以自雄，军人假名流以为重。"[1]军阀军事实力的大小成为权力分配和制定内政外交政策的决定性因素，直接决定了他们在民国政治体系中的权力角色和政治地位。

明清以来，北京是中国政治的最高权力中心，北京政府成为国家政权的象征。民国成立以后，1912—1916 年，以袁世凯为首的北洋集团把持北京政府，以强大的武力在表面上维系了国家的统一。1916 年袁氏政府垮台以后，北洋军阀四分五裂，但皖、直、奉等各派系军阀为了控制北京政府，仍然明争暗斗，你争我夺，乐此不疲，政局随之动荡变幻。因为在军阀们看来，谁控制了北京政府，谁就占据了中国政治的制高点，就意味着他所建立的政权的合法性和正统地位。所谓"政府为国家之代表，据之者顺，背之者逆"，即使"政府力弱，号令

---

① 陈志让：《军绅政权——近代中国的军阀时期》，生活·读书·新知三联书店 1980 年版，第 22 页。

不能通行，而遵者为是，弃者为非"①。因而各派系军阀都极力争夺北京政府的控制权，其目的就是利用这个驯服的政治工具，在政治上名正言顺地对地方各省发号施令，党同伐异。与此同时，在经济上获得支配和分享北京政府财政收入的特权，借以扩张自身实力和势力范围。

盐税是北京政府倚重的较为稳定可靠的一个财政税收来源。自五国"善后借款合同"签订以后，盐税收入被指抵为借款担保，盐税的征收、存储和提用之权悉归外国人控制。北京政府虽然失去了对于盐税的支配权和使用权，只能仰承外国人控制的稽核总所和外国银行团鼻息，获得放还的部分"盐余"，但相对于其他税收而言，每年数千万元的"盐余"仍然是其最重要的财政收入来源之一。然而，伴随着北京政府权威的日益衰微，地方军阀为了筹措与日俱增的政费饷需，开始与北京政府争夺盐税收入。地方军阀破坏盐税征管体制，肆意开征盐税附加税捐，截留中央盐税，渐成蔓延之势。自1916年开始，先是南方的广东省截留盐税，就地收用，开截留盐税之先例。继而四川、广西、云南等省起而效尤，愈演愈烈。"盖各省与中央政见稍有分歧，辄截留盐税以图自利。"② 北京政府所得"盐余"之款遂成逐年递减之势。"殆至十四年后，仅存长芦一区，所得之款，只敷盐税项下外债之本息，而盐余殆无存焉。"③ 以1925年12月为例，当月盐税收入总数为710余万元，各省截留之数达377万余元，占当月盐税收入总数的半数以上；再除去该月应还债款360余万元及盐务署拨付直、苏、鄂三省协款30万元，该月所存"盐余"仅剩下34万余元，"盐余指拨之各种内外债款均不克偿还"④。表面上看，这种盐税争夺是地方政府与中央政府的利益之争，实质上则是地方军阀与把持北京政府的军阀之间的利益冲突和争夺。

长芦盐区地近京畿，拱卫京师，向来被认为是"所有盐区中管理最好的"⑤盐区，也是北京政府和盐务稽核总所易于直接控制的盐区。把持北京政府的军阀由于需要列强的承认和支持，不愿意因为长芦盐税问题与列强交恶，丧失"国信"，得不偿失。盐务稽核总所也不能轻易容忍长芦盐区挑战它的既有权威，因为一旦作为"首善之区"的长芦发生破坏现行盐税征管体制的事情，那么其他

---

① 中国科学院近代史研究所编：《徐树铮电稿》，中华书局1963年版，第2页。
② 贾士毅：《民国续财政史》（二），商务印书馆1933年版，第187页。
③ 同上书，第57页。
④ 同上书，第189页。
⑤ 刘经华：《民国初期各大盐区改革绩效分析》，《中国经济史研究》2002年第4期。

省区就会变本加厉,一发而不可收,从而彻底损害"外国债权人"的利益。而且控制了北京政府的军阀,势必力图控制京畿周边地区,长芦盐区在多数时间里常常被纳入它的势力控制范围之内。把持北京政府的军阀与占据长芦盐区的军阀往往同属一个派系利益集团,两者之间的关系通常不是那种剑拔弩张、你死我活的紧张对峙,而是有着某种唇齿相依的利害关系。因此,占据长芦盐区的军阀虽然垂涎觊觎长芦盐税,但出于维护北京政府表面上的权威,"维护中央及外交体面"[①] 起见,不能不有所节制和收敛。同时,英、法、日等中国盐税债权国在京津地区享有驻军特权,随时可以实施武力恫吓和干涉,也使得占据长芦盐区的军阀投鼠忌器,不敢轻举妄动。基于这些特殊的地理、政治环境条件,军阀在争夺长芦盐税的过程中表现出了不同于其他省区的特点。

一方面,长芦盐区所处的特殊政治环境,使得军阀对于长芦盐税的争夺相对较为收敛和缓和。民初盐税改革使长芦盐税征管体制日臻完善,盐税的稽征、管理和提用,都基本实现了制度化,盐税收入逐年稳定增长。1916 年以后,当地方派系军阀在一些盐区擅自开征盐斤附加税捐、截留盐税之际,长芦盐区迟迟没有发生类似现象,盐税的征收和管理仍一如其旧。直到 1920 年以后,长芦盐区才先后发生了直隶、河南两省军阀当局擅自征收芦盐附加税捐的事件。如 1920 年直隶军阀当局开征食户饷捐案;1922 年河南军阀当局对行销该省的芦盐开征每担 4 角的食户捐,翌年 5 月又设立河南省开放引岸管理局,对运销该省自由商岸的所有盐斤征收每包(合四担)1 元的管理费[②]。以上直、豫军阀的行径虽然对长芦盐税征管体制造成了一定的破坏,但长芦的盐税征管仍能维持正常的运转,盐税收入继续保持稳步增长,至 1923 年最高达到了 1628 万余元[③]。1924 年第二次直奉战争以后,控制长芦盐区的军阀当局虽然开始截留部分盐税,滥行征收附加税捐,但直到 1928 年,在各盐区盐税已经被地方军阀全数截留的情况下,长芦盐区仍行解交银行团一部分税款[④]。也就是说,北京政府统治后期,长芦盐税的征管体制虽然日益遭到严重破坏,但直到最后也没有被完

①　直隶保安总司令部、直隶省长公署训令长芦盐运使迅将协款合同修正签订实行,1927 年 7 月 7 日,长芦盐务档案 680—9—42。

②　长芦沿革稿,1924 年 9 月,长芦盐务档案 680—22—3。

③　长芦盐运使呈报盐务署民国十二年长芦销盐收税各数,1924 年 1 月 12 日,长芦盐务档案 680—8—95。

④　参见"北洋军阀政府时期历年各省截留盐税情况表",南开大学经济研究所经济史研究室编《中国近代盐务史资料选辑》第 1 卷,南开大学出版社 1985 年版,第 375 页。

全毁弃，盐务稽核系统的部分功能仍能照常运转，长芦盐税自始至终没有被完全截留。

另一方面，不断升级扩大的军阀战争使地处京畿地区的长芦盐区备遭摧残，盐税收入大受影响。战争是军阀混战的伴生物，既是维护强权统治的工具，也是实现权力再分配的手段。自北洋军阀分裂之日起，皖、直、奉等派系军阀围绕北京政府控制权的争夺从来就没有停止过。军阀间的矛盾冲突日益激化，军事对抗和冲突不断升级。从1920年的直皖战争，到1922年的第一次直奉战争和1924年的第二次直奉战争，再到1924年以后直、奉、冯（玉祥）、阎（锡山）等派系军阀之间的混战，此起彼伏，规模不断扩大。长芦盐区地处京畿地区，在上述军阀之间的军事冲突中首当其冲，成为战争的主战场。每当战争进行当中，盐区水陆交通阻塞，运盐车船尽数被军队征用，盐商运盐维艰；各人民流离失所，兵匪趁火打劫，四出劫掠，盐店歇业，盐销停滞，盐税收入因此大受影响。如果说1924年前的直皖战争和第一次直奉战争因为战争规模小、持续时间短，波及范围小，只对当年的盐税收入造成了一定影响的话，那么，1924年的第二次直奉战争及其以后几呈常态化的军阀混战则旷日持久，战火遍及整个长芦盐区。直、豫各岸由是被分割占领，军队林立，战事频仍，盐商"于引岸营业益咸视为畏途"，停运歇业者颇多，盐税收入遂直线下滑。

综上所述，在纷乱的军阀政治斗争中，军阀对长芦盐税的干涉与争夺大致可以第二次直奉战争为界，分为前后两个时期。第二次直奉战争前，特别是1920年前，经过民国初年的盐务改革，二元化的长芦盐务管理体制日臻完善，从盐的生产、运销、缉私到盐税的稽征、管理和提用，都基本实现了制度化、常态化，盐税收入逐年稳定增长，盐税形式也基本上只有正税，没有附加税。1920年以后，长芦盐区所在的直、豫两省区域由于各派军阀之间矛盾激化，混战加剧，军阀对于长芦盐税开始擅自开征附加税捐，长芦盐税的征收与管理受到了严重冲击和影响。但直到1924年第二次直奉战争爆发，长芦盐税的征管仍能维持正常的运转。第二次直奉战争爆发后，军阀对于长芦盐税的干涉和争夺愈演愈烈，由原来谨慎的试探性动作升级为公然对抗，破坏盐务稽核制度，截留盐款，滥征附加税捐，勒派饷捐，强取豪夺，使得民国初年盐税改革以来形成的盐税征管体制遭到了极大破坏。

第二节　第二次直奉战争前军阀对长芦盐税的争夺

　　1924 年第二次直奉战争前军阀对长芦盐税的争夺，又可以 1920 年直皖战争为界分为两个阶段。1920 年直皖战争前，北京政府的权威和控制力虽然因为北洋军阀的分裂遭到削弱，但余威尚存。北京政权长期被段琪端为首的皖系军阀把持，长芦盐区处在其严密控制之下。各项盐务改革尚能正常进行。在长芦稽核分所主持下，长芦盐税只有正税，没有公开征收的附加税捐。1920 年直皖战争后，政局变幻，直系军阀为了扩张实力，开始在长芦区公开征收盐税附加税捐，但直到 1924 年第二次直奉战争爆发，长芦的盐税的征管基本上仍能维持正常的运转。总的来说，第二次直奉战争前，军阀主要是通过向芦商筹借款项、摊派公债、索取报效等变相税捐形式对长芦盐税进行争抢和掠夺。由于盐税之外无论以何种形式向盐商筹款均属违背中外约章，为掩人耳目，避免外国银行团和盐务稽核总所的干涉和施压，军阀在通过上述方式向长芦盐商筹款时往往是在暗地里秘密进行的。

一　摊派公债

　　发行公债是北京政府用来弥补财政亏空的一个手段，实际上是间接向后抽征税。北京政府时期几乎无年不发行国内公债。1914 年后，更因 "欧洲战祸已开，外资中断"，"国家经济胥赖内债维持"①。特别是 1916 年以后，各省军阀割据称雄，相继停止向中央解款，截留中央税款，北京政府财政更加支绌，通过发行国内公债成为北京政府筹借军政费的重要途径。而责由各省运使向盐商强行摊派，是其主要的销售方式之一。"长芦接壤京畿，商民素称富庶，盐务发达尤罕比伦"②，长芦盐商无疑成为强行摊派公债的主要对象。其办法是，先由北京政府派定长芦应募债款总额，再由长芦盐运使饬由芦商 "分别引岸按引摊购"。其额数往往巨大，超过派定其他省区盐商之数。如 1916 年北京政府发行内国公债 2000 万元，饬令长芦各商 "分别引岸按每引摊购一元"，其中，芦纲原有各引岸

---

①　长芦盐运使饬奉发民国三年内国公债条例及公债局章程，1914 年 9 月 4 日，长芦盐务档案 680—16—102。

②　盐务署致长芦盐运使密电，1916 年 6 月 7 日，长芦盐务档案 680—8—58。

及公运口岸共 87.5 万引，应购公债 87.5 万元，永七属共 8 万引，应购公债 8 万元，汝光十四属共 12 万引，应购公债 12 万元，口北借销共 9000 引，应购公债 9000 元，各商共应购公债总计达 100 余万元①。难怪芦商多有怨言，"国家募行公债，人民咸有认购义务，五年债票总额仅二千万元，大小各省均摊，直隶不过百万，以一百十余县殷实商民摊之，不过太仓一粟，既非盐务公债，何以芦商即派一百余万？""内国公债本普通发行而对于盐商忽特别强派，即谓此法单行于盐商，而两淮、山东、浙江……其派额若干，政府对于人民当一视同仁，厚此薄彼非昭示大公之道。"② 1919 年，北京政府决定发行短期公债 4000 万元，长芦亦被派定认购 100 万元③。上述各项公债当发行之际，虽然均经指定担保品并明定还本付息办法和期限，但不过是北京政府开具的空头支票而已，担保基金无由落实，愆期不还几成惯例。

二　筹借款项

向长芦盐商筹借款项是北京政府解决临时财政燃眉之急的途径之一。1915 年初，因濮阳黄河决口，直隶、山东两省十数县被灾，堵口工程由北京政府财政部暨直、豫两省分筹担任。需款浩繁，刻不容缓。北京政府饬令直隶应摊工款由直隶盐商历年缴存津浦铁路加价款④内借拨济用⑤。经津浦铁路四省公司筹集，并经芦纲公所纲总代催各商凑集欠缴本息银款，实共呈缴直隶财政厅银 50 余万两，移拨濮阳工款⑥。1916 年 9—10 月，因永定河北六工决口，急谋堵合，北京政府库储支绌，又复命令援照去年濮阳河工成案，筹拨津浦铁路加价余款借济永定河工⑦。结果，长芦盐运使担保，由芦纲公所纲总等公同向直隶省银行息借银

---

① 盐务署致长芦盐运使密电，1916 年 6 月 7 日，长芦盐务档案 680—8—58。
② 纲总邹廷廉等禀长芦盐运使金融恐慌商人筹款无术奉派巨额公债暂难认定，1916 年 7 月 22 日，长芦盐务档案 680—8—58。
③ 盐务署致长芦盐运使密电，1919 年 9 月 13 日，长芦盐务档案 680—8—443。
④ 津浦铁路加价自清宣统元年（1908 年）起征，直隶芦盐每斤加价 4 文，由商按引缴纳，作为收回津浦铁路之用，向分春秋两关由纲总承收逐解津浦铁路四省公司，作为商民入股。原议自筹款之日起十年后归还洋款，作为官商合办之路。自 1908 年起至 1915 年除欠缴外实续存津浦铁路四省公司银 154 万余两。
⑤ 财政部饬，第 99 号，1915 年 1 月 14 日，长芦盐务档案 680—8—27；财政部训令，第 376 号，长芦盐务档案 680—8—67。
⑥ 纲总邹廷廉等呈长芦盐运使筹还津浦加价情形，1915 年 4 月 24 日，长芦盐务档案 680—8—27。
⑦ 财政部训令，第 376 号，长芦盐务档案 680—8—67。

10 万两呈缴转解①。1917 年 7 月 6 日，北京政府国务院以军兴需款饬向芦商筹借款项，长芦各商凑集呈缴 5 万元②。1920 年 6 月，北京政府库空如洗，需款万急，紧急饬令长芦盐运使，以民国元年公债票为抵押品，迅即代向芦商筹借现洋 50 万元，指定盐余分期拨付③。最终北京政府以 230 万元民国元年公债作抵向芦商借得 23 万元④。1922 年 5 月，直系军阀直鲁巡阅使曹锟以中央拖欠军饷甚巨为由，指使长芦盐运使严饬芦商纲总代借巨款以应急需，纲总被迫呈缴现洋 10 万元、期票 10 万元⑤。1923 年 7 月初，北京政府因政局动荡不安，财政极端困难，密令各省运使向盐商筹借款项。长芦盐运使奉令向芦商筹借洋 50 万元。盐务署许诺，所借芦商款项准由盐余项下分 10 个月归还。并承诺"嗣后部署对于各商应有利益如引票等项，自当极力保护"⑥。因为两淮、山东等地盐商踌躇观望，"均欲俟芦商认借之数妥定后再行确定借额"⑦。因此，北京政府一再密令长芦运使加紧督催芦商确定认借款数，从速呈缴。"长芦为各盐区表率，尤赖首先认定以资倡导。"⑧ 至当年 9 月，芦商先后共呈缴现款 15 万元⑨，作为对北京政府承诺保护"各商应有利益如引票等项"的回报，其中 10 万元，芦商自愿作为报效之款，"将来由芦商自行筹还"⑩。这些借款虽然订有本息偿还期限，但由于北京政府财政困难，本息偿还常常愆期或遥遥无期，实际成为盐税之外向长芦盐商征收的变相附加税捐。

三 索取报效

如 1914 年的"改售洋码报效"，1915 年的偿付赔款报效等，已如前述，此处不再赘述。

---

① 纲总邹廷廉等呈长芦盐运使永定河工遵令筹缴洋十万元，1916 年 10 月 14 日，长芦盐务档案 680—8—67。
② 长芦盐运使呈国务院借款解备军用，1917 年 7 月 9 日，长芦盐务档案 680—8—230。
③ 盐务署致长芦运司密电，1920 年 6 月 15 日，长芦盐务档案 680—8—555。
④ 盐务署密令长芦盐运使迅向芦商筹借五十万元卷，1920 年 6 月，长芦盐务档案 680—8—555。
⑤ 直隶督军公署致长芦运司公函，1922 年 7 月 14 日，长芦盐务档案 680—8—776。
⑥ 盐务署致长芦运司密电，1923 年 7 月 3 日，长芦盐务档案 680—8—859。
⑦ 盐务署致长芦运司密电，1923 年 7 月 15 日，长芦盐务档案 680—8—859。
⑧ 盐务署致长芦运司密电，1923 年 7 月 27 日，长芦盐务档案 680—8—859。
⑨ 中央财政困难京保各方需款孔殷饬向各商筹款卷，1923 年，长芦盐务档案 680—8—859。
⑩ 纲总邹廷廉等呈长芦盐运使芦纲商人力报效银款情形，1923 年 9 月 16 日，长芦盐务档案 680—8—859。

四　附加税捐的开征

1920年7月中旬，直皖战争爆发。战争仅历时五天，以段琪端为首的皖系军阀战败，北京政权落入了获胜的直系、奉系军阀联盟手中。一次军阀政治和军事斗争结束的同时，意味着新的军阀政治和军事斗争的开始。直皖战争的硝烟消散未尽，直、奉两派军阀就开始抓紧争夺政治、经济资源，扩张各自实力，以便在新的政治和军事斗争中占得先机。直皖战争结束后的第三天，直系军阀直隶省长曹锐就以"现值军事倥偬，饷需紧急，关系地方治安"为名，要求长芦盐运使转商长芦稽核分所"于盐款项下借拨二百万元以资接济"[1]。遭到北京稽核总所和盐务署拒绝。因为借用盐款"实与中国政府与别国政府所订之借款条件违背，若不先经团银行同意，无论何款或垫款均不能支付"[2]。7月30日，曹锐悍然宣布开征芦盐食户饷捐。这是自民初盐税改革以来，长芦盐区第一次公开征收食盐附加税捐，也是直、豫军阀当局企图分享盐税、公然干涉长芦盐务之始。其结果，稽核总所为了保障盐税权的完整，不得不通过加增税率和税款再分配办法，对直隶当局许以大宗协款，以为取消该项附加税捐的交换或安抚。直隶食户饷捐交涉案尚未完全平息，河南征收饷捐案又起。1922年1月，河南省督军、省长电令各县，"奉到长芦盐运使芦盐加价于本年一月一日停征令文后暂勿宣布"。"现在豫省财政困难已达极点，迭据省会议员陈请援照直省成案，于盐斤项下附收临时食户捐，藉资弥补。"同时，设立河南临时食户捐征收局，宣布自2月1日实行征收。其征收办法仍然仿照直隶食户饷捐，"每盐一斤仍于售价内收洋四厘，由各商于运盐抵豫赴局报验照数垫缴，由商人于售盐时照数加收"。"凡在豫境运销之盐一律照此办理。"[3] 虽然经过稽核总所的交涉、施压，北京政府财政部和盐务署的函令交驰，河南省军阀当局始终不肯取消。长芦盐税的征管体制由此开始遭到破坏。

---

① 长芦盐运使电盐务署曹省长商借盐款乞力商总所迅予拨济，1920年7月21日，长芦盐务档案680—8—556。
② 盐务署训令，第1148号，1920年7月21日，长芦盐务档案680—8—556。
③ 纲总邹廷廉等呈长芦盐运使豫省派商代收盐斤食户捐，1922年2月16日，长芦盐务档案680—8—639。

第三节　第二次直奉战争后军阀对长芦盐税的争夺

一　第二次直奉战争与长芦盐税

1924 年 9 月初，直系军阀江苏督军齐燮元与皖系军阀卢永祥之间，为争夺淞沪地区爆发了江浙战争。江浙战事既起，奉系军阀张作霖乘机以援助卢永祥为名，组成"镇威军"，于 9 月 15 日对控制北京政府的直系军阀宣战，大举兴兵入关。直系方面则组成"讨逆军"应战。战事自 9 月 15 日开始，至 11 月 3 日结束，持续近 50 天，双方投入兵力多达 55 万余人，成为北洋军阀史上规模空前、持续时间最长的一次战争。

因为迫近战区，长芦盐区的盐务管理从战争一开始即受到了巨大冲击。并且随着战局的演变，特别是北京政变以后，直军溃退，战线推移至天津杨村、芦台地区，长芦盐区的盐务管理受到了更为严重的冲击。长芦盐务各机关不仅无法正常办公，而且员司职员的生命财产也时时受到威胁。又因为战争期间适值每年放盐收税的繁忙时期，长芦盐税的征收与管理不可避免地受到了极大的影响。

（一）税收稽核系统受到冲击

战事爆发后，石碑支所驻地洋河口因为迫近前线，首先受到影响。由于交通阻隔，支所与天津分所及附属各局卡之间的通信往来变得异常困难和迟滞，几至断绝。同时，由于附近各村的粮食被军队征掠一空，支所的食粮供给随之也出现断绝危险。其他日用必需品同样也极度缺乏，价格飞涨。而且"奉军飞机每日必至"，乱掷炸弹，"十月十六日竟有炸弹三枚投落洋助理住宅之前，两日之后，又有四枚投落洋河水面"。支所正常办公已绝无可能。为避免不必要的伤亡和损失，支所先是将各员司眷属迁驻到天津及其他较安全的地方。至 10 月 18 日，迫于形势，支所又请准长芦稽核分所将办公地点由洋河口迁赴唐山。10 月 25 日后，唐山地方因受北京政变波及，各方军队蜂拥而至，支所不得不再次迁移办公地点，搬到天津与分所一处办公。直到战事停息后，支所才于 11 月底返回洋河口办公①。

在丰芦支所所属塘（沽）汉（沽）区，由于受到开往前线及由前线撤退回来军队的频繁蹂躏抢掠，居民逃避，铺户关闭。"铁路、邮局、场署、久大、永利各服务人员已皆于十月初旬纷纷离去。"支所虽然继续坚持办公，但"支所员司在塘沽、汉沽及新河沿铁路线者，同处困难，食物皆无从购买，有之亦属价值奇昂"。截至 10 月 25 日北京政变以后，从前线溃退回来的直军自水、陆蜂拥而至，集结于天津杨村一带。因为"所有前敌退回兵士既无官长弹压，又无供养可领"，"所有村庄铺户，凡当退军之冲者无不被劫一空，而铺店经理被殴重伤者日有数起，塘沽坨大门时被该溃军以砖瓦或枪把冲击"。武装冲突不时发生。支所员司生活、办公环境因之更加恶化。为避免夜间遭袭，支所员司职员不得不在仅能容纳三四人的长芦汽船住宿过夜，日间仍坚持照常办公。11 月 2 日，国民军攻占杨村和北仓，奉军推进到芦台，直军被迫退去后，局势才稍显安稳。但经过前此乱军长时间的疯狂劫掠，物资、食物奇缺。"各项食物昂贵异常，塘沽及南开两处虽出高价皆无处购买。至于汉沽则物价飞腾，员司购物皆在寻常价值三倍以上以维生活。"塘沽、东沽等地还出现了盐务机关员司住所被奉军强占的情形。因此，各处员司的生活、办公仍然困难重重②。

长芦分所驻在天津市内，距战线稍远。但当战事紧急，军队频繁调动，溃退直军四出窜扰之时，同样"人心震动，惊惧万分，交通断绝，物价高贵，而以煤炭为尤甚。……各职员家属多迁居租界，而房租一项竟数倍于寻常"③。

支所、分所尚且如此，其下面所属各地收税局、卡遭遇情形就更为恶劣。凡乱兵、溃军经过之地，几乎无一不遭兵患骚扰，公私各物多被洗劫一空。这从战后长芦稽核分所呈报总所的函件中可见一斑：

> 石碑支所及洋河放盐处、坨后税局。10 月战事正酣之际，留住洋河口

---

① 石碑支所呈报长芦稽核分所军事期内石碑区内状况，1924 年 11 月 23 日，长芦盐务档案 680—22—35。

② 塘沽支所呈报长芦稽核分所军队经过扰乱地方，员司生活困难请发津贴，1924 年 12 月 22 日；塘沽支所函报长芦稽核分所塘沽现状，1924 年 10 月 31 日；塘沽支所电报长芦稽核分所塘沽员司住所被军队占据请令转禁止，1924 年 11 月 13 日；塘沽支所呈报长芦稽核分所请发给丰芦区各员司战事津贴，1924 年 11 月 21 日，长芦盐务档案 680—22—35。

③ 长芦稽核分所呈报盐务署、稽核总所政局变动后长芦盐务所受影响，1924 年 12 月 19 日，长芦盐务档案 680—22—15。

看守局、所的公役遭溃退下来的直军抢掠，损失钱物总价值 249.85 元。

黑沿河税局。11 月 3 日遭溃退直军骚扰，局内所有家具及公物或被毁、烧迫尽。

神堂鱼盐局。于 11 月 3 日晚遭溃兵威逼骚扰，被抢去现洋 358 元，铜元 320 枚，加上各员司损失私物，总价值 283.7 元。

北塘鱼盐局。于 11 月 6 日遭溃兵抢掠，被劫钱物总价值 106.07 元。

宁车站、葛沽及小河嘴硝卤局。于 11 月 5 日、7 日、12 日数次遭溃兵洗掠，被劫钱物总价值（仅损失最大者）102.3 元。①

（二）运销停滞，税收锐减

民国北京政府时期，长芦盐的运输有水路船运和铁路车运两种，但以后者为主，主要是经由贯穿长芦盐区的京汉、京奉等铁路线运往直、豫各岸域销售。第二次直奉战争期间，持续频繁的军事行动造成交通梗阻，使得本来畅通便利的长芦盐的运销在很大程度上陷入了停滞状态。

战争初期，直、奉两军在山海关一带展开激战。为把兵力源源不断地运往前线，直军几乎占用了所有陆运、水运的交通运输工具，芦盐运销因此日益吃紧。"京汉、京奉各路向为芦区运盐所必由之道，及战事一开，各线铁路完全为军队占用，火车运盐由是断绝。""虽有小部盐斤可由河道载运，然现届冬季，河已冻结，水运亦势难进行。"②塘沽区由于水陆交通便利，因而成为直军通往前线的重要通道，所受影响首当其冲。"查自直奉开战以来，直方开始经由塘沽输送军队至山海关、秦皇岛及各战事区域，水陆并进，是以由本年九月十二起往来军队如织。塘沽系必经之路，当九、十两月间山海关方面战事正浓，塘沽车站皆为兵车充塞，进退未能自由。而塘沽村镇遂全为兵士蹂躏，见物即取，铺户及村中住户皆被抢劫，并到处拘人迫充苦役，或由车站至码头搬运军需（有直军数千人用船三十三只运送秦皇岛），或伴送军队同至前线。"③ 而石碑区因为迫近最前线，盐的运销所受影响也最大。"查此次直军开赴榆关，约自本年九月十二日始

---

① 长芦稽核分所呈报盐务署、稽核总所各共管机关因战时被溃兵劫抢物件拟定给偿数目开单，1925 年 3 月 4 日，长芦盐务档案 680—22—15。

② 长芦稽核分所呈报盐务署、稽核总所政局变动后长芦盐务所受影响，1924 年 12 月 19 日，长芦盐务档案 680—22—15。

③ 塘沽支所呈报长芦稽核分所军队经过扰乱地方，员司生活困难请发津贴，1924 年 12 月 22 日，长芦盐务档案 680—22—35。

可称为战事开始之日，洋河口一地为支所及场署所驻，换言之，即为石碑盐务区域之总枢，因迫近战线，故当战事开始之时即受影响，京奉路东部路线几至完全为军事运输之用，同时各处骡车亦已被军队封用，以致各岸运盐完全停滞。直至十月下旬，始有少数盐斤由汉沽用火车运至唐山。"① "永平七属除乐亭及滦县半县外，所用食盐全由汉沽济销，而汉盐则全靠铁路运输，自铁路运输停滞之后，本期内由汉沽运来之盐仅五千九百八十一担而已。大清河坨亦因车骡缺少，所放之盐大不及往常之数……"② 及至北京政变发生，直军全线溃退，"津榆、京津两段铁道现因军队调动日益吃紧，火车运盐无形停滞"③。加之山西军阀阎锡山趁火打劫，"以保境安民"为名出兵娘子关，进驻石家庄，截断京汉路交通，芦盐运往河南的通道也由是断绝。

交通梗阻，运盐顿时停滞。"据芦纲公所呈称，现正值莱秋畅销之季，各铁路因军运繁忙，不予运盐，以致各岸食盐来源断绝，税课民食俱受绝大影响。"④ "查直、豫引岸凡专由铁路运盐者，现时需盐最急。其在运路较近地方次之，其距场较近及沿河各县向由船运各引岸皆不缺盐。" "缺盐各岸商大多数在两个月前已有若干盐数报运纳税，惟因路局不能拨给车辆，是以或已筑或未筑或筑而中止皆在停搁中。"⑤ 加以战火蔓延，旷日持久，战线附近各地盐店，盐运来源断绝，无盐可售，纷纷停闭歇业。"临榆一岸自军事阻碍，盐不能运，所有各店旧存之盐既属无多，不日亦将售罄，而奉军又时有飞机抛掷炸弹，一日数惊。……盐既无法接运，居民亦多迁逃，似不得不暂思从权办法，拟将城内暨西门南门三店核归一店或二店售盐以维现状，其余各镇支店至将盐售净时均暂闭歇，一俟大局稍定，盐能运到，再行照旧复业。"⑥ 一些芦盐行销区域，更是出现了盐荒、人民淡食的现象。在受战事影响最大的石碑区，"自运盐停滞以后，各岸淡食几同盐荒，而尤以临榆、抚宁及昌黎三属为最。临榆、抚宁食户不得不购用由宁远

---

① 石碑支所呈报长芦稽核分所军事期内石碑区内状况，1924 年 11 月 23 日，长芦盐务档案 680—22—35。

② 民国十三年石碑支所冬季季报，1925 年 1 月 13 日，长芦盐务档案 680—22—25。

③ 长芦稽核分所呈报盐务署、盐务稽核总所：近日军队调动及石碑支所迁移天津，1924 年 10 月 29 日，长芦盐务档案 680—22—25。

④ 长芦稽核分所呈报盐务署、盐务稽核总所芦纲公所禀称各路车辆不敷运盐请设法维持，1924 年 9 月 29 日，长芦盐务档案 680—22—861。

⑤ 芦纲公所呈复长芦稽核分所最近运销情形，1924 年 12 月 4 日，长芦盐务档案 680—22—861。

⑥ 长芦盐运使函知稽核分所据万聚成禀临榆县无法运盐请暂准闭歇，1924 年 10 月 12 日，长芦盐务档案 680—22—35。

场运来之奉盐，而昌黎一县则食沿海一带所产之土盐"①。豫岸则因车运停顿，"延至年终，河南全省骤呈盐饥恐慌景象，于是土盐销产益为畅旺"②。直接给芦盐销区的人民生活带来了莫大影响。

交通梗阻，运销停滞，最直接的结果就是当年放盐数和盐税收入的锐减。1924 年 12 月 19 日，长芦稽核分所呈报总所关于"政局变动后长芦盐务所受影响"，在述及战争对于"放盐及税收之影响"时说：

> 查榆关战事于九月十二日开火以来，芦区税收自十月底起，乃日见锐减。……按附呈放盐表考察，本年十一月三十日止，于四十日内所放盐之数比较去年同时发放之数，计塘汉沽一区，由六十七万九千二百四十担减至三十四万六千四百六十担，石碑区则由十万五千六百三十九担减至一万四千二百二十七担。统计此四十日内，少收盐税合洋一百八十二万三千八百六十三元。京汉路运盐，于最近三个月内几完全停顿，虽有小部盐斤可由河道载运，然现届冬季，河已冻结，水运亦势难进行。倘车运不能即时恢复，非但各岸有淡食之虞，即本年冬季税收亦将归无着，而直、豫两省土盐必益见充斥矣。③

翌年，长芦分所又在"民国十三年份年报"中说：

> 本年全区放盐统计四百五十六万七千三百八十七担，与十二年年底止最后三年每年平均比较，本年实少放七十五万五千五百七十四担。考其缘由，计百分之三十因八九月间大水为灾，直岸销盐实受影响，又百分之七十则因十月至十二月间榆关战事发生，直、豫两岸销盐停滞所致。④

以下根据 1933 年财政部盐务稽核总所编《中国盐政实录》中的"民国十年至十九年放盐统计表"和"民国十年至十九年税收统计表"，对 1921—1924 年长芦区的放盐及税收数作一比较：

---

① 民国十三年石碑支所冬季季报，1925 年 1 月 13 日，长芦盐务档案 680—22—25。
② 长芦稽核分所民国十三年份年报底稿，1924 年，长芦盐务档案 680—22—1107。
③ 长芦稽核分所呈报盐务署、稽核总所政局变动后长芦盐务所受影响，1924 年 12 月 19 日，长芦盐务档案 680—22—15。
④ 长芦稽核分所民国十三年份年报底稿，1924 年，长芦盐务档案 680—22—1107。

表5－1   1921—1924 年长芦盐区放盐及税收比较

年份	放盐（千担）		税收（千元）		备 注
1921	5072	平均每年 5310	14600	平均每年 15800	盐数系按照配筑盐斤准单秤放之数，其中有记载不完全者则用其他方法或平均数目补足
1922	5266		15663		
1923	5592		17169		
1924	4719		13884		

资料来源：财政部盐务署、盐务稽核总所编《中国盐政实录》，1933 年，载沈云龙主编《近代中国史料丛刊》（三编），第 88 辑，台北文海出版社 1999 年影印本，第 1891—1894 页。

表5－1 中 1924 年的放盐数，较之上述长芦分所当年年报中的放盐数多出 15 万多担，其原因，就是表中数字系"配筑盐斤准单秤放之数"，而并非实际放盐数。诚如芦纲公所在当年呈复长芦分所"最近运销情形"时所言，战争期间，"因路局不能拨给车辆，是以或已筑或未筑或筑而中止皆在停搁中"[1]。

再者，长芦各场区、盐坨因为地理位置不同，所受影响亦有分别。以受战争影响最大、损失最巨的石碑区为例，所属永平各岸当年共销盐 201106 担，与 1923 年 374524 担的销数比较，减少 173507 担；与永平每年销售定额 32 万担比较，减少 37%，即 118894 担。以当时永七岸每担 2.75 元的税率计算，即分别减收税洋 477138.75 元和 326958.5 元。"其减销之原因似属易明，因九月菜秋销盐最旺之际，军事适于此时发生……"当年副产税收共 34529.64 元，与上年 41187.55 元相比，减少 6657.91 元，"其故亦因受军事影响"[2]。

丰芦两区的汉沽坨、塘沽坨、新河坨放盐数也都较上年有不同程度减少，其中，新河坨当年放盐 222896 担，较上年减少 258444 担[3]；汉沽坨当年放盐 2397030 担，较上年减少 365524 担[4]；塘沽坨当年放盐 1025920 担，较上年减少 197872 担[5]。以当时直、豫两岸每担 3 元的税率计算，三坨合计较上年共减收税洋 2465520 元。

此外，芦台硝卤税总局受战事影响，税收也大受影响。该局在战争爆发前即因"谣诼纷纭，税务渐呈滞象"。战争爆发税收"几全停顿"，及至直军退却，

---

[1] 芦纲公所呈复长芦稽核分所最近运销情形，1924 年 12 月 4 日，长芦盐务档案 680—22—861。
[2] 石碑支所呈送长芦稽核分所十三年份年报，1925 年 2 月 24 日，长芦盐务档案 680—22—942。
[3] 新河坨民国十三年份年报，1924 年，长芦盐务档案 680—22—942。
[4] 汉沽放盐处民国十三年报告书，1925 年 1 月 8 日，长芦盐务档案 680—22—942。
[5] 塘沽坨民国十三年份年报，1925 年，长芦盐务档案 680—22—942。

溃兵屡屡过境骚扰，税收因此更为减少。当年该局共收 105820.34 元，比较上年份所收 172133.66 元，减收 66313.32 元之多①。

因为这次战争主要发生在冬季，因此，从石碑、丰芦两支所的季报中可以更清楚地看到战争给长芦区放盐及税收造成的影响。

首先，石碑支所"本季由大清河、汉沽两坨供给永平七属之盐约为四万零八百零一担九十六斤（大清河共放三万四千九百二十担九十二斤，汉沽共放五千九百八十一担零四斤），与往年平均数目约十四万担相较，约少十万担之谱"。"查仅在十月及十一月两月菜季期内，本区用盐往常约需十三万担，故此次军事盐税损失为数至巨也。"从副产税及虾油酱税的收入来看，石碑全区 1923 年冬季收入为 10404.75 元，1924 年冬季税收总数为 3798.88 元（其中姜石沟、黑沿河税卡十二月税收为零），实减收 6605.87 元②。

其次，从长芦丰芦盐务支所所属各坨 1923 年冬季与 1924 年冬季筑出盐斤数目、配筑盐斤准单数目的比较中，也不难看出战争带来的巨大影响。

表 5 - 2　　　　　　　　　　长芦丰芦盐务支所所属各坨
1923 年冬季与 1924 年冬季筑出盐斤数目比较

	1923 年冬季		1924 年冬季	
	正盐（担）	耗盐（担）	正盐（担）	耗盐（担）
塘沽	348044	16190.46	103180	4934.28
汉沽	989140	56239.28	443532	26051.22
新河	135600	7581.6	14768	42588
邓沽	198000	12870	259232	16850.08
东沽	25560	1492.4	28000	1560
共计	1696344	94373.74	848712	91983.58
	1790717.74		940695.58	

资料来源：民国十三年丰芦两区冬季盐务报告，1925 年 1 月 21 日，长芦盐务档案 680—22—19。

两相比较，1924 年冬季因受战事影响较上年实减运 892184.28 担（原档案

---

① 芦台硝卤税总局十三年份年报，1925 年，长芦盐务档案 680—22—942。
② 民国十三年石碑支所冬季季报，1925 年 1 月 13 日，长芦盐务档案 680—22—25。

上的数字为786184.32担，可能是计算错误所致），减少50%还多。以当时每担3元的税率计算，共减收2676552.84元。

表5-3　　　　　　　　　　长芦丰芦盐务支所所属各坨
1923年冬季与1924年冬季配筑盐斤准单数目比较

年份 坨名	1923年冬季	1924年冬季
	正盐（担）	正盐（担）
塘沽	423760	174104
邓沽	197200	212832
汉沽	981279.3	408600
东沽	19600	22000
新河	190500	21624
越支	24000	
共计	1836339.3	839160

资料来源：民国十三年丰芦两区冬季盐务报告，1925年1月21日，长芦盐务档案680—22—19。

两相比较，1924年冬季因受战事影响，配筑盐斤准单数目较上年实减997179.3担，减少54%。

从芦台硝卤虾油酱税收数目来看，1923年冬季共收洋62738.09元，1924年冬季共收洋17627.81元。两相比较，后者因战事影响实减收税洋45110.28元，减少近80%[1]。

（三）直系军阀对长芦盐税征管体制的破坏

第二次直奉战争期间，由于战事旷日持久，军费支出激增，远远超出直系军阀政府财政的承受能力。前线"数十万之饥军"嗷嗷待哺，"告急之电，如雪片之纷来"，以致战场上的直军将士"苦于饷糈不足"而"不能打仗"[2]。为筹措军饷，直系军阀不择手段，极尽罗掘搜刮之能事，其中之一即干涉长芦盐税的征管体制，向长芦盐商勒派饷捐，并且企图截留盐税。

向各岸商强勒饷捐。1924年10月初，新任长芦盐运使张廷谔向直系军阀首

---

① 民国十三年丰芦两区冬季盐务报告，1925年1月21日，长芦盐务档案680—22—19。
② 郭剑林主编：《北洋政府简史》，天津古籍出版社2000年版，第1132页。

领吴佩孚献计：向长芦盐商勒派饷捐①，以解燃眉之急。张廷谔于 10 月 10 日接任视事，翌日便迫不及待地传见芦纲公所诸纲总，提出向芦纲商人"筹借"200万洋元以应军饷要需。为使芦商就范，张廷谔又于次日传见诸纲总施加压力，并威胁"倘有违误，轻则拘留监视，重则押送前线按军法惩办"，"一日三催"。商人迫不得已勉强向银行重息借贷洋 20.5 万元，先后于 14 日、17 日、26 日三次面交运使②。其余款额则后因直军战败而作罢。

与此同时，直系军阀河南省长李济臣以"豫省后方筹备总司令"名义，强向长芦河南五十三县之专岸芦商勒派巨额饷捐 120 万洋元。如运销开封、鄢陵、通许、尉氏四县的晋益恒商号被强行勒借摊派大洋 72000 元，每县 1.8 万元。"派借多寡均按每年销盐多寡计算，倘有此多彼少之处，由该总店酌量分配，务足总数，不得短少。""倘有不明大义，藉词狡展，抗不缴纳致误军用，定按军法惩治，勿谓言之不预也。"其具体办法：（1）借款由县出具收据后赴省署换取省署收条，将来由管理局及食户局按月扣还；（2）各盐店如有现款足够所派之数者，即尽数提解，如无现款或有款不足所派之数者，即将该盐店存盐按售价提足所派之数尽先售卖，得价呈缴；（3）该县盐店如系支店，且存盐全数扣提尚不足所派之数者，责成该县知事与其总店及存盐厂交涉，务须提足所派之数，不得减少；（4）倘该县知事徇情放纵，及盐商有携款隐匿情事，唯该知事是问；（5）扣款若干、存盐若干，速电呈以便派员往提③。

企图截留税款。1924 年 10 月下旬，正当直、奉两军在战场上激战之际，直系将领冯玉祥反戈倒直，发动北京政变，囚禁直系总统曹锟。战局因此急转直下。为了筹措饷需，挽回败局，吴佩孚情急之下企图截留长芦盐税。10 月 31 日，吴佩孚以直鲁巡阅使名义训令天津中国银行，称"现在叛徒占据京师，中央政府无人主持，所有前项盐款应无庸交由团银行解交北京。本使承制便宜行事，长芦区域属于本使范围以内，特令该行将收储盐款悉数妥为保存，以便提用，本使言

---

① 南开大学经济研究所经济史研究室编：《中国近代盐务史资料选辑》第 1 卷，南开大学出版社 1985年版，第 349 页。

② 芦纲公所呈请长芦稽核分所代转盐署拨还运使勒捐代借款项以清债累，1924 年 12 月 12 日，长芦盐务档案 680—22—35。

③ 豫岸商人晋益恒等呈报长芦稽核分所河南省长强迫报效勒借饷捐请设法维持，1924 年 10 月 23 日，长芦盐务档案 680—22—35。

出必行，该行长职责所在，务当切实遵办，倘敢故违，即惟该行长是问"①。按照"收解盐款暂行章程"规定，天津中国银行是指定的长芦盐税的"收款银行"。该行所收盐税款，除截留本区经费款项外，全部拨交"解款银行"——天津汇丰银行行存储，分别提解。吴佩孚此举显然违背了盐款正常的收解程序。天津中国银行当即通知长芦稽核分所，"长芦盐款虽在敝行暂存，但所收之款向系由贵（长芦）分所随时开具支票拨交银行团，所有经收提拨之权完全属于贵分所"②。请求长芦稽核分所和吴佩孚直接交涉。长芦稽核分所一面极力劝阻、警告吴佩孚不要轻举妄动：收税银行不在中国管辖区内；善后借款全恃长芦盐税抵还本息，截留税款违犯约章，必然引发列强干预；武力截留税款亦必定徒劳无济。一面紧急呈报稽核总所，约见各国驻津领事，请他们设法阻止，保护税款不被截留③。长芦稽核分所还致函天津中国银行，强调拨款手续必须严格恪守两原则，即：所有拨款支票须有华、洋所长双方签字；天津汇丰银行为本区存款独一机关。"倘嗣后拨款事件与上述两款情形有一不符者，概不能发生效力。"④ 由于长芦分所坚决反对，毫不退让。各国驻津领事也紧急致电各国驻北京公使，请求立即派兵对收税银行严加保护，防止军人强行实施截留。吴佩孚审时度势，不得不于次日宣布取消截留盐款的命令，"惟要求于政局未解决之前，所有盐余切勿交付中央政府"⑤。

截留盐税企图的落空，加速了直系军阀在战场上的失败。但是，直系军阀战败后，长芦盐区的局势更加错综复杂。各派系军阀为了争夺地盘、扩充实力，矛盾冲突日趋激化，新的军阀战争此起彼伏。为了支应战争带来的巨大消耗，军阀不得不加紧筹款筹饷，长芦盐税这块肥肉成为他们极力争夺的目标。虽然他们对盐务债权国势力仍然有所忌惮，但又心存不甘，蠢蠢欲动。因此，第二次直奉战争后，军阀干涉、破坏长芦盐政的行径层出不穷，强征附加税捐，公然截留盐税

---

① 天津中国银行函知长芦稽核分所巡使提用盐款各节，1924 年 10 月 31 日，长芦盐务档案 680—22—35。

② 同上。

③ 长芦稽核分所呈报盐务署、稽核总所政局变动后长芦盐务所受影响，1924 年 12 月 19 日，长芦盐务档案 680—22—15。

④ 长芦稽核分所抄呈盐务署、稽核总所关于军人截留盐款一节各处往来电函，1924 年 11 月 4 日，长芦盐务档案 680—22—35。

⑤ 长芦稽核分所呈报盐务署、稽核总所政局变动后长芦盐务所受影响，1924 年 12 月 19 日，长芦盐务档案 680—22—15。

等现象不断出现，并且愈演愈烈。

二　战后军阀加紧争夺长芦盐税

1924 年冬爆发的第二次直奉战争使长芦盐务受到了空前严重的冲击，并在实际上成为长芦盐务管理的重要分水岭。战后，长芦盐区被各派系军阀势力分割占领。"长芦所辖行盐区域直、豫各岸原为 185 县，其中豫省 53 县，先为各方军队分割占有，继为冯军窃据，对于盐务行政筹款各事已均不能行使职权。此外，京榆一带各岸现为奉军三四方面军团部管辖者计又为三十二县……对于盐务行政亦实难指挥一致。再除直南红枪会扰乱范围及晋军暂驻各县是长芦行盐区域，现在仅余不足百县。"[1] "再近年河南兵额之多甲于他省，军队之杂亦甚于其他省，主客各军割据自雄，各自为政。如某军驻于某某等县，则该县之用人行政以及收入各款即为某军完全所有特权。"[2] 同时，各派系军阀为了扩充实力，筹措军费，支应庞大的战争开支，加紧了对长芦盐税的争夺。

根据"善后借款合同"有关条款，中国盐务管理机关自上而下分成两大系统。一个是由北京盐务署和各盐区运使、运副及其所属场署、缉私营等机关组成的盐务行政系统，管理场产、运销、缉私等行政事项；另一个是由北京稽核总所和各产盐区稽核分所、支所，以及销盐区的稽核处、收税局等机关组成的盐税稽征系统，担负放盐、收税、存储和提解盐款之责。这种近代的中央集权的盐务管理系统，区别于晚清以来以地方管理为主的旧体制，从而保证了盐务管理的相对独立性。

由于盐务稽核系统完全为外人控制，军阀不便直接插手，因此，盐务行政系统就成为军阀干涉盐务管理、争夺盐税的突破口。盐运使是各盐区盐务行政系统的最高长官，军阀往往把擅自任命、操纵盐运使，作为其干涉盐务管理、争夺盐税的重要手段。表 5-4 是 1925—1928 年长芦盐运使任免情况的统计。

---

[1] 长芦盐运使呈直隶督办褚玉璞本年以来芦纲现状及经筹款项情形，1927 年 9 月 1 日，长芦盐务档案 680—9—37。

[2] 长芦缉私统领呈盐运使河南盐荒缺运兵匪杂处缉私困难，1925 年 10 月 11 日，长芦盐务档案 680—8—1055。

表 5 – 4　　　　　　　　1925—1928 年长芦盐运使任免情况

姓名	任命时间	任命机关/人
段永彬	1925 年 1 月	临时执政
张同礼	1925 年 8 月	直隶军务督办兼省长（李景林）
熊斌	1925 年 12 月	国民军第一军总指挥（张之江）
张同礼	1926 年 3 月	督办直隶军务善后事宜兼直隶省长（褚玉璞）
韩德凝	1926 年 4 月 17 日	直隶省长（褚玉璞）
任师尚	1926 年 6 月	直隶保安总司令兼省长（褚玉璞）
邵学煜	1928 年 1 月	直隶督办（褚玉璞）

资料来源：长芦盐务档案 680—22—106；680—14—234；680—22—113；680—22—118；680—14—269；680—22—117；680—22—122。

从表 5 – 4 可以看到，1925—1928 年的三年中，长芦盐运使共换过七任，其中只有 1925 年 1 月的盐运使是经由中央正常任命，其余全部是由军阀任命的。至于事后呈报盐务署备案，也只是做做表面文章而已，盐务署只能听之任之。此前关于盐运使直接隶属盐务署，"与督军省长都统不相统属"[①]，"盐运使由盐务署呈请简放"[②] 的规定被完全抛置不顾。相反的，盐务署的人事任命却往往成为一纸具文，无法得到执行。如第二次直奉战争后，1924 年 11 月，盐务署曾经令委刘之龙为新的长芦盐运使。但是，由于奉军镇威军第二军军长李景林（当时刚刚被直隶省议会"选举"为省长）曾令饬，现任运使张廷谔在未奉到其明令前不得擅行卸职，因此刘之龙无法接任[③]。长芦盐运使一职直到 1925 年 1 月才由段永彬接任。同年 8 月，段永彬奉令调任凤阳关监督后，直隶军务督办兼省长李景林命令张同礼署理长芦盐运使一职。此后，临时执政虽然曾经任命倪道烺为长芦盐运使，但迄未到任[④]。

军阀干涉长芦盐务行政之目的是便于攘夺盐税收入。第二次直奉战争后，占据直隶省的军阀常常就是通过擅自任命长芦盐运使，对其直接发号施令，以达其攘夺盐税收入之企图。

---

① 盐务署训令长芦缉私统领拟定各该机关来往公文程式以昭划一，1916 年 9 月 14 日，长芦盐务档案 680—26—653。

② 田斌：《中国盐税与盐政》，江苏省印刷局 1929 年版，第 69 页。

③ 长芦稽核分所呈报总所本埠政局变动各情形，1924 年 11 月 17 日，长芦盐务档案 680—22—35。

④ 长芦盐运使训令芦台场知事直隶军务督办兼省长令委张同礼代理长芦盐运使，1925 年 8 月 10 日，长芦盐务档案 680—14—234。

（一）公然截留税款

美国学者齐锡生在《中国的军阀政治（1916—1928）》一书中分析指出，盐税是这一时期北京政府和地方政府竞相争夺的目标，军阀常常把他们地区内的盐税作为增加财政收入的自然手段。1918—1928 年，北京政府和地方政府从盐税中提取的份额消长如表5－5所示。

表 5 - 5　　　　　　　　　1918—1928 年盐税收入分配　　　　　单位：千元

年份	中央政府所得份额	地方所得份额	总数
1918	56600	15000	71600
1919	49100	26000	75100
1920	40000	24000	64000
1921	52400	18000	70400
1922	47802	30000	78862
1923	不　知	不　知	不　知
1924	31700	33000	64700
1925	32900	33000	65900
1926	8868	47672	55540
1927	2750	52557	55307
1928	0	39642	39642

依据表5－5，从1924年开始，地方所占份额第一次超过了北京政府。在随后的几年中，盐税成为中国各地地方军阀的收入的重要来源，而对北京政府的重要性则降为乌有①。就表中所列数字而言，其所谓的"盐税"，当系指盐税收入扣除偿还外债本息后的"盐余"而言，虽然不尽翔实，但无疑反映了地方截留盐税的日益严重程度。

军阀公然截留长芦盐税之企图始自第二次直奉战争后期。其时，直系军阀吴

①［美］齐锡生：《中国的军阀政治（1916—1928）》，杨云若、萧延中译，中国人民大学出版社1991年版，第157—158页。

佩孚为挽回败局试图截留盐税以供饷需。吴氏此举虽最终失败①，但实际已发军阀截留长芦盐税之先声。战后，为了安抚直隶军阀当局，避免其进一步干涉长芦盐税的征收与管理，1925 年 5 月，北京盐务稽核总所曾答应每月自盐余项下拨付直隶省 10 万元协款②，希望以此为代价换取直隶当局不干涉长芦盐务的保证。这从 1926 年 5 月 26 日盐务稽核总所代理会办的信函中也可得到证明："余于本月二十日会见褚玉璞，向其提议继续实行与前任督办所订每月协款之协议。按照此协议，稽核总所自盐余项下每月垫付前督办十万元，后者则保证不干涉盐务并加以保护。"③ 但是，盐务稽核总所的这一妥协根本无法阻止直隶军阀当局对于长芦盐税的觊觎。1925 年冬，稽核总所与江浙地区军阀孙传芳在盐税问题上达成妥协，约定自 1926 年 1 月起盐税一半归中央，一半归江苏。"以稽核总所名义与军阀订约明白承认截留盐税，实以此为滥觞，中央辇毂之下之长芦盐税遂振振有辞，起而援两淮之先例，设立保管所，要求一半之盐税做军费。"④ 1926 年 5 月至 1928 年 5 月，直隶军阀当局先后三次公然企图截留长芦盐税，各方震动，"几致引起国际交涉"⑤。

1926 年 5 月 20 日，直隶保安总司令褚玉璞借口中央政府尚未成立、本省军需、赈务需款万急，指使长芦盐运使宣布设立"长芦盐税保管所"，"援照江浙两省办法，将应解中央盐款悉数保留"。其"长芦盐税保管所暂行办法"规定：由长芦运使设立长芦盐款保管所，所长由运使呈请总司令加委；运照、准单仍照旧章由运署和分所各自签字，然后由运署转交盐税保管所发给商人具领；各商所缴税款改由盐税保管所直接核收，拨交运库存储；每月应还银行团借款，以及运署所属各机关、分所附属各机关经费仍由分所照章签发，其余盐款按月呈报总司查核听候拨用；运署或分所遇有临时应支之特别费、非常费，非经运使呈请总司令核准后不得擅自动用⑥。根据此项办法，长盐税之征收、存储及提用之权将完

---

① 长芦稽核分所呈报总所政局变动后长芦盐务所受影响，1924 年 12 月 19 日，长芦盐务档案 680—22—15。

② 稽核总所复示长芦分所关于盐运滞塞已请盐务署转呈执政饬令交通部设法拨备车辆，1925 年 5 月 19 日，长芦盐务档案 680—22—1368。

③ 南开大学经济研究所经济史研究室编：《中国近代盐务史资料选辑》第 1 卷，南开大学出版社 1985 年版，第 407 页。

④ 贾士毅：《民国续财政史》（二），商务印书馆 1933 年版，第 187 页。

⑤ 同上。

⑥ 长芦盐运使训令芦台场知事设立盐税保管所中央盐款悉数保留，1926 年 5 月 20 日，长芦盐务档案 680—14—274。

全转由直隶军政当局把控。直隶当局此举引起了盐务稽核总所和与盐税有关各债权国的极大恐慌。"上一方法果真见诸实行，则对借款合同所组成的盐务机关实至危险。""对以盐税为担保的债券人来说，其利益不仅将因此受到严重危害，而且其最后的抵押品亦将几乎全被剥夺净尽。"[1] 而且由于"值兹各区盐款均未汇来之际"，长芦盐税收入（每年约达 1300 万元）已成盐税偿付外债之唯一保障（按除善后借款现已由关税收入偿还外，偿付此等外债每年约需 1000 万元），如果长芦盐税被直隶当局截留，"则一旦当银行团所存基金用罄后，英德借款、湖广铁路借款、克利斯浦等外债到期本息均将无款可付矣"[2]。为此，盐务稽核总所一面与褚玉璞展开紧急交涉，承诺按月拨给直省当局协款，一面以"武力保护"相恫吓，迫其就范。至 6 月底，双方最后达成妥协并签订合同。合同规定：以一年为期，稽核总所每月由长芦盐款项下拨付直隶省协款洋 30 万元，并于本年 7—9 三个月内将前欠拨直省协款 45 万元分批拨付。直隶督办则援照以往成案签具声明书，保证对于盐务不做任何之干预，并切实襄助盐务署及稽核总所施行一切有益于盐务之命令；下令免除所有不合法之盐斤附加税捐，"对于运盐事宜竭力襄助一切"[3]。

1927 年 5 月 14 日，原定合同即将期满之际，直隶督办褚玉璞指使长芦盐运使速向盐务稽核方面交涉，要求于原合同到期后另行订立新约，"自本年七月起照原数继续拨济三十万元外，再为按月加拨三十万元"。理由是"讨赤"军兴以来，军用繁巨，每月拨给直省之 30 万元协款，杯水车薪，远不敷用。"本省盐税通常计算总数可达一千三四百万元之谱，协饷饷三百六十万元不过仅占四分之一，即令加倍筹拨亦不为多。""盐款虽外债所关，而全国之负担断不能责诸一省，现在各省既已变更，直隶何能独异。"并威胁如果盐务稽核总所拒绝，"即便援照东三省、山东先例，准备手续，直接征收"[4]。此后，长芦盐运使在褚玉

① 1926 年 4 月 29 日盐务稽核总所代理会办宓以德致银行团代表报告直隶督办企图截留盐税函，载南开大学经济研究所经济史研究室编《中国近代盐务史资料选辑》第 1 卷，南开大学出版社 1985 年版，第 406 页。

② 1926 年 5 月 26 日盐务稽核总所代理会办宓以德致银行团代表报告与褚玉璞会谈经过函，载南开大学经济研究所经济史研究室编《中国近代盐务史资料选辑》第 1 卷，南开大学出版社 1985 年版，第 408 页。

③ 南开大学经济研究所经济史研究室编：《中国近代盐务史资料选辑》第 1 卷，南开大学出版社 1985 年版，第 406—410 页。

④ 直隶保安总司令部训令长芦盐运使速向稽核所妥商加拨协饷，1927 年 5 月 14 日，长芦盐务档案 680—9—42。

璞的直接操控下与盐务稽核方面展开交涉，双方讨价还价，时间长达两个多月。其间，直隶当局屡次发出最后通牒，恫吓稽核总所如不能在限定时间内接受条件，将中止谈判，转而使用武力直接征收，截留全部盐税①。至8月上旬，双方签订新约。新约规定：以一年为期，稽核总所每月仍由长芦盐款项下拨付直隶省协款洋30万元，但当长芦盐税月收入“净款”（即扣除长芦分所、盐务署及稽核总所经费）超过80万元时，须于当月额外加拨15万元；若长芦盐税月收入“净款”超过100万元，则额外加拨25万元②。长芦盐税风波再次暂时得以平息。

1928年4月底，直省截留长芦盐税的交涉再起。4月28日，长芦盐运使通知长芦稽核分所，奉直隶督办褚玉璞训令，因为“稽核总所对于旧欠直省协款延不拨还，而本月份第一批协款已经签拨亦不履行”，宣布“爰即依照奉、鲁办法，定于五月一日起将盐税归为自收，以济要饷而抵旧欠”③。北京盐务当局不得已与直隶当局展开交涉。至5月10日，双方再次达成妥协，签订合同。其具体内容为：由长芦运使即日通知银行、盐商，嗣后盐税仍由长芦分所照章征收，取消自收办法；北京盐务稽核总所将原存4月协饷30万元即行拨付；5月份所收盐税尽先拨付5月上半月协饷15万元后，再拨付北京署所及本省盐务各机关经费，若有余款再拨付5月下半月协饷；如5月税收内再有盈余，即行拨还上年6月欠款15万元；如盈余之数不敷15万元时，则尽盈余之数拨还；如本月税收盈余超过15万元时，亦以拨还15万元为限；其他旧欠直省协款，另定办法④。

以上直隶军阀当局企图截留长芦盐税的目的虽然没有完全达到，但获得了“奉准截留”更多盐税的权力，并且在一定程度上取得了保障这种权力的“优先权”。自1926年7月22日起至1928年5月止，直隶当局于协款项下共获得盐税

① 长芦盐运使致稽核分所函，1927年7月14日，长芦盐务档案680—21—1373。

② 稽核总所复长芦分所函，1927年7月22日；长芦稽核分所致法国驻天津领事函，1927年8月8日，长芦盐务档案680—21—1373。

③ 长芦盐运使函知稽核分所长芦盐税自五月一日起拟改为自收，1928年4月28日，长芦盐务档案680—22—16。

④ 长芦稽核分所函告盐运使拟定协款办法请完全同意以便即日履行，1928年5月10日，长芦盐务档案680—22—16。

630 余万元①。

除了"奉准截留"长芦盐税之外，直隶军阀当局还通过长芦盐运使"自行截留"了部分盐税。1926 年 4 月，商人康济恒获准接办承运直、豫 61 县引岸，并向运署预缴第一年报效洋 10 万元。长芦稽核分所要求长芦盐运使将该款转送分所归入盐款账内，却遭到长芦盐运使断然拒绝。声称："此种报效既非盐税，原属本署另款收入，应直接解交部署核收，当然不能归入盐款账内。所有该商预缴第一年报效十万元，已由韩前运使解交直隶保安总司令拨充军需。"② 津武口岸向为芦畅销之区，获利优厚。1925 年 6 月，商人福昌号获准接办，合同期限三年，每年认缴报效洋 2 万元。此项报效向来缴由长芦运署转送长芦稽核分所登入盐款账内。但该商 1926 年和 1927 年应缴报效共计 4 万元，运署迟迟没有转送。屡经长芦稽核分所函催，长芦盐运使均置之不理。直到 1928 年 7 月，才获新任盐运使答复说，前任运使"原拟按照定案转送，乃时值军兴，前方需饷万急，迭奉前直隶督办褚派委，赴署坐守，见款即提，敝使事出无法，致将前项报效并为提解"③。以上仅仅是笔者在档案中看到的几例而已，直隶军阀当局"自行截留"的长芦盐税绝不止这些。1927 年 2 月，盐务稽核总所在批转长芦盐运使请增运署每月经费一案时说："该运使所请一节碍难照准，盖以其似未设法将从前芦纲公所所存而新近违章征收及提支之报效年费归入盐款账内也。"④ 因此，直隶军阀当局究竟"自行截留"了多少长芦盐税，还有待进一步的考察。

（二）滥征附加税捐

为了满足漫无限制的军费开支，直隶军阀当局还公然破坏《盐税条例》关于除征收额定正税外，"不得另以他种名目征税"的规定，强行征收各种食盐附加税捐。表 5－6 是 1925—1927 年直隶军阀当局征收芦盐附加税捐的统计。

① 长芦盐运使呈直隶保安总司令直隶协款收支数目清册（1926 年 7 月至 1928 年 1 月），长芦盐务档案 680—8—1253；长芦盐运使呈报直隶督办协款收支清册（1928 年 2 月至 5 月），长芦盐务档案 680—9—301。
② 长芦盐运使函复稽核分所康济恒承运引地原为六十一县暨应缴报效款项原属另款收入不能归入盐款，1926 年 9 月 15 日，长芦盐务档案 680—22—445。
③ 长芦盐运使函知稽核分所准邵前运使咨津武口岸报效四万元已由前直隶督办派委提解，1927 年 7 月 9 日，长芦盐务档案 680—22—438。
④ 稽核总所函饬长芦分所运使咨请每月应增经费仍照原案施行一节碍难照准，1927 年 2 月 11 日，长芦盐务档案 680—22—1378。

表 5 - 6 直隶军阀当局征收芦盐附加税捐统计

名称	起征日期	税率（元/担）	近三年实收数（元）			备注
			1925 年	1926 年	1927 年	
芦盐产地捐	1926 年 8 月 5 日	0.5		711040	1277728	
直隶食户捐	1926 年 8 月 5 日	1		1230524	2183048	
芦盐车捐	1926 年				78778	
直隶省钞公债基金特捐	1927 年 6 月 1 日	1			961196	
鱼盐军事饷捐	1927 年 10 月	0.5				
精盐军事饷捐	1927 年 11 月	1				由于久大精盐公司等各商的抵制，实际上并未能真正实行
合计				1941564	4501110	总计：6442674

说明：1. 附加税捐数目俱按稽核所每月放盐准单所载担数计算。2. 表中“起征日期”系据各档案资料综合确定。

资料来源：长芦稽核分所呈送盐务署长芦盐区近三年税捐表，1928 年 9 月 12 日，长芦盐务档案 680—22—315；Annual Surtax Record. Changlu District. 1926，长芦盐务档案 680—21—1350；Annual Surtax Record. Changlu District. 1927，长芦盐务档案 680—21—1382；长芦沿革稿，1924 年 9 月，长芦盐务档案 680—22—3；长芦冀岸各县盐价变更经纬表，1935 年，长芦盐务档案 680—22—1277；长芦盐运使呈报直隶督办、省长十六年份收支数目暨十七年份收支预算清单，1928 年 3 月 5 日，长芦盐务档案 680—9—282。

由表 5 - 6 可以看出，直隶军阀在该省征收的芦盐附加税捐都是在 1925 年以后。在此之前，1920 年直系军阀吴佩孚曾一度开征芦盐食户捐，但仅维持了一年即停止了征收。到了 1925 年以后，至 1927 年底，新开征的芦盐附加税捐多达 6 种，合计在 4 元以上，而同期长芦稽核分所经征的盐税只有每担 3 元。

限于档案材料残缺，表中数字多有缺漏，其数目必然少于实际征收数目。以

1927 年长芦运署的全年收支为例，其收入包括：直隶协饷项下共收洋 360 万元，产销捐项下共收洋 2280118.7 元（此数为 1927 年全年收入，包括盐商预缴产销捐在内），运盐车捐项下，共收洋 78778.4 元，以上合计共收入 5958897.1 元。其支出包括：运署全年开支经费 36000 元，车捐处暨押运处全年开支经费 8205 元，合计共支出 44205 元。收支相抵，实收 5914692.1 元，较表列数字多出 75 万余元①。而且表 5-6 仅截至 1927 年末，并未将 1928 年的收入计算在内。同时，"长芦运署民国十七年份收入支出预算" 也可以给我们提供参考（见表 5-7）。

表 5-7　　　　　　　1928 长芦盐运使署收入支出预算②

款别	全年收入数	每月收入数	全年支出数	每月支出数
协饷	360 万元	30 万元		
产销捐	228 万元	19 万元	36000 元	3000 元
运盐车捐	78000 元	6500 元	8400 元	700 元
合计	5958000 元	496500 元	44400 元	3700 元

表 5-7 中各款除去协饷一项，产销捐和运盐车捐两项全年收入预算 2358000 元，平均每月收入预算 196500 元。当然，由于受战事影响，芦盐运销停滞，加上直隶军阀统治的迅速瓦解，产销捐及运盐车捐不可能如数征收，但至 1928 年 6 月直隶军阀统治瓦解前夕，上述税捐照旧征收。

附加税捐征自直、豫各岸芦商。为了减少各盐商的抵制和反对，作为交换，军阀往往在开征附加税捐的同时擅自提高盐斤价格。1926 年 8 月，直鲁联军前敌总司令部命令长芦全区每包（四担）食盐征收 4 元食户捐的同时，每斤加增卖价 1 分；同时长芦全区每包（四担）食盐加征 2 元的产地饷捐，每斤再加卖价 5 厘③。当长芦稽核分所提出抗议，指责直隶当局违背前定协款合同时，长芦盐运使强词夺理，狡辩 "前定协款合同，本使系代直省长官签订，此次征收产销临时军事捐系奉直鲁联军总司令部命令，机关名义各不相蒙，自与合同毫无抵触"，

---

① 长芦盐运使呈报直隶督办、省长十六年份收支数目暨十七年份收支预算清单，1928 年 3 月 5 日，长芦盐务档案 680—9—282。
② 同上。
③ 长芦盐运使训令芦台场知事奉令长芦销盐区域征收销产两税，1926 年 7 月 31 日，长芦盐务档案 690—14—285。

"严令遵行，势难中止"①。1927 年 5—6 月，盐务署应直隶保安总司令褚玉璞之请，照准将直隶全省每斤食盐普通加售盐价 7 厘，同时并有车运特别加价 4 厘、6 厘、8 厘不等②。同年 6 月，因开征"直隶省钞公债基金特捐"（也称"加征产捐"），直岸食盐每斤售价再行加价 1 分③。如此，在不到一年的时间里直岸盐价竟然三次加价，每斤食盐售价累计提高 3 分 2 厘。以天津县为例，1914 年奉盐务署令芦盐改售银元时，每斤售价 4 分；1926 年 8 月 5 日后，每斤售价 5 分 5 厘；1927 年 5 月 29 日后，每斤售价 6 分 2 厘；同年 6 月 1 日后，每斤售价 7 分 2 厘④。也就是说，在不到一年的时间里，直岸食盐售价在原价基础上提高了五分之四。

（三）摊派临时性巨额饷捐

除了截留盐税、滥征附加税捐外，直隶军阀当局还常常以种种借口任意对长芦盐商横征暴敛，强行摊派临时性的巨额饷捐、报效。兹就各种档案文献中所见，略举数端，即可窥其一斑。

以查抄战争祸首财产为由勒罚巨款。第二次直奉战争后，新任直隶军务督办兼省长李景林设立所谓"直隶兵灾善后清理处"，以清查、没收战争祸首财产为名向盐商勒索巨款，前后共勒取近 52 万元。以久大精盐公司为例，1925 年 6—8 月，"直隶兵灾善后清理处"始以久大公司藏匿祸首财产，继而又加以违犯盐法的罪名，除将该公司所谓祸首股份 6.55 万元没收外，责令罚款 20 万元，并一度绑架拘禁公司总经理范旭东、营业部长周雪亭。在久大公司恳请盐务署及盐务稽核总所出面干预，并被迫先后缴纳 8 万元的现金报效后，才获"少缴之善后费洋十二万元，姑准从宽免缴"的处置⑤。其后李景林虽然有"筹还提取商民各款之主张"，冯玉祥国民军占据天津后，"亦有前任勒罚商民捐款一律发还之布告"⑥，

---

① 长芦盐运使函复稽核分所食盐援案加价与合同不背严令遵行实难中止，1926 年 8 月 12 日，长芦盐务档案 680—22—492。
② 稽核总所函饬长芦分所抒陈直隶省盐价每斤增洋七厘意见，1927 年 8 月 3 日，长芦盐务档案 680—22—493；长芦冀岸各县盐价变更经纬表，1935 年，长芦盐务档案 680—22—1277。
③ 长芦冀岸各县盐价变更经纬表，1935 年，长芦盐务档案 680—22—1277。
④ 同上。
⑤ 赵津主编：《范旭东企业集团历史资料汇编：久大精盐公司专辑》（下册），天津人民出版社 2006 年版，第 596—604 页。
⑥ 久大精盐公司呈请长芦稽核分所将李前督办勒款拨抵税款，1926 年 1 月 26 日，长芦盐务档案 680—22—938。

但所谓"发还"只不过是开具的空头支票而已。

以清理盐款为名肆意勒索。李景林督直期间，还设立所谓"直隶盐款清理处"，打着清理盐款、整顿盐务的幌子对盐商进行敲诈勒索。例如，以"欠缴洋码报效，顽抗不交"为由，将纲总邓崇光、邹廷廉、郭春麟等拘留收押，芦纲公所不得已请天津总商会出面担保，花费53万元之巨，始得将上述几人保释出狱①；借口津浦铁路加价旧案向芦纲各商勒提10万余元；以已经取消之1920年饷捐旧案敲诈芦纲各商20万元，对于襄八、汝光两区域无饷捐旧案可翻者，则改立名目迫令报效；假借取消运盐车船额外加捐之名勒索芦纲公所10万元；以芦纲公运"为少数纲商把持，营私肥己"为名，将公运六十一县引岸收回官办，派人查抄劫掠公运事务所11万余元②。芦纲公所前纲总李宝诗则被控以"津浦盐斤加价案内侵占公款，隐藏账据"的罪名，查封所有财产并扣收引地，李家花尽心思，最终花费40万元巨款疏通，才得"从宽免予处分"，启封发还所有财产。为了取悦李景林，李家随后又送给李景林50万元。褚玉璞督直期间，又故技重施，以追查"津浦盐斤加价案"为名向李家勒索巨款达100万元③。

责令认缴、"垫借"军政费。1926年4月，因为直隶省财源枯竭，直隶督办褚玉璞在督办公署召集财政会议，以现驻直隶境内军队约有40万人，每日给养约需10万元为由，饬令财政厅、盐运使署、津海关署及各税务局从速筹集饷款④。长芦直岸各商被迫认缴本省军费和中央政费各50万元，分三个月缴清。褚玉璞则以商人"成本加重、赔累不堪"请准盐务署，于直隶全省每斤食盐普通加卖价7厘⑤。1927年8月，褚玉璞自徐州前线给长芦盐运使发回电令，提出前方用款浩繁，"拟以私人名义向各该盐商借洋一百万元以充军用"。经长芦盐运使再三催逼，实收30万元，其中长芦盐商摊交20万元，长芦运署代各商垫借

---

① 天津档案馆等编：《天津商会档案汇编》，第2卷（1912—1928），天津人民出版社1992年版，第4306—4307页。

② 全纲长芦商人呈长芦盐运使前运使设立非法机关威逼巨款恳乞转呈迅示补救方法，1926年1月，长芦盐务档案680—8—987。

③《天津文史资料》第7辑，天津人民出版社1980年版，第97—99页；天津档案馆等编：《天津商会档案汇编》，第2卷（1912—1928），第4307—4308页。

④ 河北省财政志编写组：《河北省财政大事记》，中国旅游出版社1992年版，第38页。

⑤ 稽核总所函饬长芦分所抒陈直隶省盐价每斤增洋七厘意见，1927年8月3日，长芦盐务档案680—22—493。

10 万元①。1928 年 4 月，再"续借"30 万元，实收 12 万元②。1927 年底至翌年初，褚玉璞又以军政各费需款孔急为由，向各银行、公司和盐商"筹借"200 万元。其中各银行担任"承借"150 万元，其余 50 万元由其他各商承担，盐商分摊"承借"10 万元③。

强迫认购公债。为了筹措军费，这一时段直隶军阀当局还任意滥发巨额公债，强行向包括盐商在内的社会各界摊派，逼令认购。其名目有直隶第五次公债（1925 年）、天津短期市政公债（1925 年）、直隶善后长期公债（1926 年）、直隶善后短期公债（1926 年）、直隶第六次公债（1926 年）等。规模最大的一次是 1926 年同时发行的直隶善后长、短期公债。1926 年 7 月，直隶督办兼省长褚玉璞设立"直隶善后公债局"，发行高达 1000 万元的巨额公债。其中，短期公债 400 万元，债期三年；长期公债 600 万元，债期六年。规定以杂税、统税、契税等项收入的一部分作为还本付息的基金，并将直隶盐务协款为第二担保。其短期公债更规定"由长芦盐运使于盐务协款项下按期照拨十分之六"的基金，其余则强行摊派给各银行、公司、盐商等④。芦纲盐商奉令"只认短期，不购长期"，被迫认购短期公债 100 万元，按照各商每年销额数平均支配分摊。计：芦纲公所 472400 元；康济恒 17000 元；襄八公所 117000 元；裕蓟公司 62400 元；豫益恒、业记等 93600 元；久大精盐公司 93600 元；通达精盐公司 5000 元；福昌号 39000 元⑤。但"即短期一项，已较他行独多"。不仅如此，"各外岸管辖县长仍强令认购长期"。天津商会因所承募短期公债未能足额，也串通各区警察到各盐商住宅挨户分派巨额公债票，"商力已属万分拮据"⑥。至 1927 年 6 月，仅直隶善后短

---

① 长芦盐运使函催久大精盐公司等直隶督办借款一案请将尚欠之款凑交来署，1927 年 9 月 4 日，长芦盐务档案 680—9—44。

② 长芦盐运使呈报直隶督办呈解第二次盐商借款暨福昌报效款，1928 年 5 月 26 日，长芦盐务档案 680—9—306。

③ 天津档案馆等编：《天津商会档案汇编》，第 2 卷（1912—1928），天津人民出版社 1992 年版，第 4184—4185 页。

④ 长芦盐运使训令芦台场知事奉饬补发直隶善后长、短期公债条例暨还本付息表，1926 年 7 月 20 日，长芦盐务档案 680—14—291；杨天石主编：《中华民国史》第二编，第 5 卷，《北伐战争与北洋军阀的覆灭》，中华书局 1996 年版，第 173 页。

⑤ 长芦盐运使训令芦纲公所等八处核定各商分别摊购直隶善后短期公债票数目，1926 年 11 月 15 日，长芦盐务档案 680—8—1222。

⑥ 天津档案馆等编：《天津商会档案汇编》，第 2 卷（1912—1928），天津人民出版社 1992 年版，第 1398—1399、第 1404 页。

期公债一项，长芦各盐商即实缴公债票价 289000 元①。1928 年 3 月，长芦运使在奉令呈报经理收支各款的清单中，公债一项收款高达 828 万余元②，其中究竟有多少取自长芦盐商亦尚待考察。

此外，直隶军阀当局为了筹措应急军政饷需，还屡次指使长芦盐运使以直隶协款、产销捐作抵押，强行向天津各银行或盐商筹措短期借款。表 5 - 8 是 1926 年 10 月至 1928 年 5 月的历次借款。

表 5 - 8 　　　　　直隶军阀以协款、产销捐作抵押强行向银行、盐商借款

时间	借款银行或银号	借款数额	期限及利息	担保	用途	备注
1926 年 10 月	天津中国、交通、直隶省等 19 家银行	100 万元	当年 10 月交款之日起至翌年 1 月底月息 1 分 4 厘	以当年 10 月、11 月、12 月及翌年 1 月共 4 个月直隶协款作抵，订立合同	军需用款	因直隶协款延期拨付，至 1927 年 3 月，方由天津中、交两于代收直省协款项下将本息拨还清楚
1927 年 3 月	天津中国、交通两银行	50 万元	两星期月息 1 分 2 厘	以直隶协款作抵订立合同	饷械之筹备、补充	当年 3 月 26 日，经由天津中国、交通两银行于代收直隶协款项下如数还清本息

---

① 长芦盐运使函达直隶善后公债局经募各盐商短期公债情形暨各商实缴票价数目，1927 年 6 月 23 日，长芦盐务档案 680—8—1222。

② 长芦盐运使呈褚总司令遵将经理收支各款分条呈明，1928 年 3 月 17 日，长芦盐务档案 680—9—36。

续表

时间	借款银行或银号	借款数额	期限及利息	担保	用途	备注
1927 年 7 月	天津 31 个银号	25 万元	1 个月月息 1 分 5 厘	以 6 月、7 月直隶协款及以后收入产销捐作抵，订立合同	拨付意商李华枪械价款	当年 10 月 3 日，借款本息于产销捐项下拨还清楚
1827 年 8 月	天津中国、交通两银行；芦纲各商号	25 万元（中、交两借款 15 万元，芦纲各商号借款 10 万元）	1 个月月息 1 分 2 厘	分别以直隶协款及未到期产销捐期票作抵，与银行订有正式合同	军需用款	当年 8 月 23 日，上述两项借款本息别筹还清楚
1927 年 8 月	天津中国、交通、盐业、金城、中南、大陆六家银行	50 万元	1 个月月息 1 分 4 厘	分别以直隶协款、产销捐为第一、第二担保，订立合同	交付向加藤铁治郎兵工厂订购枪械款	因货物未按期运到，按合同规定，借款取消
1927 年 9 月	天津中国、交通、盐业、金城、中南、大陆六家银行	50 万元	1 个月 1 分 4 厘	分别以直隶协款、产销捐为第一、第二担保，订立合同	交付向加藤铁治郎兵工厂订购枪械款	该项借款遂被提用，如数拨解督署军需课。当年 10 月 27 日，中、交两行于代收直省协款项下将本息拨还清楚

续表

时间	借款银行或银号	借款数额	期限及利息	担保	用途	备注
1927 年 11 月	天津中国、交通、盐业、金城、中南、大陆六家银行	60 万元	2 个月 1 分 4 厘	分别以直隶协款、产销捐为第一、第二担保，订立合同	备付意商李华枪械款	1928 年 2 月 11 日，天津中、交两于代收直省协款项下将本息拨还清楚
1928 年 3 月	天津中国、交通、盐业、金城、中南、大陆六家银行	15 万元	1 个月 1 分 4 厘	分别以直隶协款、产销捐为第一、第二担保，订立合同	军需用款	当年 3 月 28 日，借款本息由天津中、交两行于代收直省协款项下拨还清楚
1928 年 4 月	天津中国、交通、盐业、金城、中南、大陆六家银行	15 万元	1 个月 1 分 4 厘	分别以直隶协款、产销捐为第一、第二担保，订立合同	拨付山东张（宗昌）督办，属协济性质	当年 4 月 24 日，借款本息由天津中、交两行于代收直省协款项下拨还清楚
1928 年 5 月	天津各银行	1000 万元				因各银行拒绝，借款未果

资料来源：长芦盐运使呈褚总司令借款成立呈送合同，1926 年 10 月 1 日，长芦盐务档案 680—8—1251；长芦盐运使呈报褚总司令借垫款项订立合同，1927 年 3 月 17 日，长芦盐务档案 680—9—45；长芦盐运使呈报褚总司令抵借款项二十五元以济军需，1927 年 7 月 28 日，长芦盐务档案 680—9—38；长芦盐运使呈报褚总司令借垫款项订立合同，1927 年 8 月 4 日，长芦盐务档案 680—9—39；长芦盐运使呈褚总司令遵令借款业经成立合同，1927 年 8 月 22 日，长芦盐务档案 680—9—40；长芦盐运使呈褚总司令遵令订立借款合同，1927 年 9 月 26 日，长芦盐务档案 680—9—40；长芦盐运使署向中国、交通等六家银行借款合同，1927 年 11 月 11 日，长芦盐务档案 680—9—43；长芦盐运使呈直隶督办、省长以协款产销捐抵借款项成立合同，1928 年 3 月 8 日，长芦盐务档案 80—9—305；长芦盐运使呈报褚督办以协款产销捐抵解款项，1928 年 4 月 6 日，长芦盐务档案 80—9—284；直隶督办、省长公署训令，1928 年 5 月 26 日，长芦盐务档案 80—9—312。

1925 年至 1928 年 6 月北京政府统治倾覆，直隶军阀当局直接、间接从长芦盐务中掠夺的各项税款、饷捐、报效、公债款等，仅本书中所列数目综计即近 2000 万元！而这还只是极不完全的统计。可见，压榨和掠夺长芦盐务，是这一时期直隶军阀军、政饷需的重要来源之一，成为其扩充实力，维护其专制统治的重要经济基础。至北京政府覆灭前夕，压榨和掠夺长芦盐务更成为直隶军阀赖以支撑战局的救命稻草。1928 年初，直隶军阀当局以"整顿财政筹济军需，统一金库最为先务之急"，实行统一金库办法。规定自 2 月 1 日起全省各收入机关须将所有经收款项一律统交省金库，支出各款应确守预算范围，实行统筹支配。各收入机关并须将每年暨每月收支各数开单送财政厅并报省署备案①。5 月 13 日，直隶财政厅复奉直隶督办、省长公署训令召集由直隶全省各收入机关参加的财政会议，饬由各收入机关勉力筹措现款，分别认定可交现款及每日可收入、解送直隶省金库现款数目。会议上各收入机关分别认定数目如下：

长芦运署：每日约收洋 1 万元。

津海关二五附税处：每日约收洋 7000 元（战事影响，贸易停顿，不可能收入此数）。

烟酒事务局：每日约收洋 2000 元。

三特别区营业牌照局：承认押借随时呈报省署。

卷烟税务局：每日约收 4000 元。

卷烟吸户捐局：每日约收 2500 元。

矿政公署：现款 5000 元，每日约收 1500 元。

官产处：现款 2 万元。

工地捐务处：现款 3000 元，每日约收 2500 元。

禁烟局：每日约收 1500 元。

印花税处：每日约收 600 元。

棉花干果局：现款 15000 元，每日约收 4000 元。

财政厅：现款可解 5 万元，每日约收 1 万元。

---

① 直隶省长公署训令各收入机关将每年暨每月收支各数开单送财政厅并报省署备案，1928 年 2 月 13 日，长芦盐务档案 680—9—282。

以上共现款 96000 元，每日约收 45600 元。其中长芦盐运使署每日认交 1 万元。①

实际上，长芦运署每日解送款项远远超过此数。档案显示，自 1928 年 5 月 14 日起，至 6 月 6 日，长芦运署共筹解直省金库协款及产销共捐洋 451000 元。以下是长芦运署 5 月 14 日至 6 月 6 日历次筹解直隶省金库款项数目清单：

5 月 14 日：180000 元（协饷）

5 月 16 日：20000 元（产销捐）

5 月 18 日：4000 元（产销捐）

5 月 24 日：1000 元（协饷）

5 月 28 日：50000 元（协饷）

6 月 2 日：20000 元（产销捐）

6 月 3 日：44000 元（产销捐）；100000 元（协饷）

6 月 4 日：26000 元（产销捐）

在为时 22 天当中，长芦运署共解款洋 451000 元，日均达 2 万余元，几乎是上述财政会议各收入机关认定每日收入总和的二分之一②。

军阀当局的干涉和掠夺对长芦盐务管理造成了极大的破坏，严重影响了盐区人民的生活。

首先，军阀的干涉使民初盐务改革以来形成的近代化的盐务管理体制遭到极大破坏。长芦盐区地处渤海沿岸，滩涂广阔，气候条件适宜，极有利于盐业生产。且盐区"重要各盐场皆交通利便"，"运盐孔道亦易于监管"。所以，民国初年盐务稽核总所洋会办丁恩在酝酿规划中国的盐务改革时就认为"长芦盐务大有可为"③。是以民初盐务改革的许多举措，诸如就场征税、统一税率、开放引岸、裁场建坨等，大都在长芦盐区率先实行，再渐次在其他盐区推行。因此，长芦盐务较早即建立起了一套近代化的盐务管理体制，并在以后不断得到完备。但是北京政府统治后期，特别是第二次直奉战争以后，军阀对长芦盐务的肆意干涉和掠

---

① 直隶财政厅函请长芦盐运使务依财政会议认交之款送交金库，1928 年 5 月 16 日，长芦盐务档案 680—9—282。

② 长芦盐运使函复直隶财政厅筹解金库款项数目，1928 年 6 月 7 日，长芦盐务档案 680—9—282。

③ 丁恩改革中国盐务报告书，载林振翰编《中国盐政纪要》（下册），商务印书馆 1930 年版，第 116 页。

夺，使得这一进程受到极大干扰乃至中断，民初盐务改革以来积累的成果几将化为乌有。

其次，军阀当局的压榨、掠夺给长芦盐的运销和税收造成了巨大影响。军阀漫无节制地摊饷派捐，导致长芦盐商资本赔累不堪，周转不灵。"查每盐一包（每包4担——笔者注）正税十二元再加产销两捐每包六元，共十八元，先能报盐三包者，今只报两包，是因交款加多之困难"。再加上军事影响，"路局无车，河船多因军用被封，有报税经年未能筑出者，有数月未能筑出者"①。"芦纲各商以时局关系，车运停阻，河水复涸船运亦复不通行，豫省、直南各县颗粒已不能运往，虽经严催报运以裕税源，无如领运以后盐斤既无法运出，不能销售，盐商资本赔耗均已周转不灵，枯窘万状，加以枭匪肆起，私盐遍地，津海道属各县销盐数目逐渐锐减，影响甚巨。"② 久大精盐公司所制精盐行销各大商埠，1925 年以前销量逐年递增，"年纳芦盐税款约占全数四分之一"③。1927 年 11 月 5 日，奉系镇威第三、四方面军团部所设京榆一带芦盐食户饷捐总局下发令文并颁布精盐饷捐简章，规定凡运销南北精盐每担加征 2 元饷捐，并强行扣留久大公司待运精盐，勒令非先缴足饷捐不得起运④。虽迭经各方调停得减半征收，但久大公司仍无力担此重负。12 月 12 日，久大精盐公司新、老二厂全部停工停运，直至1928 年 4 月 15 日新厂才开工生产⑤。运销的停滞使长芦盐税收入逐年锐减，每况愈下。1925 年至 1928 年长芦盐税收入分别为 14184000 元、10799000 元、8247000 元和 6901000 元⑥。1926 年 12 月 21 日，长芦分所在致长芦盐运使函中说："本年长芦盐税截至十二月十九日止，除精盐硝卤以及各项杂款不计外，比较上年全年所收该项正税计细之数竟达三百余万元之巨，即以本月而论，截至十五日止，仅拨交银行团洋十三万元，以支本省协饷已为不足，而十五日以后所收

---

① 长芦盐运使训令芦台场知事每届五日将出坨盐包数目暨商名、运往地点汇单详报，1926 年 11 月 4 日，长芦盐务档案 680—14—28。

② 长芦盐运使呈直隶督办褚玉璞本年以来芦纲现状及经筹款项情形，1927 年 9 月 1 日，长芦盐务档案 680—9—37。

③ 赵津主编：《范旭东企业集团历史资料汇编：久大精盐公司专辑》（下册），第 607 页。

④ 塘沽支所呈报长芦稽核分所军阀扣留精盐拟征收饷捐，1927 年 11 月 8 日，长芦盐务档案 680—22—11。

⑤ 丰芦支所函送长芦稽核分所民国十七年春季季报，1928 年 5 月 19 日；丰芦支所函送长芦稽核分所民国十七年夏季季报，1928 年 9 月 27 日，长芦盐务档案 680—22—21。

⑥ "民国十年至十九年税收统计表"，财政部盐务署、盐务稽核总所编《中国盐政实录》，1933 年，载沈云龙主编《近代中国史料丛刊》（三编），第 88 辑，台北文海出版社 1999 年影印本，第 1193 页。

尤复寥寥。"①

再次，军阀当局对长芦盐税的干涉和掠夺对盐区人民的生活带来了巨大影响。一方面，因为军事影响，车运受阻，河船被封，盐斤无法运往销区销售，一些地方出现盐荒，食户常有淡食之虞。另一方面，直隶军阀开征的各种附加税捐表面上是来自芦岸盐商，但实际上绝大部分又以加价等形式转嫁到长芦盐区广大食户的头上，食盐价格不断攀升。特别是在北京政府统治的最后两年，食盐售价之高更是超乎寻常。以磁县为例，盐商费尽周折，1927 年 6 月请准拨发三列军用车辆运盐，以解决该县的盐荒局面。按当时运输办法，由起运处至彰德以东收费每包 1 元 6 角，以每车 20 吨装 78 包，合计共洋 124.8 元，不足一车亦按一车征收。此外，还要缴纳"京奉二五加价"，每车 19.6 元；"京奉军事善后捐"，每车 42.6 元；"京汉二成加价"，每车 31.24 元；"京汉军事补助费"，每车 105 元；"专车招待费"，每车 31.2 元以上，共计 354.44 元，平均每包 4.544 元。该县食盐官定每斤价洋 4 分 4 厘，加上每斤产销两捐 1 分 5 厘，合计每斤食盐应售洋 5 分 9 厘。而该盐商核计成本、运费每斤竟卖至铜元 28 枚，折合大洋 7 分，较官价每斤增加 1 分 1 厘②。实际上，1927 年长芦盐区各县盐斤售价大都在 7 分 5 厘以上，有的甚至高达 8 分 5 厘③。豫岸各县因为距离长芦盐产区较远，运输为难，食盐售价更是高得离谱。1926 年以前，黄河南北长芦各盐斤售价虽有所不同，但与规定价格尚无太大出入，黄河以北直隶各县每斤售洋 6 分，黄河以南河南各县每斤售价 6 分 5 厘。1927 年以后，因为运道梗阻，来盐缺乏，每斤食盐竟达 1 角 3 分左右！④ 由于食盐售价大大超过了广大食户的购买力，食户因此不得不购食质劣价低的土盐和私盐，以致制私贩私泛滥。以豫岸为例，"各县盐店均以交通阻碍不无缺运之虞，以致私盐充斥，无地无之，防兵缉私，民多反抗，且有无赖地痞勾结军营贩运私硝，一经缉获冒充军食。……现下盐荒缺运已达极点，军队林立，份子复杂，盐犯难保不是土匪，土匪难保不是军人"⑤。直、豫两省民生因此大受影响。

---

① 长芦稽核分所函知长芦盐运使本年芦税锐减请即呈商当局饬车辆以资运盐而裕国课，1926 年 12 月 21 日，长芦盐务档案 680—22—458。
② 磁县知事呈长芦盐运使盐商私增盐价，1927 年 6 月 11 日，长芦盐务档案 680—9—24。
③ 各县呈报盐斤售价案卷，1927—1929 年，长芦盐务档案 680—9—19。
④ 河南盐政处函复长芦盐运使豫省芦盐近三年价格，1928 年 12 月 31 日，长芦盐务档案 680—9—466。
⑤ 长芦缉私统领呈盐运使河南盐荒缺运兵匪杂处缉私困难，1925 年 10 月 11 日，长芦盐务档案 680—8—1055。

结　语

民国北京政府时期，盐务稽核总所洋会办丁恩在评论盐税对于中国社会的特殊重要性时，曾经如是说："就国家之税源而论，中国对于盐税异常注重，较全球各国为尤甚。当国内太平时，盐商皆为重要人物。当革命及变乱时，在其他各国革党暨土匪等，均注意国库暨银行，而在中国则皆注意银行暨盐局。因有此种普通观念，故盐务暨税收，时常受莫大之影响。"① 这一评论虽然出自外国人之口，但一语中的，切中肯綮。它不仅准确道出了盐税在旧时中国财政经济中的特殊地位，而且明白无误地说明了盐税与旧时中国政治嬗变的紧密联系。千百年来，中国历代王朝的治乱兴衰，特别是近代以来的中国历史对此给出了有力的诠释。而民国北京政府时期长芦盐税的征收与管理就是一个很好的例证。

长芦盐税自始至终为民国北京政府所倚重。这一方面是由于长芦盐区地处京畿，易于控制；另一方面是由于中国盐税收入地区分布比较集中，长芦和两淮的盐税收入就占据全国盐税总收入的近半数，而北京政府对两淮盐税的控制权却往往因为政局动荡，军阀割据而丧失。特别是在民初政局未定之际，以及1916年以后军阀割地称雄，北京政府权威日渐衰微，政令难出都门之时，地近京畿的长芦盐区的盐税收入对于北京政府的重要性尤其突出。也就是说，北京政府的权威和控制力越是衰弱，长芦盐税的重要性越是彰显；北京政府的权威和控制力越是强大，长芦盐税的重要性反而减退。透过这样一个事实，我们还可以清楚地看到这一时期军阀政治的特质，即军事实力的消长、势力范围的大小，影响着军阀对包括盐税在内的政治、经济资源的占有权和使用权。然而这种资源的占有权和使用权是暂时的、不稳定的，时刻面临来自其他军阀的威胁和争抢。因此，军阀为了巩固或扩张、扩大自己的军事实力和势力范围，夺取和占有新的、更多的资源，不得不倾其全部现有财力、物力，竭尽全力投入军阀间的争夺战争。

---

① 《丁恩改革中国盐务报告书》，载林振翰编《中国盐政纪要》（下册），商务印书馆1930年版，第21页。

　　与此相联系，反映到长芦盐务管理上，长芦盐税的政治军事功用——财政职能被极度强化，而其应有的经济调节功能被极度弱化乃至缺失。国家作为政治权力机构和公共服务机构，具有政治、社会和经济职能，而财政是一种以国家为主体的经济行为，为国家实施并实现其职能提供财力。它通过国家的执行机构和行政机关——政府，无偿地、强制性地集中一部分国民收入用于满足公共需要的收支活动，以达到优化资源配置、公平分配及稳定和发展经济的目标，以期实现公共利益的最大化。税收是国家财政收入的基本来源，是国家和政府赖以存在并实现其职能的物质基础。"赋税是政府机器的经济基础"[1]，"国家存在的经济体现就是捐税"[2]。因此，税收的首要职能就是为国家筹集财政收入，满足各种公共需要的支出。同时税收还具有调节经济的功能。它通过选择和设置税源、税种、税率以及减免税等手段，达到调节生产，指导消费，协调收入分配等目标，促进国民经济的正常运行和发展。两种职能同时并存，不可偏废。观诸民国北京政府时期的长芦盐税的征收与管理，其初旨未尝不兼具以上两种职能。长芦盐实行的是商专卖，寓税于价，但盐价须"官为定价"。这一方面是为了保证盐税收入的稳定，保障国家的财政收入，以满足各方面财政支出的需要。另一方面是为了对盐商的售盐利润予以限制，防止盐商任意私抬盐价，影响民食民生，维持长芦盐产运销的正常发展。但实际上，自民初开始，为了偿付日渐增多的外债本息，支应日益增加的浩繁的军政费用支出，弥补巨大的财政亏空，北京政府就不得不以加增税率、向盐商索取报效、摊派公债等手段筹集款项，增加财政收入。而及至后期长芦盐区陷入军阀混战的局面以后，直、豫地方军阀为筹措战费，采取竭泽而渔的税收政策，对长芦盐滥征附加税捐，对盐商横征暴敛，则更成为一种赤裸裸的掠夺。也就是说，长芦盐税的征收与管理从一开始就被缚在了军阀政治和军阀战争的机器上，绝大部分乃至全部被用于政费军费的开支，政治军事功用被极大强化、无限放大。而另一方面，其应有的经济调节职能无形中则被极度弱化以至化为乌有，其表现就是，长芦盐商为了维护自身的利益，将因税负增加带来的损失大部分甚至全部转嫁给广大普通食户，盐价日高，私盐日炽，民间制私、贩私、食私盛行，扭曲了长芦盐业的正常发展。

　　税收是一个分配范畴，是政府参与并调节国民收入分配、再分配的一种工

---

① 《马克思恩格斯全集》第 19 卷，人民出版社 1965 年版，第 32 页。
② 《马克思恩格斯全集》第 4 卷，人民出版社 1958 年版，第 342 页。

具，体现了以国家为主体的征税人与以各经济主体为纳税人之间的利益关系。民国北京政府时期，长芦盐税的征收体现的就是征税人——前期主要是北京政府、代表外国债权人利益的稽核总所，后期直、豫地方军阀强行加入，与纳税人——长芦盐商之间的利益分配关系。长芦盐税的改革、征收过程，实际上也就是上述各方势力围绕盐税利益分配的博弈。透过各方势力围绕长芦盐税利益分配的博弈，我们还可以从一个侧面考察和了解中国近代经济社会中工商业者的境遇，并进而审视中国近代经济的发展轨迹。

在围绕长芦盐税利益的博弈过程中，北京政府依靠手中的强权，稽核总所仰赖外国银行团和列强的支持，后来加入的直、豫地方军阀则凭恃手中的武力，这三者明显处于强势地位。长芦盐商作为一个商人群体，则处于弱势地位。尽管长芦盐商有着根深蒂固的各种社会关系和活动能力，对于来自上面三方的控制和压迫，在维护自身利益时有着自己的话语权和反抗途径，但毕竟要受到各种条件的限制。实际上，当政局相对较为稳定，盐务稽核总所主持下的改革触动长芦盐商的根本利益时，或北京政府为增加财政收入，采取加增税率等举措，与长芦盐商的利益产生矛盾和冲突时，北京政府和长芦盐商往往可以通过利益交换，私下交易，互相利用，暂时找到利益的均衡点。如加增税率与改售洋码同时进行，认缴报效与取消废引之议等。其间，稽核总所为了保证盐税收入的稳定，保障外国债权人的利益，又对北京政府和长芦盐商进行监督，起着一定的牵制和约束作用。但随着政局变幻，战事频发，军政费用无限度膨胀，随之而来的是北京政府和直、豫军阀对于长芦盐税激烈的争夺，对于长芦盐商进行更多的强制性的搜刮掠夺，如滥行开征附加税捐，强制摊派、勒索巨额款项，予取予求。而外国银行团和稽核总所出于维护或扩张本国在华权益的需要，在不影响偿付盐务债款的前提下，往往与军阀当局达成某种形式的妥协，默许军阀当局的作为，长芦盐商的利益因此遭到日益严重的损害。当然，盐商作为一个特殊利益群体，与政府有着千丝万缕的利害关系，并不能代表整个工商业者群体。但盐商尚且如此，其他民族工商业者群体的境遇可想而知了。

政府的运行以拥有国家政治权力为前提，而经济是政治的基础。政治权力不能创造财富资本，却可以支配财富资本，甚至凌驾于经济之上支配经济。恩格斯在论述国家权力与经济发展的关系时说："国家权力对于经济发展的反作用可能有三种：它可以沿着同一方向起作用，在这种情况下就会发展得较快；它可以沿着相反方向起作用……；或者是它可以阻碍经济发展沿着某些方向走，而推动它沿着另一种方向走。"① 北洋军阀统治时期，名义上一直维持"民主共和"的体制，政府颁布和推行的经济政策，也在一定范围内适应了资本主义经济发展的要求，一度为经济近代化进程创造了一定的社会经济环境②。但是，军阀当政，政局动荡，北洋各系军阀之间为了争夺政权和扩大势力范围，穷兵黩武，长期混战，阻碍了经济政策的贯彻和落实，而且由于军政费支出浩繁，财政枯竭，军阀为了筹措军政费，肆意横征暴敛，巧立名目，增加税捐，大大加重工商业者的负担，成为民族工商业发展的巨大障碍。

中国近代工商业发展的遭遇是和中国近代经济的发展道路密切联系的。西方资本主义社会的经济发展是一个历史的自然进程——市场是资本主义的发动机，政府作为市场经济的守卫者，依附于市场经济的发展。中国近代经济的发展道路则不然。政府深度介入，直接参与经济活动和建设，通过国家的权力来完成国家民族的资本积累和资源的使用、配置，扮演经济发展的主角，成为经济发展的设计者、实践者。一方面，政府利用其政治特权垄断了一切大规模的生产经营活动，与民争利，不惜损害社会利益；另一方面，任何大型生产、商业活动均须获得政府的监护和批准，政府也利用其特权从与官府勾结的商人处索取各种利益。也就是所谓的"坏资本主义"③。这在北洋军阀时期的盐务的管理上得到了深刻体现。从长芦盐斤的生产和存储，商灶交易，到运商、销岸、岸商、引额的指定，无不受到官府的严密监理和控制。官府通过向盐商征收盐税获得巨额财政收入，盐商通过向官府输纳报效、捐款获取引岸专销的特权，所谓的开放引岸，自由竞争只不过是徒有虚名。问题的关键在于，政府利用国家权力聚集起来的财富资本如何配置和使用，是否能够用于发展国家和区域经济。经济发展必须要有安定的社会环境。但近代历届政府常常是与战争为伴，财政经济有着十分明显的战时经济特色。而战时经济与和平时期的经济有着不同的运行规律——将一切经济资源统一集中为战争服务是战时经济的原则，由此产生一个矛盾，即政府筹集的资本是用于战争，还是用于经济发展。政府的经济建设意志因此被扭曲，因为政府在自身存亡和经济建设计划发生冲突时会毫不犹豫地选择前者。北洋政府时期，北京政府虽然也制订了各种发展经济的计划，但不断的来自其他派系军阀的

---

① 《马克思恩格斯全集》第 37 卷，人民出版社 1971 年版，第 487 页。

② 参见黄逸平《北洋政府时期的经济》，上海社会科学院出版社 1995 年版，第 17—20 页。

③ 参见戴建兵《白银与中国近代经济（1890—1935）》，第四章"不同发展道路下货币制度选择的路径"，博士学位论文，复旦大学，2003 年。

严重威胁，使这些计划大都无法得到真正的实施。"军阀不是通过发展工商业、改进教育和巩固农业的办法，提供能力和资源，创造真正的资本利润和积累，以达到长期产生更多的涌动资本供应军队经费的政策，而是采取剥削的政策，虽然在短期内得到大笔款子，却很快耗尽了国民经济。"① 这在北洋政府统治末期的长芦盐税征管上表现得更加突出，长芦盐税被强行绑在了军阀的战车上，占据长芦盐区的军阀不择手段恣意劫掠的巨额钱财被完全用于战争消耗。这种杀鸡取卵、竭泽而渔的超经济剥削政策，严重阻碍了区域经济乃至国家经济的发展。

---

① ［美］齐锡生：《中国的军阀政治（1916—1928）》，杨云若、萧延中译，中国人民大学出版社 2010 年版，第 165 页。

参考文献

一　档案、资料类

1. 河北省档案馆藏"长芦盐务档案"（中、英文）。

2. 盐务署盐务稽核总所编（1933年）：《中国盐政实录》，1933年，载沈云龙主编《近代中国史料丛刊》（三编），台湾文海出版社1999年影印本。

3. 中华民国盐务署纂：《清盐法志》（长芦），盐务署1920年印行。

4. 杜春和等编：《北洋军阀史料选辑》（上、下），中国社会科学出版社1981年版。

5. 南开大学经济研究所经济史研究室编：《中国近代盐务史资料选辑》，第1卷，南开大学出版社1985年版。

6. 南开大学经济研究所经济史研究室编：《中国近代盐务史资料选辑》，第4卷，南开大学出版社1991年版。

7. 天津档案馆等编：《天津商会档案汇编》，第二卷（1912—1928），天津人民出版社1992年版。

8. 左治生主编：《中国财政历史资料选编》第11辑（北洋政府），中国财政经济出版社1987年版。

9. 中国第二历史档案馆编：《政府公报》（1912—1928），上海书店1988年版。

10. 来新夏主编：《中国近代史资料丛刊》：《北洋军阀》（全5册），上海人民出版社1988—1993年版。

11. 中国史学会、中国社会科学院近代史研究所合编，章伯锋、李宗一主编：《北洋军阀：1912—1928》（全6册），武汉出版社1990年版。

12. 天津市档案馆：《北洋军阀天津档案史料选编》，天津古籍出版社1990年版。

13. 中国科学院近代史研究所：《徐树铮电稿》，中华书局1963年版。

14. 赵津主编：《范旭东企业集团历史资料汇编：久大精盐公司专辑》（下册），

天津人民出版社 2006 年版。

15. 民国经世文社辑：《民国经世文编》，沈云龙主编《近代中国史料丛刊》（三编），台湾文海出版社 1999 年影印本。

16. 财政部财政调查处编辑（1927 年）：《各省区历年财政汇览——直隶·山东》，沈云龙主编《近代中国史料丛刊》（三编），台湾文海出版社 1999 年影印本。

二　著作类

1. 盐政杂志社编：《中国盐政沿革史》（长芦），盐务署 1914 年印行。

2. 林振翰编：《盐政辞典》，商务印务馆 1928 年版，中州古籍出版社 1988 年影印本。

3. 景学钤：《盐务革命史》，（南京）京华印书馆 1929 年版。

4. 田斌：《中国盐税与盐政》，江苏省印刷局 1929 年版。

5. 左树珍编：《中国盐政史讲义》，盐务学校 1933 年印行。

6. 曾仰丰：《中国盐政史》，上海商务印书馆 1934 年版。

7. 贾士毅：《民国财政史》（上、下），上海商务印书馆 1917 年版。

8. 贾士毅：《民国续财政史》（全 7 册），上海商务印书馆 1934 年版。

9. 蒋静一：《中国的盐政问题》，（台湾）正中书局 1936 年版。

10. 林振翰编：《中国盐政纪要》（上、下），商务印书馆 1930 年版。

11. 景学钤编：《盐政丛刊》，盐政杂志刊印，1932 年。

12. 徐沧水：《内国公债史》，上海商务印书馆 1926 年版。

13. 欧宗佑：《中国盐政小史》，上海商务印书馆 1927 年版。

14. 杨汝梅：《民国财政论》，上海商务印书馆 1927 年版。

15. 陈启修：《财政学总论》，上海商务印书馆 1928 年版。

16. 吴兆莘：《中国税制史》全 2 册，上海商务印书馆 1937 年版。

17. 马寅初：《财政学与中国财政——理论与现实》（上、下册），上海商务印书馆 1944 年版。

18. 贾怀德：《民国财政简史》，上海商务印书馆 1947 年版。

19. 中国银行学会编：《民国经济史》，上海银行学会银行周报社 1948 年版。

20. 陶菊隐：《北洋军阀统治时期史话》，生活·读书·新知三联书店 1957 年版。

21. 李建昌：《官僚资本与盐业》，生活·读书·新知三联书店 1963 年版。

22. 何维凝：《中国盐政史》，（台湾）商务印书馆 1966 年版。

23. 贾士毅：《民国财政经济今昔观》，（台湾）正中书局 1970 年版。

24. S. A. M. Adshead，*The Modernization of the Chinese Salt dminstration*，1900-1920，Cambridge，Massachusetts Harvard University Press，1970（《中国盐政的现代化，1900—1920》），［美］哈佛大学出版社 1970 年版。

25. 中华民国史事纪要委员会编：《中华民国史事纪要》，（台湾）中华民国史料研究中心印行 1976 年版。

26. 田秋野、周维亮编著：《中华盐业史》，（台湾）商务印书馆 1979 年版。

27. 李宗一：《袁世凯传》，中华书局 1980 年版。

28. 周伯棣：《中国财政史》，上海人民出版社 1981 年版。

29. 焦静：《北洋军阀史稿》，湖北人民出版社 1983 年版。

30. 秦孝仪：《中华民国经济发展史》，（台湾）近代中国出版社 1983 年版。

31. 《天津文史资料选辑》第 26 辑，天津人民出版社 1984 年版。

32. 杨阴溥：《民国财政史》，中国财政出版社 1985 年版。

33. 张宪文：《中华民国史纲》，河南人民出版社 1985 年版。

34. 朱斯煌编：《民国经济史》，（台湾）文海出版社 1985 年版。

35. 汤象龙编：《中国近代财政经济史论文选》，西南财经大学出版社 1987 年版。

36. 张仲礼主编：《中国近代经济史论著选译》，上海社会科学院出版社 1987 年版。

37. 《河北文史资料》编辑部编：《河北文史资料》第 22 辑，1987 年版；第 30 辑，1989 年版；第 32 辑，1990 年版。

38. 孙翊刚、董庆铮：《中国赋税史》，中国财政经济出版社 1987 年版。

39. 陈然主编：《中国盐业史论丛》，中国社会科学出版社 1988 年版。

40. 陈锋：《清代盐政与盐税》，中州古籍出版社 1988 年版。

41. 孙大干：《天津经济史话》，天津社会科学院出版社 1989 年版。

42. 史全生：《中华民国经济史》，江苏人民出版社 1989 年版。

43. 陈然编：《中国盐史论著目录索引》，中国社会科学出版社 1990 年版。

44. 李涵、刘经华：《缪秋杰与民国盐务》，中国科技出版社 1990 年版。

45. 丁长清主编：《民国盐务史稿》，人民出版社 1990 年版。

46. 丁长清编："近代中国工商经济丛书"《近代长芦盐务》，中国文史出版社 2001 年版。

47. 陆仰渊、方庆秋主编：《民国社会经济史》，中国经济出版社 1991 年版。

48. 彭泽益、王仁远主编：《中国盐业史国际学术讨论会论文集》，四川人民出版社 1991 年版。

49. 河北省地方志编纂委员会编：《河北省志·财政志》，河北人民出版社 1992 年版。

50. 河北省财政志编写组：《河北省财政大事记》，中国旅游出版社 1992 年版。

51. 张静如：《北洋军阀统治时期中国社会之变迁》，中国人民大学出版社 1992 年版。

52. 曾景忠编：《中华民国史研究述略》，中国社会科学出版社 1992 年版。

53. 长芦场志编修委员会：《长芦盐志》，百花文艺出版社 1992 年版。

54. 石柏林：《凄风苦雨中的民国经济》，河南人民出版社 1993 年版。

55. 河北省地方志编纂委员会办公室整理点校：《民国河北通志稿》，北京燕山出版社 1993 年版。

56. ［美］费正清、费维恺主编：《剑桥中华民国史》，中国社会科学出版社 1994 年版。

57. 金鑫等主编：《中华民国工商税收大事记》，中国财政经济出版社 1994 版。

58. ［日］长野朗：《民国财政》，李占才、王晓华译，《民国档案》1993 年第 3 期、1994 年第 4 期。

59. 郭习平：《中华民国经济史》，人民出版社 1994 年版。

60. 黄逸平、虞宝棠主编：《北洋政府时期经济》，上海社会科学院出版社 1995 年版。

61. 河北省地方志编纂委员会编：《河北省志·盐业志》，中国书籍出版社 1996 年版。

62. 《中华文史资料文库》第 1 卷，中国文史出版社 1996 年版。

63. 董长芝、马东玉主编：《民国财政经济史》，辽宁师范大学出版社 1997 年版。

64. 郭正忠主编：《中国盐业史》（古代编），人民出版社 1997 年版。

65. 丁长清、唐仁粤主编：《中国盐业史》（近代当代编），人民出版社 1997 年版。

66. 唐仁粤主编：《中国盐业史》（地方编），人民出版社 1997 年版。

67. 吴慧、李明明：《中国盐法史》，台湾文津出版社 1997 年版。

68. 邓绍辉：《晚清财政与中国近代化》，四川人民出版社 1998 年版。

69. 金鑫等主编：《中华民国工商税收史——盐税卷》，中国财政经济出版社 1999 年版。

70. 关文斌：《文明初曙——近代天津的盐商与社会》，天津人民出版社 1999 年版。

71. 张连红：《整合与互动——民国时期中央与地方财政关系研究（1927—1937）》，南京师范大学出版社 1999 年版。

72. 来新夏主编：《北洋军阀史》（上、下）南开大学出版社 2000 年版。

73. 杨天石主编：《中华民国史》第二编，第 5 卷《北伐战争与北洋军阀的覆灭》，中华书局 1996 年版。

74. 郭剑林主编：《北洋政府简史》，天津古籍出版社 2000 年版。

75. 辛向阳：《百年博弈——中国中央与地方关系 100 年》，山东人民出版社 2000 年版。

76. 徐建生、徐伟国：《清末民初经济政策研究》，广西师范大学出版社 2001 年版。

77. 李新总编：《中华民国史》，中华书局 2002 年版。

78. 董孟雄编：《中国近代财政史》，云南大学出版社 2002 年版。

79. 中国人民政治协商会议全国委员会文史资料委员会编：《文史资料存稿选编——晚清·北洋》（上、下册），中国文史出版社 2002 年版。

80. 陈志让：《军绅政权——近代中国的军阀时期》，生活·读书·新知三联书店 1980 年版。

81. ［美］齐锡生：《中国的军阀政治（1916—1928）》，杨云若、萧延中译，中国人民大学出版社 1991 年版。

82. 中国人民政治协商会议全国委员会文史资料委员会编：《文史资料选辑》，第 44 辑，中华书局 1964 年版；第 80 辑，文史资料出版社 1982 年版；第 116 辑，中国文史出版社 1988 年版。

83. 叶振鹏主编：《20 世纪中国财政史研究概要》，湖南人民出版社 2005 年版。

84. 杜恂诚：《中国金融通史》第 3 卷（北洋政府时期），中国金融出版社 2002 年版。

85. ［美］罗森：《财政学》（第四版），平新乔等译，中国人民大学出版社 2000 年版。

86. 陈洪主编：《财政学》（第六版），中国人民大学出版社 2009 年版。

87. 吴旭阳主编：《税收管理》，中国人民大学出版社2001年版。

88. ［美］道格拉斯·C．斯诺：《制度、制度变迁与经济绩效》，刘守英译，上海三联书店1994年版。

89. 罗荣渠：《现代化新论——世界与中国的现代化进程》，北京大学出版社1996年版。

三 报纸杂志类

1. 《盐政杂志》，盐政讨论会1912年创刊。

2. 《长芦盐务公报》，长芦盐运使署1913年创刊。

3. 《盐政汇览》，盐务署1917年创刊。

4. 《银行月刊》，中国联合准备银行1941年创刊。

四 学术论文类

1. 徐景星：《长芦盐务与天津盐商》，《天津社会科学》1983年第1期。

2. 林纯业：《清末长芦累商洋债风潮》，《天津社会科学》1983年第4期。

3. 叶秀云：《清代长芦盐运使司及其所属机构》，《天津史研究》1985年第1期。

4. 刘佛丁等：《帝国主义控制中国盐政始末》，《南开经济研究》1985年第1期。

5. 刘佛丁：《中国近代食盐运销制度的变化》，《南开经济研究所季刊》1985年第2期。

6. 财政志编写小组：《民国时期的盐务和盐税》，《湖南财政会计》1985年第4期。

7. 李建昌：《中国近代盐政论的探索》，《盐业史研究》1986年第1期。

8. 千家驹：《关于中国的盐务史》，《盐业史研究》1986年第1期。

9. 王仲：《袁世凯统治时期的盐务和"盐务改革"》，《近代史研究》1987年第4期。

10. 徐矛：《西方政制的引入与民国初年的政局》，《复旦学报》1987年第5期。

11. 张能远：《范旭东传略》，《民国档案》1988年第1期。

12. 刘海军：《善后大借款与中国盐务》，《盐业史研究》1989年第2期。

13. 陈争平：《民初盐务改革及洋会办丁恩》，《盐业史研究》1989年第2期。

14. 刘大可：《民国时期山东的盐税》，《盐业史研究》1989年第3期。

15. 张端甫：《帝国主义掠夺盐税干预盐政》，《盐业史研究》1989年第4期。

16. 郝庆元：《周学熙民国初年的税制改革》，《天津社会科学》1990 年第 1 期。

17. 夏宏钟：《中国盐政史研究》，《盐业史研究》1990 年第 3 期。

18. 梁义群、丁进军：《袁世凯统治时期的财政》，《民国档案》1991 年第 1 期。

19. 刘佛丁：《论中国盐务管理的近代化》，《南开经济研究》1991 年第 4 期。

20. 阎承遵：《长芦盐场沿革概述》，《盐业史研究》1991 年第 3 期。

21. 芮和林：《芦盐的由来及其演变》，《盐业史研究》1991 年第 1 期。

22. 鲁西奇：《民国时期盐务机构的演变》，《盐业史研究》1991 年第 1 期。

23. 丁长清：《中国盐业史研究八十年》，《中国盐业史国际学术讨论会论文集》，四川人民出版社 1991 年版。

24. 孟庆斌：《长芦盐业史述略》，《河北学刊》1992 年第 4 期。

25. 胡光明：《论清末商会对长芦盐务风潮的平息》，《历史档案》1994 年第 2 期。

26. 丁长清：《盐务稽核所始末》，《近代史研究》1994 年第 2 期。

27. 陈争平：《民国初年的盐务改革》，《中国经济史研究》1994 年增刊。

28. 赵洪宝等：《北洋政府时期中国盐政主权丧失述论》，《科学家》1994 年第 4 期。

29. 方一清：《民国时期治盐名家缪秋杰》，《盐业史研究》1994 年第 4 期。

30. 沈敏、卢正兴：《清代及民国时期江苏的盐政盐税》，《盐业史研究》1995 年第 4 期。

31. 刘洪升：《民国初期的盐政改革对盐务近代化的影响》，《河北学刊》1996 年第 5 期。

32. 张神根：《清末国家财政、地方财政划分评析》，《史学月刊》1996 年第 1 期。

33. 北洋财税制度研究课题组：《北洋时期中央与地方财政关系研究》，《财政研究》1996 年第 8 期。

34. 刘经华：《论洋会办丁恩在民国初期的盐务改革》，《厦门大学学报》1997 年第 1 期。

35. 刘经华：《民初盐务改革与近代化问题论析》，《江汉论坛》1997 年第 5 期。

36. 刘洪升：《北洋初期的盐政改革》，《盐业史研究》1997 年第 1 期。

37. 杜恂诚：《民国时期的中央与地方财政划分》，《中国社会科学》1998 年第 3 期。

38. 石源华：《民国时期中央与地方关系的特殊形态论纲》，《复旦学报》1999 年第 5 期。

39. 李德成：《北洋政府时期的盐务管理》，《江西师范大学年报》2000 年第 1 期。

40. 张莹：《民国时期盐务机构述略》，《民国档案》2000 年第 2 期。

41. 廖家财、谢茂林：《民初盐业管理改革思想述评》，《民国档案》2000 年第 2 期。

42. 王毅：《直系军阀统治时期中央财政研究》，硕士学位论文，河北大学，2001 年。

43. 顾培君：《民国初年税制改革思想述评》，硕士学位论文，苏州大学，2001 年。

44. 刘慧宇：《论中国近代国地财政划分制度的演变》，《东南大学学报》2001 年第 1 期。

45. 鲁子健：《近代外债与中国盐政》，《盐业史研究》2001 年第 3 期。

46. 刘经华：《民国初期建立食盐中央集权征税制述论》，《盐业史研究》2002 年第 3 期。

47. 刘经华：《民国初期各大盐区改革绩效分析》，《中国经济史研究》2002 年第 4 期。

48. 夏国祥：《中国近代税制改革思想研究（1900—1949）》，博士学位论文，上海财经大学，2003 年。

49. 戴建兵：《白银与中国近代经济（1890—1935）》，博士学位论文，复旦大学，2003 年。

50. 刘经华：《辛亥革命时期的盐务改革》，《厦门大学学报》2003 年第 1 期。

51. 刘经华：《民国初期食盐贸易自由化论析》，《中国社会经济史研究》2003 年第 3 期。

52. 刘经华：《论民初食盐就场专卖制与就场征税制之争》，《民国档案》2003 年第 3 期。

53. 刘经华：《中国传统盐务管理体制的制度分析——以清代官督商销制为中心》，《江汉论坛》2003 年第 4 期。

54. 刘常山：《丁恩与中国盐务的改革（1913—1918）》，《逢甲人文社会学报》2003 年第 6 期。

55. 岁有生：《财政制度近代化的尝试》，硕士学位论文，郑州大学，2004 年。

56. 易继苍：《中国经济法制近代化的重要里程碑——北洋政府时期的经济立法》，《贵州社会科学》2004 年第 3 期。

57. 刘经华：《晚清盐政的新变化分析》，《盐业史研究》2004 年第 4 期。

58. 张殿清：《北京国民政府时期地方截留中央盐税浅析》，《河北大学学报》2005 年第 1 期。

59. 刘洪升：《试论明清长芦盐业重心的北移》，《河北大学学报》2005 年第 3 期。

60. 刘洪升：《北洋初期的盐务改革与中国盐务近代化的开端》，《历史教学》2005 年第 9 期。

61. 刘洪升：《试论明清长芦盐业重心的北移》，《河北大学学报》2005 年第 3 期。

62. 曹蕾：《民国时期的盐务稽核所及其改革》，硕士学位论文，河北师范大学，2005 年。

63. 段艳：《北洋时期的国地财政划分（1912—1927 年)》，硕士学位论文，广西师范大学，2005 年。

64. 段艳：《论北洋时期的地方财政》，《玉林师范学院学报》2006 年第 1 期。

65. 段艳：《"双头博弈"——清末的国地财政划分》，《玉林师范学院学报》2007 年第 1 期。

66. 段艳：《北洋时期国地财政划分最终失败的原因探析》，《玉林师范学院学报》2006 年第 6 期。

67. 刘妍慧：《民初盐政改革与政局》，硕士学位论文，华中师范大学，2007 年。

68. 张殿清：《北京国民政府中央财政收入中的盐税》，《历史教学》2006 年第 2 期。

69. 张殿清、郑朝红：《盐税与北京国民政府中央财政支出》，《河北大学学报》2007 年第 3 期。

70. 夏国祥：《近代中国盐政改革思想初探》，《盐业史研究》2009 年第 3 期。

71. 熊劲松、吴轩：《浅析民国初年盐税改革与盐税近代化》，《知识经济》2010 年第 8 期。

附　　录

一　长芦盐商运盐纳税各种票照

空白引票

（长芦盐务档案 680—22—886）

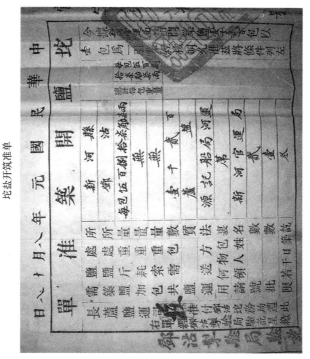

坨盐开筑准单

（长芦盐务档案680—13—48）

筑盐请求书

（长芦盐务档案680—13—48）

护 照

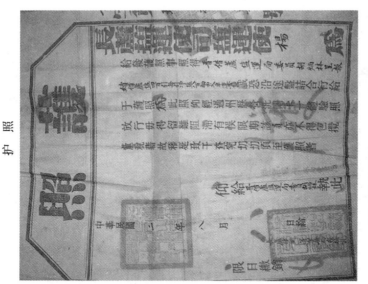

（长芦盐务档案680—7—9）

火车验票

（长芦盐务档案680—13—390）

运盐执照

（背面）

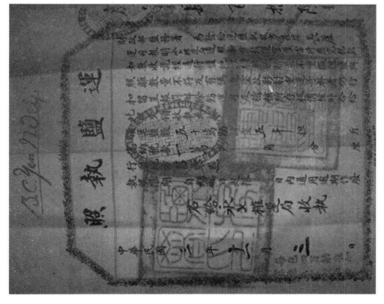

（正面）

（长芦盐务档案680—12—287）

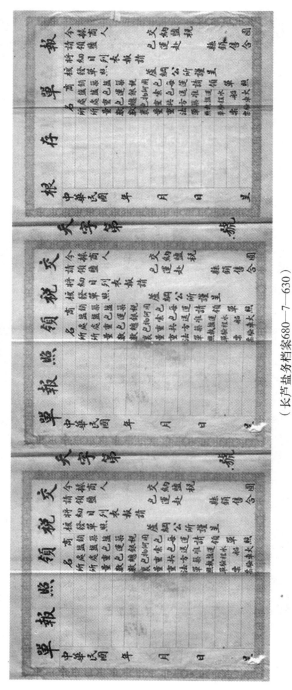

交税领照报单

（长芦盐务档案680—7—630）

凭单样单

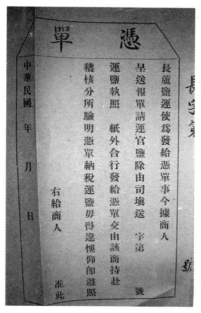

憑　單

長蘆鹽運使爲發給憑單事今據商人

呈送報單請運官鹽除由司填送　字第　　號

運鹽執照　紙外合行發給憑單交由該商持赴

稽核分所驗明憑單納稅運鹽毋得違悞仰即遵照

右給商人

中華民國　年　月　日

准此

（长芦盐务档案680—22—468）

凭　单

憑　單

長蘆鹽運使爲發給憑單事今據商人永七榷運局

呈送報單請運官鹽除由司填送蘆字第五百六五號

運鹽執照一紙外合行發給憑單交由該商持赴

稽核分所驗明憑單納稅運鹽毋得違悞仰即遵照

右給商人永七榷運局催此

中華民國三年十二月　日

（长芦盐务档案680—22—305）

坨盐请筑书

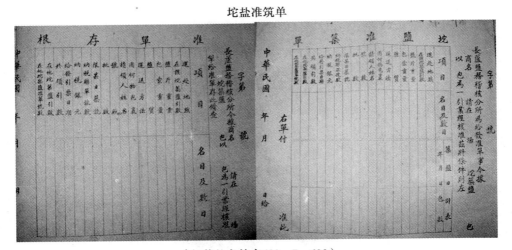

（长芦盐务档案680—22—397）

坨盐准筑单

（长芦盐务档案680—7—630）

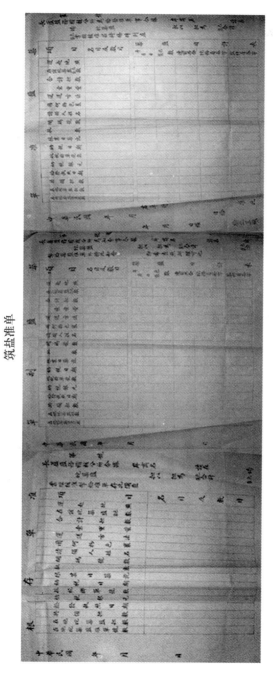

筑盐准单

长芦盐务档案（680—22—454）

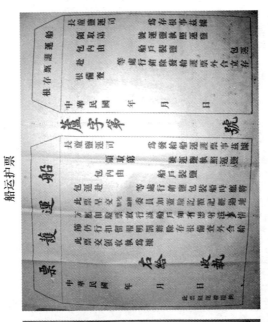

船运护票

车运护票

（长芦盐务档案680—22—398）

（长芦盐务档案680—22—398）

芦稽核分所征收杂款联单乙联

（乙）

長蘆稽核分所征收雜款聯單

長第　十一　號

計開

繳款者皖北商同益靖備蘆垣

撥到二百九十六萬斤款

庫平銀

按　合銀元伍萬玖仟貳百元正

中華民國　三年　四月　二十八日

中國銀行收入國家鹽稅帳內上列稅款已由

Form No. D.I.S

The Chinese Government Salt Revenue
District Inspectorate of Chang-Lu

Duplicate Certificate of Receipt on various taxes

No. _11_　　　　　　Tientsin, APR 28 1914 191_

This is to certify that the sum amounting to
Tls. $ _Fifty nine thousand two hundred only_ for _two_ being
equivalent to _millions nine hundred sixty thousand catties of_
Salt transported to Ngan Hwei　　as described under
has this day been duly paid by the

Payer's Name	Discription of receipts	Tls.	cts.	$	cts.
Tung Yi	Salt Tax			59000 00	

The above mentioned sum has been duly received and brought to credit of the
C. G. R. S. Account.

楊世祿
The Bank of China

Payne C. Yen
District Inspectors.

（长芦盐务档案680—7—1371）

二　重要档案文件选摘

长芦归并课则暂行章程

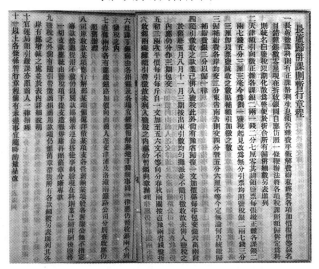

（载《长芦盐务公报》第 1 期，1913 年 4 月 1 日）

长芦折收银元暂行章程

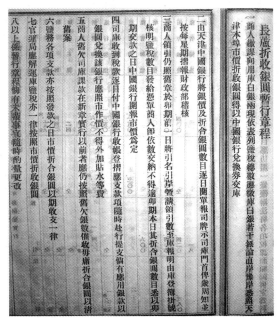

（载《长芦盐务公报》第 1 期，1913 年 4 月 1 日）

长芦盐税简明办法

本署飭所轄營縣場局所遵照所擬鹽稅簡明辦法令文

案照中華民國二年十二月二十六日奉
財政部有電鹽稅條例業於數日奉
大總統教令公布查該司等轄境係屬第一區規定於三年一月一日施行等因並蒙將條
例刊發到司隨經擬議辦法呈請部示旋奉
財政部先後核准永平七屬與別處不同先按每百觔收稅一元五角其餘直豫兩省凡係
長蘆行鹽區域均按每百觔收稅二元自三年一月一日實行所有從前初二兩次平價豫
省規復一文加價津浦洛潼鐵路加價津武口岸報效等款概予免除鹽包重量暫定以四
百觔作爲一包不加滷耗仍加包索十觔若以麻袋裝鹽則加包索五觔一面嚴緝硝私以
維鹽法除分飭遵辦外合將簡明辦法粘單令行該場局所仰便知照此令

長蘆鹽稅簡明辦法

一長蘆鹽稅永平七屬奉部文每百觔收稅一元五角其餘直豫兩省凡係長蘆行鹽區域
統照鹽稅條例每百觔收稅二元自民國三年一月一日實行所有舊日之初二兩次平
價津浦洛潼鐵路加價豫省規復及津武口岸報效等款奉部核准一概免除

二鹽包重量奉部核定暫以四百觔作爲一包不加滷耗

三每包鹽四百觔奉部核准外加席包繩索共十觔分築小包觔以蔞包攜作一
包合成四百觔以符部定四百觔爲一包之額外一加包索五觔

四蘆鹽區域以內硝私偏地其緝官銷或應認真查緝拿獲硝私入犯奉部核准仍照私鹽
舊例懲治

（载《长芦盐务公报》第24期，1914年3月16日）

财政部训令发给引票征收盐税事宜

（长芦盐务档案680—7—630）

长芦盐务稽核分所收税手续

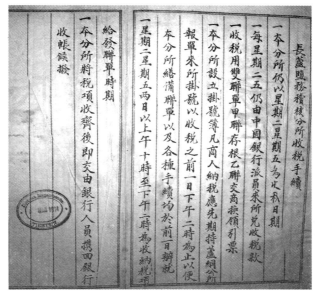

（长芦盐务档案 680—7—630）

长芦盐务收税运盐所用各单据及手续次序

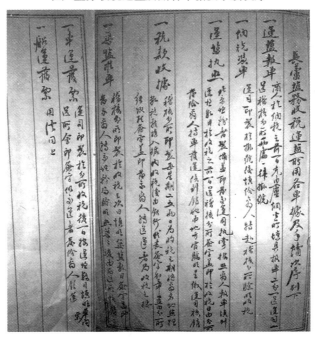

长芦盐务档案（680—22—454）

盐务稽核总所核定收税单发盐准单运照三项办法

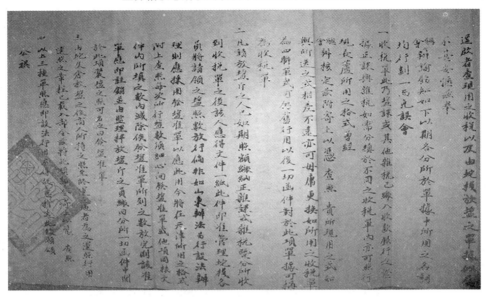

（长芦盐务档案680—7—630）

长芦盐务稽核分所改定每日收税手续

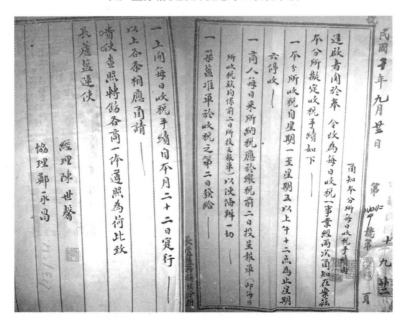

长芦盐务档案（680—7—630）

盐价收售详码通告

（长芦盐务档案680—12—1028）

财政部盐务署

（长芦盐务档案680—22—398）

取締长芦盐商售盐规则

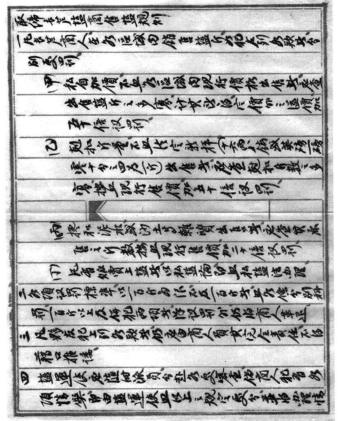

（长芦盐务档案680—22—470）

后　记

　　本书是我多年前的博士学位论文，因为懒于整理修改，以致延宕至今才付梓。

　　盐税史研究是一个专业性非常强的领域，涉及的专有名词和术语层出不穷，晦涩难懂，牵扯的各种关系千丝万缕，纷繁复杂。因此，在本文撰写过程中，我经常感到有些力不从心。所幸的是，导师的谆谆启发和悉心指导，帮助我最终完成了这篇论文。谨此我首先要向我的导师戴建兵教授致以最诚挚的感谢！

　　其次，我要感谢历史文化学院领导的关心和帮助，是他们让我参加了河北师范大学历史文化学院与河北省档案局合作出版的《长芦盐务档案精选》一书的编辑工作。正是这一历时两年的工作，使我有机会置身于长芦盐务档案资料的宝藏中，为我熟悉、搜集相关档案资料提供了极为便利的条件。

　　我还衷心地感谢苑书义教授、王宏斌教授、董丛林教授、郭贵儒教授、武吉庆教授、张同乐教授、徐建平教授、秦进才教授、谷更有教授，他们在论文开题、具体写作以及预答辩过程中，均给予了我殷切的关心、鼓励和指导。

　　最后，本书的出版获得了河北经贸大学出版基金资助，同时也得到了中国社会科学出版社宋燕鹏先生的大力支持，谨此表示由衷的感谢。